Ulrich Diekmeyer

Das Elternbuch 6

Unser Kind im 6. Lebensjahr

Rowohlt

rororo – Mit Kindern leben

Umschlaggestaltung
Peter Wippermann/Jürgen Kaffer
(Foto: Gallant/The Image Bank)

Redaktionsstand März 1997
65. – 67. Tausend April 1997

Vollständig überarbeitete
und erweiterte Neuausgabe
Veröffentlicht im Rowohlt Taschenbuch Verlag GmbH,
Reinbek bei Hamburg, Oktober 1992

Satz Times PostScript Linotype Library, PM 4.0
Langosch Grafik+DTP, Hamburg
Gesamtherstellung Clausen & Bosse, Leck
Printed in Germany
1490-ISBN 3 499 19125 3

Inhalt

Einführung

Ihr Kind geht bald in die Schule

Wenn Ihr Kind in die Schule geht, hat es einen besonders bedeutsamen Abschnitt seines Lebens abgeschlossen. Einen Abschnitt, der alle darauffolgenden mitprägen wird. Jetzt haben Sie gerade noch ein bis eineinhalb Jahre Gelegenheit, seine Persönlichkeitsentwicklung weitgehend in der und durch die Familie zu beeinflussen. Und Sie sollten diese Chance, so gut es geht, nutzen.

Die Entwicklung des Kindes zur Selbständigkeit haben Sie in den vergangenen Jahren sicher schon gefördert. Sie haben darauf geachtet, daß Ihr Kind viele Aufgaben selbst erledigt, es seine Zeit allein plant, sich Freunde und Freundinnen auch selbst sucht und daß es sich immer mehr von Ihnen löst.

Soweit das im einzelnen nicht der Fall ist, bietet Ihnen die nun noch verbleibende Zeit bis zum Schuleintritt ausreichend Möglichkeiten, diese wichtigen Schritte nachzuholen. Die verschiedenen Anregungen des Lernspielprogramms geben Ihnen Informationen zu einer systematischen Förderung, die alle Persönlichkeitsbereiche einschließt (Wahrnehmen, Denken, Sprechen, Ich-Entwicklung, Körpertraining, emotionales und soziales Verhalten usw.).

Diese gezielte Förderung aller Persönlichkeitsbereiche ist eigentlich selbstverständlich – und doch muß sie hier betont werden. Allzuleicht wählen Eltern für Ihr Kind Beschäftigungen, die ihnen selbst abwechslungsreich und interessant erscheinen, und vernachlässigen dabei andere.

Sie versuchen beispielsweise, ihr Kind mit verschiedenen Arbeitsheften oder Trainingsmappen auf die Schule vorzubereiten, und vergessen dabei wichtige Verhaltensweisen zu fördern, zum Beispiel: Einstellung auf andere Kinder; selbständige Bearbeitung der gestellten Aufgaben; Selbststeuerung, ohne den eigenen Affekten und Emotionen ständig nachzugeben; Lernen in einer Gruppe; sich vom Lehrer angesprochen fühlen, wenn er zur Klasse spricht.

Die Selbstbestimmung Ihres Kindes systematisch zu erweitern, gehört jetzt mit zu Ihren wichtigsten Aufgaben. Sie sollten also seine unmittelbare Abhängigkeit von den Erwachsenen weiter verringern – dabei muß gegebenenfalls auch ein allzu hohes Maß an Zustimmung, Anerkennung oder auch an Zuwendung allmählich reduziert werden, wobei allerdings die Erwartungen des Kindes nicht zu sehr enttäuscht werden dürfen.

Sie sollten es verstärkt mit speziellen Techniken vertraut machen, die es in der Schule brauchen wird, und Freundschaften zu mehreren anderen Kindern fördern.

Besonders dem Einzelkind und Erstgeborenen fehlen bedeutsame Erfahrungen, die ein Kind bei der Beobachtung seines älteren Bruders oder der großen Schwester, die schon die Schule besuchen, machen kann. Das Kind erfährt weder, was und wie in der Schule gelernt wird, noch daß der Schulbesuch Abwechslung und Spaß mit sich bringt, wie die meisten Erstkläßler finden. Eltern können das Fehlen dieser Erfahrungen teilweise wettmachen, indem sie ihrem Kind aus der eigenen Schulzeit berichten und Kontakte mit Kindern fördern, die bereits in die Schule gehen.

Ein zwei bis drei Jahre umfassender Besuch eines Kindergartens ist wünschenswert – ein Jahr fast unerläßlich. Besucht Ihr Kind keinen Kindergarten, ist Ihre Initiative bei der Schulvorbereitung notwendig.

In diesem Fall bleibt die Entwicklungssteuerung Ihres Kindes weitgehend in Ihrer eigenen Hand – günstig für Eltern, die Zeit und Geduld für die Förderung ihres Kindes aufbringen können, ungünstig für diejenigen, die durch den Beruf, eventuell auch den der Mutter, daran gehindert sind, sich dieser Aufgabe in dem notwendigen Maß zu widmen.

Echte Chancengleichheit der schulischen Laufbahn kann nur erreicht werden, wenn von vornherein gleiche Startmöglichkeiten für alle Kinder gegeben sind. Günstige Voraussetzungen sind gute Ausbildung der Eltern selbst, abgesicherte wirtschaftliche Situation, allenfalls Teilzeitarbeit des betreuenden Elternteils. Wenn Eltern sich mit viel Initiative, auch unter finanziellen Opfern und Einengung der persönlichen Freiheit, engagieren, hat ihr Kind auf jeden Fall gute Startchancen.

Die gesamte Lebenssituation wird auch die Fortschritte des Kindes in der Schule beeinflussen: Gute Leistungen in der Schule und Spaß am Unterricht werden eher diejenigen Kinder haben, deren Eltern sie bei den Hausaufgaben begleiten, beaufsichtigen, gegebenenfalls mithelfen und den Kindern bei anstehenden Schulproblemen mit Rat und Tat zur Verfügung stehen.

Für manche Eltern stellt sich damit die Frage: Was ist wichtiger, eine ausfüllende, berufliche Tätigkeit, eine Karriere – oder das Bemühen um eine möglichst umfassende Erziehung des Kindes?

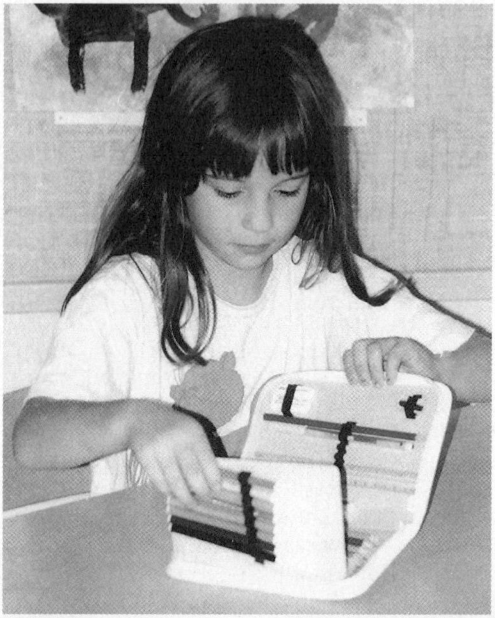

Dinge, die Schüler verwenden, werden jetzt interessant.

Sicher müssen bei dieser Entscheidung auch die finanzielle Lage, der mehr oder weniger intensive Wunsch nach einer beruflichen Betätigung, die pädagogischen Fähigkeiten der Eltern wie auch die Anzahl der Kinder und ihr Alter abgewogen werden. Jedenfalls hängen von dieser Entscheidung die Zukunftsaussichten des Kindes wesentlich ab.

Wie schon vorher betont, geht es dabei nicht um die Förderung einzelner Bereiche, sondern um die systematische Unterstützung der Persönlichkeitsentwicklung. Wer sich zutraut, alle Veranlagungen und Fähigkeiten des Kindes fördern zu können, sollte sich unbedingt für diese Aufgabe entscheiden. Eine wesentliche Hilfe dabei ist der Besuch eines Kindergartens – eine Alternative dazu der Aufbau oder die Mitwirkung bei einer Elterninitiative.

Die nötigen Grundlagen für die individuelle Förderung Ihres Kindes geben Ihnen sowohl dieser Band als auch die vorausgehenden Elternbücher. Das bedeutet nicht, daß alle Anregungen des Lernspielprogramms oder alle Tips direkt angenommen werden müssen. Je eher allerdings die jeweilige Intention einer Anregung aufgegriffen wird und mit je mehr Spaß ein Kind dabei mitmacht, desto intensiver wird auch die damit erzielbare Förderung sein.

Eltern, die erstmals mit einem Elternbuch arbeiten, sollten besonders gut darauf achten, daß ihr Kind mit dem Lernspielprogramm nicht überfordert wird, und dort mit eigenen, ergänzenden Anregungen nachhelfen, wo es Schwierigkeiten hat. Es geht keineswegs darum, möglichst rasch alle Anregungen zu bewältigen. Viel wichtiger ist, daß Ihr Kind gern dabei mitmacht und daß ihm immer Gelegenheit gegeben wird, selbst aktiv zu sein.

Im Mittelpunkt jedes Bandes der Elternbuch-Reihe stehen die Entwicklungsanregungen (Bände 1 bis 3) beziehungsweise das Lernspielprogramm für das Vorschulalter (Bände 4 bis 6). Darüber hinaus werden in den einzelnen Bänden bestimmte Themenbereiche schwerpunktartig betont. Sie sind dann in den anderen Bänden kürzer behandelt oder kommen darin gar nicht vor. In den Bänden 4 bis 6 finden Sie vor allem die folgenden Schwerpunkte:

Elternbuch 4:
Kindergarten, Elterninitiativen, Verhaltensauffälligkeiten und -störungen.

Elternbuch 5:
Erziehungsmethoden, Fernsehen, Kurse für Kinder, Auskunft und Hilfe in besonderen Situationen

Elternbuch 6:
Schulreife und Einschulung, elterliches Verhalten in Problemsituationen, Leitbilder der Gesell-

schaft im Hinblick auf Erziehung und Bildung, neue Formen außerfamilialer Betreuung, Erziehung und Bildung.

Praktische Hinweise

Hier noch einige praktische Tips für den Gebrauch dieses Buches: Machen Sie es sich zur Regel, das Elternbuch 6 mehrmals in der Woche zur Hand zu nehmen und die Kapitel zu lesen, die Sie gerade besonders interessieren. Das Lernspielprogramm sollten Sie regelmäßig durchführen.

Die erste Fassung der Elternbuch-Reihe wurde bereits in den siebziger Jahren entwickelt. Zur Konzeption hat damals Werner Kirst beigetragen, an den ersten Typoskripten waren als Mitarbeiter Beate Diele, Sylvia Erhard, Cordula Stitzl-Lehner und Joanna Turbowicz beteiligt, denen an dieser Stelle vielmals gedankt sei.

Nachdem man in medizinischer und psychologischer Sicht zu neuen Erkenntnissen gelangt ist und sich die gesellschaftliche Situation einschließlich der Familie geändert hat, wurde eine gründliche Überarbeitung und Erweiterung des Elternbuches 6 erforderlich, die Ihnen jetzt vorliegt.

Auf die größere Differenzierung der Gesellschaft, die verschiedenen Formen des familiären Zusammenlebens und auf die regionalen Unterschiede innerhalb des deutschen Sprachraums können wir im Rahmen dieses Buches nicht gesondert eingehen.

Wir hoffen aber, daß Sie unsere Anregungen auf Ihre Lebenssituation abstimmen und damit gute Rahmenbedingungen schaffen, Ihr Kind mit Zuwendung und Liebe durch alle wichtigen Lern- und Entwicklungsphasen des sechsten Lebensjahres zu führen.

Wenn Sie an den Autor eine wichtige Anregung weiterleiten möchten, die bei einer Neuauflage berücksichtigt werden sollte, schreiben Sie bitte an den Verlag – schon jetzt dafür herzlichen Dank!

Ein Kind gut zu erziehen und auf sein künftiges Leben vorzubereiten heißt: mitfühlen, mitdenken und beim Handeln von den Bedürfnissen, Wünschen, Interessen und Möglichkeiten des Kindes ausgehen – wenn das Elternbuch 6 dazu beiträgt, hat es sein Ziel erreicht.

Der Körper des Kindes

So verändert sich der Körper im sechsten Lebensjahr

Körperliche Entwicklung und Gesamtpersönlichkeit

Die normale und gesunde körperliche Entwicklung ist eine wichtige Voraussetzung für die psychische Ausgeglichenheit und eine erfolgreiche Auseinandersetzung des Kindes mit der Umwelt.

Die angemessene körperliche Entwicklung begünstigt auch den Sozialkontakt zu anderen Kindern. Denn bei jedem Spiel, ob Rollenspiel oder Wetteifern jeglicher Art, sind bestimmte Fähigkeiten und Fertigkeiten nötig, die neben dem geistigen auch vom jeweiligen körperlichen Entwicklungsstand und der körperlichen Verfassung abhängen. Insofern sind eine günstige Ernährung – nach gegenwärtigem Forschungsstand die ausgewogene Mischkost – und tägliche Anreize für den gesamten Organismus wichtig.

Der körperliche Entwicklungsstand beeinflußt außerdem die Art, wie das Kind von anderen Kindern und von Erwachsenen behandelt wird. Wenn es zum Beispiel während der gesamten Kindheit größer als seine Altersgenossen ist, wird es sowohl von Kindern als auch von Erwachsenen stets älter eingeschätzt und entsprechend behandelt. Es tendiert dazu, sich ältere Spielkameraden zu suchen als ein kleineres gleichaltriges Kind, es übernimmt häufiger eine Führungsrolle, es versucht, die höheren Erwartungen der anderen zu erfüllen. Insgesamt kann das leicht zu einer Überforderung führen.

Spezifische Veränderungen des Körpers

Im Laufe des sechsten und siebten Lebensjahres verändert sich die kindliche Gestalt. Die meisten Kinder wachsen jetzt deutlich mehr in die Länge. Das Breitenwachstum hört zwar nicht ganz auf, doch geht es langsamer und unauffälliger vor sich als in den ersten Lebensjahren. Weitere entwicklungsbedingte Veränderungen sind:

- Das Verhältnis Kopf zu Körper gleicht sich mehr dem des Erwachsenen an. Der Schädelumfang nimmt in diesem Jahr nur noch um einen Zentimeter zu (50–51 cm), das Gehirn wächst langsamer. Mit sechs Jahren hat es bereits 90 Prozent seines endgültigen Gewichts erreicht.
- Das Gesicht wird ausgeprägter,

Fünfjährige erproben oft, was sie leisten können.

Grazile Haltung am Seeufer!

der obere Gesichtsteil wächst nun langsamer als der untere, und die Nase tritt stärker hervor.

- Die ersten Milchzähne fallen aus. Zuerst wachsen die oberen und unteren Schneidezähne, dann die ersten oberen und unteren Mahlzähne nach.
- Der Hals wird länger und schlanker, die Schultern formen sich stärker aus, der Rumpf streckt sich, und die Körpermitte verlagert sich immer mehr nach unten: mit sechs Jahren liegt sie nun unterhalb des Nabels. Die Brust und die Hüften werden breiter, die Taille ist jetzt deutlicher zu erkennen. Arme und Beine strecken sich und werden schlaksig, sie verlieren an Fett und werden muskulöser.
- Mädchen wiegen am Ende des sechsten Lebensjahres im Durchschnitt 19,6 kg, Jungen sind im allgemeinen etwa ein halbes Kilogramm schwerer. Vier Kilogramm mehr oder weniger liegen noch im Normalbereich. Die durchschnittliche Größe der Mädchen beträgt 114 cm, die der Jungen 115 cm (mit einer Schwankungsbreite von acht beziehungsweise neun Zentimetern).

Die wichtigsten Regeln der gesunden Lebensführung

Das Wachstum des Körpers ist größtenteils genetisch vorbestimmt. Es wird jedoch auch durch einige äußere Faktoren beeinflußt. Dazu gehören die Ernährung, das Klima und die Sonneneinwirkung, Krankheiten und psychische Faktoren. Zusammen mit den hygienischen Bedingungen können sie das Wachstum fördern oder hemmen.

Ernährung

Qualität, Vielfalt und Reichhaltigkeit der Ernährung sind eng verknüpft mit sozioökonomischen Voraussetzungen, den Kenntnissen der Eltern über gesunde Ernährung und Nahrungszubereitung, dem wirtschaftlichen Status einer Familie und der Zeit, die zur Zubereitung der Mahlzeiten zur Verfügung steht.

Auch das Körpertraining spielt eine Rolle: Durch viel Bewegung kann zum Beispiel die mangelhafte Qualität der Nahrung teilweise ausgeglichen werden, da in diesem Fall nicht alle überschüssigen Kohlenhydrate in Fett umgewandelt werden. Wenn regelmäßig ausreichend Vitamine und Spurenelemente aufgenommen werden, wird auch der Appetit angeregt, und das Kind ißt mehr. Eiweißreiche Ernährung fördert das Längenwachstum besonders. Aber auch die anderen Bestandteile der Nahrung wie Fett, Mineralstoffe und Vitamine sind ständig erforderlich:

- Das fünf- bis sechsjährige Kind hat einen täglichen Energiebedarf von 5650 bis 6700 Kilojoule (kJ) beziehungsweise 1350 bis 1600 Kilokalorien (kcal). Im Verhältnis zu seinem Körpergewicht verbraucht es wesentlich mehr Kalorien als der Erwachsene. Das liegt an seinem umfangreichen Bewegungspensum und am Wachstum.
- Pro Kilogramm Körpergewicht benötigt es täglich 2,2 g Eiweiß. Ungefähr die Hälfte des Bedarfs sollte aus tierischem, der Rest aus pflanzlichem Eiweiß gedeckt werden. Tierisches Eiweiß ist enthalten in Fleisch, Fisch, Eiern, Milch und Milchprodukten; pflanzliches Eiweiß in Nüssen, Getreide, Hülsenfrüchten und Kartoffeln. Eiweiß kann im Körper nicht gespeichert werden. Bei Eiweißmangel kommt es relativ schnell zu Schädigungen (zum Beispiel Hungerödem).

- Kohlenhydrate sind Energielieferanten, die besonders in Getreide- und Kartoffelstärke sowie in Zucker enthalten sind. Sie werden leicht verdaut und schnell in Energie umgesetzt. Ungünstig ist, wenn sie in zu großen Mengen zugeführt werden. Der Überschuß wird im Körper in Fett umgewandelt und als Fettdepot gespeichert. Für die Zähne ist ein erhöhter Genuß von Weißmehlprodukten und Süßigkeiten schädlich. Es bilden sich Säuren, die die Zahnsubstanz angreifen und Zahnkaries zur Folge haben.
- Fette sind neben den Kohlenhydraten die wichtigsten Energielieferanten. Sie tragen auch entscheidend zum Aufbau der Gehirn- und Nervensubstanz bei. 20 g können als Streich- und Kochfett verwendet werden, die restlichen 40 g, die der Körper benötigt, sind bereits in der normalen Mischkost enthalten.
- Mineralstoffe und Vitamine tragen wesentlich dazu bei, daß der Stoffwechsel reibungslos funktioniert. Mit einer ausgewogenen Mischkost ist die Versorgung mit allen notwendigen Vitaminen und Mineralstoffen gewährleistet.

Das fünfjährige Kind verträgt durchaus die normale Erwachsenenkost, soweit sie nicht zu fett und nicht zu stark gewürzt ist. Nicht geeignet sind dagegen koffeinhaltige Nahrungsmittel und Getränke sowie alle alkoholischen Getränke. Der Flüssigkeitsbedarf ist in diesem Alter nicht mehr so groß, und der hohe Anteil der Milch an der Ernährung kann zurückgehen.

Wenn Ihr Kind an Appetitlosigkeit leidet, lassen Sie alle Zwischenmahlzeiten ausfallen. Zeigt es dann immer noch keinen Appetit, so drängen Sie es nicht zum Essen. Sorgen Sie für zusätzliche Bewegung und Aufenthalt im Freien. Normalerweise bekommt ein Kind dann Appetit. Bei länger dauernden Eßstörungen sollten Sie ärztlichen Rat einholen.

Schlaf

Jedes Kind hat seinen individuellen Schlafrhythmus und -bedarf. Im Durchschnitt braucht ein fünf- bis sechsjähriges Kind täglich etwa neun bis elf Stunden Schlaf. Ein Mittagsschlaf ist nicht mehr nötig. Bei starker Beanspruchung wird das Kind von allein nach mehr Ruhe verlangen.

Körperpflege

Einmal am Tag – am besten abends – sollte sich das Kind gründlich waschen und mindestens einmal pro Woche baden oder duschen. Tagsüber wird das Händewaschen oft wichtig sein. Einmal in der Woche werden auch die Haare gewaschen. Bei der Nagelpflege kann sich das Kind von nun an beteiligen.

Hinsichtlich der Zähne müssen Sie auf zwei Dinge ganz besonders achten: auf die richtige Stellung der neuen Zähne und auf eine sorgfältige Mund- und Zahnhygiene. Suchen Sie eine Zahnärztin oder einen Zahnarzt auf, sobald die ersten Milchzähne ausgefallen sind. Wackelnde Milchzähne sollten nicht sofort gezogen werden, weil sie als Platzhalter für die bleibenden Zähne dienen.

Noch längere Zeit anhaltendes Daumenlutschen trägt von nun an verstärkt zu einer Fehlstellung des Gebisses bei. Eine ähnliche Fehlbildung entsteht, wenn das Kind ausschließlich auf dem Bauch schläft.

Zweimal täglich sollte sich das Kind die Zähne, vor dem Schlafengehen besonders gründlich, putzen, um Karies vorzubeugen. Die Zähne müssen dabei drei Minuten lang gebürstet werden, eine elektrische Zahnbürste ist eine zuverlässige Hilfe. Die Bewegungsrichtung soll überwiegend vom Zahnfleisch weg zu den Zahnspitzen hin erfolgen. Alle zwei bis drei Monate ist eine neue Zahnbürste erforderlich.

Sonne und Luft

Frische Luft und Sonne fördern die Gesundheit Ihres Kindes. Sonnenbestrahlung vernichtet Bakterien, trägt zur Bildung von Vitamin D bei und regt die Blutgefäße an. Beachten Sie aber auch Hinweise der Wetter- oder Gesundheitsdienste zur Gefahr erhöhter ultravioletter Strahlung (Ozonloch), und denken Sie an ausreichenden Schutz durch Sonnencremes mit hohem Lichtschutzfaktor. Geben Sie Ihrem Kind viel Gelegenheit, sich in frischer Luft aufzuhalten. Auch im Winter sollte es sich wenigstens eine Stunde am Tag draußen bewegen.

Kleidung

Die Kleidung Ihres Kindes soll sich zwar nach der Witterung richten, darf aber eher luftig sein. So wird der Körper ein wenig abgehärtet und widerstandsfähiger gegenüber Infektionen aller Art. Baumwolle und Wolle sind die geeignetsten Materialien, da sie isolieren, ohne völlig abzudichten. Im Sommer ist Leinen günstig, weil es kühl auf der Haut liegt und den Schweiß verdunsten läßt.

Manche Kinder reagieren auf bestimmte Kunstfasern mit Hautallergien – achten Sie entsprechend darauf, ob sich nach dem Tragen eines neuen Kleidungsstükkes Hautrötungen oder ähnliches zeigen. Alle neuen Kleidungsstücke müssen vor dem ersten Tragen gründlich gewaschen werden, da sie zum Teil giftige Chemikalienrückstände enthalten. Weitere wichtige Gesichtspunkte für die Auswahl von Kleidung sind die notwendige

Geben Sie Ihrem Kind viele Gelegenheiten, sich körperlich anzustrengen.

Bei dieser Schiffahrt entdeckten die Kinder an der frischen Luft viel Neues.

Bewegungsfreiheit, problemlose Reinigungsmöglichkeit und – in zunehmendem Maße – die besonderen Wünsche Ihres Kindes, die oft von Modetrends abhängen.

Körpertraining

Ein gezieltes Training ist zur besseren Körpersteuerung in diesem Alter besonders zu empfehlen, wenn wenig Möglichkeit zur freien Bewegung besteht oder wenn körperliche Mängel zum Beispiel orthopädisches Turnen erfordern. Lassen Sie von Zeit zu Zeit untersuchen, ob bei Ihrem Kind möglicherweise Haltungs- oder Fußschäden vorliegen. Achten Sie darauf, daß es die richtigen Schuhe trägt. Sie dürfen nicht zu eng und nicht zu klein sein. Beim Kauf sollte der Schuh ca. 15 mm länger sein als der Fuß.

Geben Sie in der warmen Jahreszeit Ihrem Kind reichlich Möglichkeiten zum Barfußlaufen, Schwimmen, Wandern, Bergsteigen, Radfahren usw. Für anstrengende Dauerleistungen ist es jedoch noch zu früh: Damit überfordern Sie das Kind leicht. Kurzzeitige Anstrengungen führen hingegen zur erwünschten Kräftigung der kindlichen Herzmuskulatur.

Erste Hilfe

Bei Unfällen kommt es darauf an, daß Sie zum Teil lebenswichtige Maßnahmen durchführen, bis ärztliche Hilfe eintrifft.
Bemühen Sie sich,
- ruhig zu bleiben,
- klar zu erkennen, was passiert ist,
- mögliche unmittelbare Folgegefahren abzuschätzen und
- überlegt zu handeln,

damit Sie in der Aufregung die Situation nicht durch falsche Hilfsmaßnahmen noch verschlimmern.

Die folgenden Hinweise ersetzen keinesfalls einen Erste-Hilfe-Kurs, den Sie an einem Wochenende oder an mehreren Abenden (Umfang ca. 16 Stunden) absolvieren können (kostenlos zum Beispiel beim Roten Kreuz oder in Volkshochschulen; der Kurs «Sofortmaßnahmen am Unfallort», der eine Voraussetzung für den Führerschein ist, verhilft nur zu Basis-Kenntnissen):

♦ Schnitt-, Stich- und Bißverletzungen
Reinigen Sie die Haut um die Wunde herum vorsichtig mit einem Mulltupfer oder einer Mullkompresse und decken Sie die Wunde dann mit einer Mullbinde ab. Handelt es sich um eine kleine Wunde, einen Schnitt oder einen Riß, können Sie auch einen Schnellverband (Heftpflaster mit Mullauflage) verwenden, danach suchen Sie Ihren Kinderarzt auf oder die Ambulanz einer Klinik.

Abgesehen von kleinen Bagatellverletzungen wie Schürfungen oder Kratzern sollten alle Wunden, die sich Ihr Kind zuzieht, von einer Ärztin oder einem Arzt versorgt werden, wenn das Kind heftig blutet, die Wunde stark verunreinigt ist oder sich nach einiger Zeit Entzündungserscheinungen (Rötung, Schwellen, Eitern) einstellen.

Hat sich das Kind auf der Straße oder im Garten verletzt oder sich mit einem rostigen Nagel die Haut aufgerissen, sind unter Umständen Tetanusbazillen eingedrungen, die den lebensgefährlichen Wundstarrkrampf auslösen. Dagegen gibt es die Tetanus-Impfung. Überprüfen Sie im Impfpaß, ob Ihr Kind in den vergangenen drei Jahren eine Tetanus-Impfung erhalten hat; das ist die beste Vorbeugung und ein hinreichender

Schutz. Andernfalls sollte sofort die notwendige Impfung durchgeführt werden.

Bis zur ärztlichen Wundbehandlung decken Sie die Wunde mit sterilem Mull ab.

Wenn die Wunde sehr stark und pulsierend blutet, ist möglicherweise eine Schlagader verletzt, es kann zum lebensbedrohenden Schock (vgl. Absatz unten) kommen. Dann müssen Sie sofort einen Druckverband anlegen, der die verletzte Ader gegen einen Knochen preßt – der Verband muß zwischen Herz und blutender Wunde angebracht werden. Dann schnellstens einen Notruf durchführen (Ärztlicher Rettungsdienst, Rettungswagen, Rotes Kreuz, Malteser Hilfsdienst oder Unfallrettungsdienst), falls ein Telefon vorhanden ist. Kennen Sie eine Klinik in Ihrer Nähe, die Sie schnell erreichen können, ist die unverzügliche Behandlung dort am besten und möglicherweise lebensrettend.

Bißwunden müssen immer ärztlich behandelt werden, weil akute Infektionsgefahr besteht. Zum Beispiel könnte das Tier tollwütig sein; ein Hinweis darauf wäre, daß das Tier ohne erkennbaren Anlaß zugebissen hat.

Tiefere Wunden im Gesicht müssen ebenfalls durch eine Ärztin oder einen Arzt behandelt werden, damit möglichst wenige oder nur kleine Narben zurückbleiben.

♦ Verbrennung, Verbrühung
Wenn das Kind in brennenden Kleidern steckt, ersticken Sie die Flammen mit Wasser oder Decken, in die Sie das Kind einrollen (falls Sie gar nichts zur Hand haben, wälzen Sie das Kind auf dem Boden oder benutzen Sie eigene Kleidungsstücke). Dann ist sofort das Abschrecken der verbrannten Hautpartie mit viel kaltem Wasser die wichtigste Maßnahme.

Wenn das Kind sich mit heißen Flüssigkeiten (am häufigsten Wasser, Kaffee, Tee, Suppe) verbrüht hat, gießen Sie ihm sofort möglichst viel kaltes Wasser über die Verletzung und ziehen ihm die Kleidung aus. Wickeln Sie das Kind in Leinentücher und bringen Sie es so schnell wie möglich ins Krankenhaus. Bei schweren Verbrennungen und Verbrühungen sollte man als Laie nichts an der verbrannten Haut machen.

Bei leichten Verbrennungen legen Sie eine Brandbinde auf, oder behandeln Sie die Stelle mit einem Brand- oder Wundgel (in Apotheken erhältlich). Öffnen Sie auch kleinere Brandblasen – zum Beispiel bei starkem Sonnenbrand – nie, sonst infiziert sich die offene Wunde darunter.

♦ Hitzschlag, Sonnenstich, Hitzeerschöpfung
Intensive und länger andauernde Sonnenstrahlung führt leicht zu einem Hitzschlag (durch Wärmestau im Körper) oder zu einem Sonnenstich (durch besonders intensive Bestrahlung von Kopf und Nacken). Legen Sie das Kind

in den Schatten, Oberkörper und Kopf etwas erhöht, und kühlen Sie ihm Stirn und Nacken mit nassen Tüchern (Kompressen), fächeln Sie Luft zu (Verdunstungskälte). Bei Erbrechen und Durchfall unbedingt ärztlichen Rat einholen.

♦ Stürze: innere Verletzung, Gehirnerschütterung, Verstauchung, Knochenbruch usw.
Wenn Ihr Kind nach einem Sturz benommen ist oder erbricht, ist eine ärztliche Untersuchung sofort erforderlich, auch wenn keine äußere Verletzung zu erkennen ist. Klagt Ihr Kind über starke Schmerzen oder Unwohlsein, so können gefährliche innere Verletzungen, zum Beispiel Milz- oder Leberrisse vorliegen. Lagern Sie das Kind unbedingt seitlich, damit es sich nicht an Erbrochenem verschluckt oder daran erstickt.

Bei Verdacht auf Gehirnerschütterung nach einem Sturz, zum Beispiel von einem Tisch oder Stuhl, aber auch durch unglückliches Fallen auf den Hinterkopf beim Eislaufen, Skateboard- oder Rollschuhfahren muß Ihr Kind sofort in einer Kinderklinik behandelt werden. Symptome für eine Gehirnerschütterung sind Erbrechen und das sogenannte Wegdämmern. Beobachten Sie nach einem schweren Sturz Ihres Kindes, ob es normale Reaktionen zeigt oder ob es unnatürlich ruhig oder verwirrt erscheint.

Außerdem ziehen sich Kinder bei Stürzen neben Platzwunden (muß eventuell genäht werden?) Prellungen (kühlen) und Schürfungen auch Verstauchungen (Gelenk hochlagern und kühlen) und Knochenbrüche zu.

Knochenbrüche sind häufig schnell erkennbar an sichtbaren Verformungen, sofortigen Schwellungen und heftigen Schmerzen. Der gebrochene Knochen ist meistens nicht mehr belastbar, deshalb ist auch die Schonhaltung des Kindes ein Zeichen für Sie, eine ärztliche Untersuchung vornehmen zu lassen. Versuchen Sie nicht, den gebrochenen Knochen selbst zu schienen, sondern sorgen Sie für absolute Ruhiglagerung. Besonders bei Schädelfrakturen und Verletzungen der Wirbelsäule darf das Kind nicht bewegt werden, bis ärztliche Hilfe zur Stelle ist. Offene Brüche müssen Sie wegen der hohen Infektionsgefahr vor zusätzlichen Verunreinigungen schützen (nicht berühren! Wenn möglich, mit sterilem Mull abdecken).

♦ Ersticken
Erstickungsgefahr besteht, wenn Ihr Kind einen Fremdkörper, etwa eine Fischgräte, eine Holzperle, Erdnüsse (besonders gefährlich!) oder einen kleinen Speiserest in die Luftröhre bekommen hat, den es aus eigener Kraft nicht wieder heraushusten kann. In diesem Fall muß man schnell handeln, um die Atemwege wieder frei zu machen. Halten Sie das Kind vornüberge-

beugt oder legen Sie es über das Knie und klopfen Sie kräftig auf Rücken und Brust.

Wird auch dann der Fremdkörper nicht herausgehustet, wenden Sie den «Heimlich-Handgriff» an: Legen Sie dem Kind von hinten eine Faust auf die Magengegend und umfassen Sie diese mit der anderen Hand, das Kind zwischen den Armen haltend. Dann pressen Sie ruckartig und kräftig den Bauch nach schräg oben. Die dabei aus den Lungen schießende Luft soll den Fremdkörper herauskatapultieren.

Hat sich das Kind eine Plastiktüte über den Kopf gestülpt oder konnte es sich aus einem luftundurchlässigen Versteck nicht mehr befreien, müssen Sie gegebenenfalls sofort Wiederbelebungsmaßnahmen durchführen (vgl. Absatz unten).

Auch bei Bienen- oder Wespenstichen in Mund oder Hals besteht akute Erstickungsgefahr; sofort kühlen, Kind Eis lutschen lassen und Notarzt alarmieren (vgl. auch Absatz Insektenstiche).

♦ Insektenstich

Entfernen Sie – falls noch vorhanden – den Stachel mit einer Pinzette und reiben Sie den Einstich mit einer entsprechenden Salbe gegen Insektenstiche ein. Falls Sie keine Salbe in der Hausapotheke haben, hilft auch kaltes Wasser oder Eis ein wenig. Bei allergischen Reaktionen braucht das Kind sofort ärztliche Hilfe.

Stiche in Mund oder Hals sind lebensgefährlich. Die Schwellung muß so lange durch Kühlung gemindert werden, bis ein Arzt oder eine Ärztin zur Stelle ist. Diese/r kann im Falle des völligen Atemwegsverschlusses intubieren oder einen Luftröhrenschnitt vornehmen.

♦ Vergiftungen

Bei Vergiftungen durch Arzneimittel, Alkohol und Pflanzen ist es nützlich, wenn das Kind sofort erbricht. Erbrechen aber nicht aktiv herbeiführen, etwa durch den in den Rachen gesteckten Finger. Rufen Sie die Informationszentrale für Vergiftungen in Berlin an (030-30353436 oder 030-30352215) und fragen Sie um Rat, zusätzlich führen Sie den Notruf durch. Notieren Sie die Uhrzeit, wann das Kind den giftigen Stoff zu sich genommen hat, und nehmen Sie möglichst eine Probe davon mit ins Krankenhaus.

Nicht erbrechen soll ihr Kind, wenn es nicht bei vollem Bewußtsein ist oder wenn es folgende Flüssigkeiten verschluckt hat: starke Säuren (wie Salpetersäure, Salzsäure, Karbolsäure), Laugen, Reinigungsmittel für Abflüsse, Bleichmittel, Möbelpolitur, Autopolitur, Insektenvertilgungsmittel, Benzin oder Petroleum.

Heben Sie Erbrochenes für die Ärztin oder den Arzt auf, damit genau festgestellt werden kann, welche Substanz Ihr Kind geschluckt hat.

♦ Verätzungen
Bekleidung einschließlich Schuhe und Strümpfe sofort entfernen, Wunde mit fließendem Wasser spülen (bei Augenverletzungen Betroffenen seitlich hinlegen, Auge offen halten und aus einer Kanne oder ähnlichem Wasserstrahl darüberfließen lassen). Notruf veranlassen.

♦ Stromunfälle
Schrauben Sie zuerst die Hauptsicherung (oder alle einzelnen Sicherungen) heraus. Wenn das nicht möglich ist, entfernen Sie Ihr Kind von der Leitung mit Hilfe eines trockenen Besenstils oder mit Gummihandschuhen, denn Sie müssen sich isolieren, damit Sie nicht selbst in den Stromkreis geraten. Falls der Herzschlag ausgesetzt hat, müssen Sie künstliche Beatmung und Herzmassage machen, bis die Ärztin oder der Arzt kommt.

♦ Fremdkörper in Ohren, Nase, Augen, After oder Scheide
Versuchen Sie nicht, Fremdkörper aus den Ohren, der Nase, der Scheide oder dem After selbst herauszuholen. Es besteht die Gefahr, daß Sie den Gegenstand nur noch tiefer hineinstoßen und das Kind dabei verletzen.

Wenn ihm ein Fremdkörper ins Auge geflogen ist, befeuchten Sie ein Papiertaschentuch und wischen Sie den Fremdkörper in Richtung Nasenwurzel aus dem Auge. Ist der Gegenstand (Körnchen, Fliege oder ähnliches) unter dem Unterlid, lassen Sie Ihr Kind nach oben blicken, drücken oder dehnen Sie das Unterlid nach unten oder ziehen Sie es an den Härchen nach vorne und wischen mit dem Taschentuch den Fremdkörper zur Nase hin aus dem Auge (beim Oberlid entsprechend). Handelt es sich um einen Fremdkörper aus Metall, Metallstaub, Holz oder hartem Kunststoff, verbinden Sie dem Kind beide Augen, sprechen beruhigend mit ihm und veranlassen sofort einen Notruf oder suchen Sie eine Klinik auf, wenn sie schnell zu erreichen ist.

♦ Schock und erste Maßnahmen
Sie erkennen einen Schock an den folgenden Zeichen: Schweiß auf der Stirn, auffallende Unruhe, fahle Blässe und kalte Haut des Patienten, Frieren und schlimmstensfalls «verschwindender Puls». Sofortmaßnahmen sind: gegebenenfalls Stillen der Blutung, Betroffenen auf Decke legen und warm halten, Beine abgewinkelt hochlagern (als Selbsttransfusion und auch damit das Gehirn wieder besser durchblutet wird), Beruhigungsmaßnahmen treffen, trösten, Atem und Puls kontrollieren.

♦ Bewußtlosigkeit, künstliche Beatmung und Herzmassage
Grund einer Bewußtlosigkeit sind meistens Sauerstoffmangel, eine heftige Kopfverletzung, Vergiftung oder starke Hitze oder Kälte (unter anderem bei Ertrinken, Ersticken,

starken Elektroschocks, Schlagaderverletzung). Der Betroffene ist in eine stabile Seitenlage zu bringen.

Bei Atemstillstand sofort künstlich beatmen, möglichst zugleich für Notruf sorgen:

- Rückenlage des Betroffenen, mit beiden Händen den Kopf nach hinten biegen, den Hals überstrecken (gestreckte Speise- und Luftröhre); wenn die Atmung wieder einsetzt, Betroffenen auf den Bauch oder auf die Seite drehen.
- Setzt die Atmung nicht ein, eigenen Atem gleichzeitig in Nase und Mund des Betroffenen blasen oder in Nase (dann Mund zuhalten) oder in Mund (dann Nase zuhalten). Es muß sichtbar werden, daß sich dessen Brustkorb und Oberbauch heben!); setzt Atmung ein, Bauch- beziehungsweise Seitenlage herbeiführen.

Haben Sie keine Sorge, die Luft, die Sie ausatmen, enthält noch ausreichend Sauerstoff. Beim fünf- bis sechsjährigen Kind müssen Sie ca. 25mal Luft einblasen, allerdings nicht mit zuviel Druck. Durch Druck auf Brustkorb und Oberbauch Ausatmen herbeiführen. Sobald Sie deutliche Atembewegungen erkennen, hören Sie mit der künstlichen Beatmung auf.

Bei Herzstillstand legen Sie das Kind auf den Rücken und blasen Sie ihm zwei- bis dreimal künstlich Luft ein (siehe oben). Danach drücken Sie mit dem Handballen etwa neunmal in sechs Sekunden rhythmisch auf seine untere Brustbeinhälfte. Sie dürfen nicht zu fest drücken, da sonst die Rippen brechen können. Danach wird das Kind wieder zweimal beatmet und anschließend neunmal rhythmisch auf das Brustbein gedrückt usw., so lange, bis Sie wieder Herztöne hören und die Atmung wieder einsetzt.

Umwelt

Jede Familie braucht ihren eigenen Tagesplan

Ab Mitte dieses Lebensjahres wird es wichtig, Ihr Kind an einen regelmäßigen Tagesablauf zu gewöhnen, um es auf die Schulzeit vorzubereiten. Je nach Ihrer beruflichen Situation und den Gegebenheiten in der Familie müssen dafür individuelle Lösungen gefunden werden.

♦ Wenn ein Elternteil den ganzen Tag zu Hause ist
Das Kind steht mit den anderen Familienmitgliedern auf, alle frühstücken gemeinsam. Wenn es schon früher aufwacht, soll es sich zunächst leise allein beschäftigen, um die anderen nicht zu wecken. Nach dem Frühstück geht es in den Kindergarten, spielt allein, oder der nicht berufstätige Elternteil (in der Regel die Mutter) beschäftigt sich mit ihm (Lernspielprogramm). Nach dem Mittagessen (und eventuell einem Mittagsschlaf) sollte es möglichst mit anderen Kindern im Freien spielen können. Daran schließt sich eine zweite halbe bis Dreiviertelstunde Lernspielzeit an. Abends sollte sich möglichst auch der berufstätige Elternteil, also meist der Vater, an Beschäftigungen und Spielen mit dem Kind beteiligen.

Wenn dieser immer spät, das heißt nach 20 Uhr heimkommt, sollten Sie den Tagesplan entsprechend abändern. Das Kind schläft dann morgens länger und ruht vielleicht auch nachmittags, damit es abends länger aufbleiben kann. In vielen Familien sehen sich Vater und Kind fast nur am Wochenende, und das kann zu einer einseitigen Auffassung der Vaterrolle führen. Er wird vom Kind dann überwiegend als eine Idealfigur gesehen: Mit ihm erlebt es nur schöne und außergewöhnliche Unternehmungen, während die Mutter hauptsächlich für die Hausarbeit und den täglichen Kleinkram dazusein scheint.

Die Tatsache allein, daß eine Mutter den ganzen Tag zu Hause sein kann, ist keine Garantie dafür, daß Erziehung und Entwicklung des Kindes optimal gefördert werden. Natürlich ist es am günstigsten, wenn zumindest ein Elternteil ausreichend Zeit für das Kind hat. Die intensive Beschäftigung und ein wünschenswertes Eltern-Kind-Verhältnis sind jedoch auch bei einer Berufstätigkeit beider Elternteile nicht ausgeschlossen.

♦ Wenn beide Elternteile halbtags oder ganztägig berufstätig sind

Nehmen Sie sich vor, Ihrem Kind täglich etwas in seiner Umwelt zu zeigen.

Relativ günstig ist die Situation, wenn das Kind in diesem Fall halb- oder ganztags in den Kindergarten geht. Ebenso können sich aber auch mehrere Eltern zusammenschließen und ihre Kinder abwechselnd betreuen, zum Beispiel die Großeltern oder eine Tagesmutter beaufsichtigen das Kind. In jedem Fall sollte die Unterbringung fest geregelt werden, da sich das Kind durch ständiges Umorganisieren und Improvisieren «herumgeschubst» fühlt.

Bei Berufstätigkeit beider Eltern sollten Sie folgendes besonders beachten:

- Die Mutter sollte die Hausarbeit nicht so wichtig nehmen; teilen Sie möglichst das klassische Betätigungsfeld der Frau nun auch mit ihrem Mann. Unter der Woche erledigen Sie nur die notwendigen Aufgaben, erst am Wochenende den größeren Hausputz. Überlegen Sie, ob Sie sich als Doppelverdiener nicht eine Haushaltshilfe leisten können.
- Sorgen Sie dafür, daß die Familie wenigstens eine Mahlzeit am Tag gemeinsam einnehmen kann (achten Sie dabei unbedingt auf eine ausgewogene Mischkost). Die abendliche Mahlzeit sollte nicht zu schwer verdaulich sein und die mittägliche in ihrer Zusammensetzung ergänzen.
- Anstatt sich jeden Abend mit Kochen, Spülen usw. zu belasten, gehen Sie öfter mal mit der ganzen Familie zum Essen!

Welches Tier eignet sich für Ihr Kind am besten?

Die meisten Kinder wünschen sich ein Tier. Es macht ihnen Spaß, mit etwas Lebendigem zu spielen, das im Gegensatz zu den unbelebten Spielsachen einen Eigenwillen zeigt. Am Tier kann man immer wieder neue Verhaltensweisen beobachten, insbesondere auch Reaktionen auf das eigene Verhalten.

Allerdings ist das Kind im Alter von fünf bis sechs Jahren durch die damit verbundenen Pflichten überfordert, die es beim Kauf bereitwillig zugesagt hat. Die Pflege und Versorgung des Tieres muß also von den Eltern unbedingt überwacht und häufig auch übernommen werden.

Geeignete Tiere für Fünf- bis Sechsjährige

♦ Der Goldhamster
Tagsüber hält er sich meist in seinem Schlafhäuschen auf. Erst abends wird er richtig munter. Er ist recht zahm und läßt sich von Kindern viel gefallen.

Er braucht einen Drahtkäfig mit einem Laufrad und einem kleinen Schlafhaus sowie ein Stück Hartholz für seine Nagezähne. Der Käfig kann mit Torfmull, Sägemehl oder Heu ausgelegt werden und sollte möglichst täglich gereinigt werden. Sie können dem Goldhamster spezielles Fertigfutter geben, er nimmt aber auch Küchenreste (Kartoffeln, Gemüse, Salat, Käse, Brot und Karotten). Damit können Sie ihn notfalls bis zu drei Tage allein lassen (Trinkwasser nicht vergessen!). Jungtiere haben bis zum dritten Monat manchmal Viren, die für den Menschen gefährlich werden können (Hirnhautentzündung!). Kaufen Sie deshalb in der Zoohandlung nur Goldhamster, die schon älter sind. Ihre Lebensdauer beträgt etwa zwei Jahre.

♦ Meerschweinchen
Es ist sehr zutraulich und kommt von allein zum Menschen, um gestreichelt zu werden und sich anzuschmiegen. Wie der Goldhamster braucht es einen kleinen Käfig mit einem Schlafhaus. Auch die Ernährung ist die gleiche wie beim Goldhamster. Die Lebensdauer beträgt ca. fünf Jahre.

♦ Kaninchen
Kaufen Sie nur dann ein Kanin-

Was denken sich diese Kinder über den Hund, der so fragend schaut?

chen, wenn Sie einen Garten oder wenigstens einen Balkon für die Unterbringung besitzen (der Kot dieser Tiere verbreitet einen sehr aufdringlichen Geruch). Kaninchen ernähren sich rein vegetarisch von Karotten, Kartoffelabfällen, Grünfutter und Heu. Sie lassen sich gern kraulen, sie sind sehr anschmiegsam und anhänglich. In der Wohnung sollten Sie das Tier – wie auch Goldhamster und Meerschweinchen – nur unter Aufsicht herumlaufen lassen. Denn als Nagetiere knabbern sie gern an Telefonschnüren, Möbelstücken usw.!

♦ Schildkröte

Sie ist zum Streicheln nicht so geeignet wie die Felltiere. Allerdings ist sie sehr gutmütig und ruhig. Wenn Sie keinen Kontakt mehr will, zieht sie sich in ihren Panzer zurück und läßt sich nicht mehr hervorlokken. Ihr Kind darf sie nicht fallenlassen, denn dabei könnte der Panzer zersplittern. Schildkröten können sehr alt werden, wenn man sie richtig ernährt und ihnen ähnliche Lebensbedingungen bietet, wie sie in ihrer Heimat (Afrika und Mittelmeerländer) gegeben sind; also viel Sonne, Wärme und die Möglichkeit zum Winterschlaf.

Schildkröten fressen vorwiegend Gemüse, Salat und Obst, aber dazwischen auch rohes Fleisch sowie spezielles Fertigfutter. Wichtig sind regelmäßige Kalkgaben. Einmal in der Woche sollten sie gebadet werden. Dabei darf der Kopf nicht untergetaucht werden. Im Sommer kann die Schildkröte in einem umzäumten Gehege im Garten herumkriechen. Das feinmaschige Drahtgitter muß dabei mindestens 15 cm tief in den Boden reichen, weil sich die Schildkröte sonst ein Loch ins Freie gräbt. Stellen Sie auch noch ein Holzhäuschen ins Gehege. Wenn Sie keinen Garten haben, braucht die Schildkröte eine größere Holzkiste als Auslauf und ein Häuschen zum Schlafen. Den Winterschlaf hält sie in einer Holzkiste im Keller (Temperatur zwischen plus vier und plus acht Grad). Füllen Sie die Kiste mit feuchter Erde und einer Moosschicht. Die Schildkröte wird daraufgesetzt und mit trockenem Laub bedeckt.

♦ Kanarienvogel und Wellensittich
Vögel brauchen einen großen Käfig mit Sitzstangen, Trinknapf, Torfmullstreu, Futternapf und einer kleinen Badewanne. Zum Spielen und Klettern eignen sich ein Spiegel, eine Glocke und Gestänge.

Im Handel gibt es fertiges Vogelfutter, das Sie mit Grünzeug ergänzen können. Das Trinkwasser sollte täglich erneuert werden. Beide Vogelarten kann man im Zimmer frei fliegen lassen (Achtung: Wellensittiche knabbern gern Möbel oder Bücher an!). Wellensittiche können sogar sprechen lernen.

♦ Hund
Er ist der ideale Spielgefährte für ein Kind. Doch vor der Anschaffung sollte man sich gut überlegen, ob man seinen Bedürfnissen wirklich gerecht werden kann. Er braucht einen Menschen in der Familie, der sich intensiv mit ihm beschäftigt (ca. eine Stunde täglich) und den er als seinen «Führer» beziehungsweise sein «Leittier» anerkennt.

Wenn Sie in der Großstadt wohnen, sollten Sie sich nur für einen Hund als Haustier entscheiden, wenn in der Nähe ein Park liegt. Ein Hund ist wesentlich teurer im Unterhalt als die übrigen genannten Tiere. Er braucht zwischendurch frisches Fleisch. Sie müssen Hundesteuer, Schutzimpfungen und eine Haftpflichtversicherung (wegen möglicher Unfälle unbedingt zu empfehlen) bezahlen. Je nach Rasse und Länge der Haare muß er mindestens zwei bis dreimal in der Woche gekämmt werden, am besten sogar täglich. Mindestens zweimal im Jahr ist ein Bad nötig (abgesehen von Reinigungsaktionen bei außergewöhnlichem Bedarf, zum Beispiel bei Schmuddelwetter).

♦ Katze
Auch mit Katzen können sich Kinder sehr gut verstehen. Sie

mögen Wärme und Behaglichkeit, Spiele und Zärtlichkeit. Man kann sie sehr schnell zur Stubenreinheit erziehen. Ihre «Toilette» ist ein Kasten mit Sägemehl. Zum Schlafen brauchen sie ein Körbchen. Ihre Nahrung besteht aus Milch, Fleisch, Fisch und Fertigkost. Machen Sie Ihr Kind mit dem typischen Drohverhalten bekannt: angelegte Ohren, Fauchen, Knurren. Katzen haben eine Lebenserwartung von ca. 13 Jahren. Schutzimpfungen sind unerläßlich.

Wichtige Tips

Informieren Sie sich vor der Anschaffung über folgende Dinge: Klauseln im Mietvertrag (die Einwilligung des Hauswirts ist nur bei Hund und Katze notwendig); Einfuhrbestimmungen der jeweiligen Länder bei Auslandsreisen; Unterbringung während eines Urlaubs gesichert?

- Hygiene: Jedesmal nach dem Streicheln des Tieres muß sich das Kind die Hände waschen, auch nach der Reinigung des Käfigs oder des Körbchens. Und: Kein Tier darf mit ins Bett genommen werden!
- Tierquälerei: Machen Sie Ihrem Kind klar, welche Behandlung das Tier braucht und was es absolut nicht schätzt. Sagen Sie ihm, daß Tiere Schmerzen empfinden, auch wenn sie es zum Teil nicht zeigen können.
- Tod von Tieren: Erklären Sie Ihrem Kind von Anfang an, wie es mit dem Tier umgehen muß, um es nicht zu gefährden. Stirbt ein Tier, beerdigen Sie es gemeinsam. Nehmen Sie den Kummer des Kindes ernst.

Die Familie in unserer Gesellschaft

Familie und Familienformen

♦ Struktur und Wandel der Familie
Wenn man heute von Familie spricht, meint man damit die Kernfamilie oder Kleinfamilie, die aus zwei Generationen besteht, den Eltern und ihren Kindern. Damit sind zugleich auch einige besonders wichtige Positionen in der Familie festgelegt: Mutter sein, Vater sein, Kind sein, Kind mit Geschwistern oder ohne Geschwister sein, mit einem gleichgeschlechtlichen oder andersgeschlechtlichen, mit großem oder geringem Altersabstand usw.

Die Beziehungen innerhalb der Familie, die auf diesen Positionen aufbauen, wirken grundlegend auf die kindliche Sozialisation (Einleben in die Gesellschaft) und können später nicht mit anderen Personen wiederholt werden. Man spricht heute ganz selbstverständlich vom System Familie und meint damit, daß alle Mitglieder der Familie Wirkungen auf die anderen ausüben und selbst beeinflußt werden – dabei sind freilich die Einflüsse zum Teil direkt erkennbar, teils aber auch nicht unmittelbar wahrzunehmen.

Wer das Geld für den Familienunterhalt verdient, genießt von vornherein eine gewisse Anerkennung. Ein Kind muß sich Anerkennung durch liebenswürdiges Verhalten, Hilfsbereitschaft, mit Kreativität und durch Selbständigkeit erwerben.

Viele berufstätige Mütter versuchen allen Anforderungen zu entsprechen und sind deshalb überfordert: einerseits Familie, Arbeit und Haushalt bewältigen, andererseits dabei immer auch noch ausgeglichen sein und als emotionales Ruhekissen zur Verfügung stehen!

Familie im klassischen Sinn – also zwei Eltern und ein bis drei Kinder – das gibt es noch nicht lange. Der Begriff Familie ist nicht viel älter als 200 Jahre, und in dieser Zeit hat sich viel verändert, insbesondere in den letzten Jahrzehnten durch den Rückgang der Geburtenziffern, durch die Tendenz zur Familie mit einem Kind.

Heute spricht man von der klassischen Familie bereits als einer Ausnahme. Nur ca. 20 bis 30 Prozent der Familien sind während der gesamten Zeit der Persönlichkeitsentwicklung eines Kindes als soziales System beieinander. Allein durch Trennung und Scheidung leben ein Viertel aller Kinder längere Zeit bis zu ihrem 15. Lebensjahr mit nur einem Elternteil zusammen.

Andere Familienformen mit weiterhin steigender Tendenz sind (Zahlenangaben nach W. E. Fthenakis, 1991):

- Ein-Eltern-Familien: 13,8 Prozent aller Familien sind gegenwärtig dieser Familienform zuzurechnen, davon 86 Prozent mit alleinerziehender Mutter und 14 Prozent mit alleinerziehendem Vater.
- Nichteheliche Lebensgemeinschaften: Nach Schätzungen lebten 1988 bereits 820000 Paare in dieser Form zusammen (Zunahme um 50 Prozent in den achtziger Jahren) – nahmen also nicht, wie häufig praktiziert, die Schwangerschaft beziehungsweise Geburt zum Anlaß zu heiraten. Zuverlässigkeit und sexuelle Treue werden auch in diesen Lebensgemeinschaften als grundlegend wichtig eingeschätzt.
- Stieffamilien: In 8 Prozent der Familien gab es 1984 neben einem leiblichen einen Stiefelternteil, davon betroffen waren ca. 1 Million Kinder.
- Pflegefamilien und Adoptivfamilien: 50000 Kinder leben in Pflegefamilien, ca. 4000 Kinder werden zur Zeit jährlich adoptiert.

Der Trend zur Veränderung der Familienstruktur, zur Differenzierung nach verschiedenen Familienformen kann als Ausdruck von Autonomiebestrebungen des einzelnen und des Rückzuges auf das Individuum hin gesehen werden – dennoch wird in Untersuchungen deutlich, daß Menschen auch heute mit dem Begriff Familie einen hohen Wert und ihr Lebensglück verbinden.

Die hohe Einschätzung der Familie wird u.a. im Wohlfahrtssurvey 1993 (Stat. Bundesamt) belegt. Die wichtigsten Lebensbereiche sind

1. Gesundheit,
2. Familie,
3. Liebe und Zuneigung,
4. Umweltschutz,
5. Schutz vor Kriminalität,
6. Einkommen
7. Arbeit
8. Freizeit

usw.

Die Familie, also der zweitwichtigste Lebensbereich, wird von 86 % der Befragten für sehr wichtig gehalten; von 21 % für wichtig; die entsprechenden Zahlen für die fünf neuen Bundesländer sind 92% und 17 %. Zugleich ist beim Lebensbereich Familie auf einer Zufriedenheitsskala, die von 0 – 10 reicht, der Durchschnittswert 8,4 – also bei sehr zufrieden.

♦ Die Kernfamilie als Intimgruppe
In der Familie sind die Menschen so vertraut miteinander, wie sie es in anderen Beziehungen außerhalb

kaum sein können. Es gibt nur wenige Tabuzonen. Jedes Familienmitglied verhält sich so, wie es ist. Damit hat die Familie auch eine gewisse Entspannungsfunktion für den- oder diejenige/n, der sich außerhalb der Familie, zum Beispiel im Berufsleben, nach (strengen) gesellschaftlichen Normen richten muß. Die Beziehungen innerhalb der Familie sind emotional-affektiv getönt, außerhalb überwiegen dagegen ökonomisch-rationale Einschätzungen und Verhaltensweisen. Viele Gefühle entstehen überhaupt nur in der Familie, und es besteht die Erwartung, daß sie auch dort befriedigt werden.

Weil Familien heute jedoch im allgemeinen kleiner sind als früher, können Spannungen nicht mehr von mehreren anderen – am Konflikt weniger beteiligten – Familienmitgliedern aufgefangen werden. Es gibt eine ganze Reihe von Gründen dafür, warum heute kaum noch Großeltern oder Tanten und Onkel im Umfeld der Familie leben:

- die Anziehungskraft der (Groß-) Städte / «Landflucht»: immer mehr Menschen ziehen in die Stadt, um bevorzugten Arbeitsplätzen näher zu sein, wodurch Verwandtennetze zerrissen werden;
- veränderte berufliche Verhältnisse: sinkende Anzahl von Familienbetrieben, in denen mehrere Mitglieder und Generationen einer Familie zusammenarbeiten (vor allem Landwirte);
- beengte Wohnverhältnisse verhindern ein (zeitweises) Zusammenleben als Großfamilie;
- eine räumliche Trennung wird angestrebt, um Unabhängigkeit von der Seniorengeneration zu erlangen.

Die Erwartungen an Ehe und Familie haben sich wesentlich gewandelt: Wenn heute ein Paar heiratet, möchte es ein eigenes Heim gründen und von den Eltern unabhängig sein. Es besteht nicht mehr der wirtschaftliche Bedarf, viele Kinder zu haben, die auf dem elterlichen Bauernhof oder im Handwerksbetrieb mitarbeiten, ihn später übernehmen und die Eltern im Alter versorgen.

Vielfach werden Trennung und Scheidung bereits bei der Eheschließung als kalkulierbares Risiko gesehen – immerhin wird heute jede dritte Ehe wieder gelöst.

♦ Rollendifferenzierung in der Familie

In der Familie gibt es bestimmte Rollenerwartungen an jedes einzelne Mitglied. Sie leiten sich mittlerweile kaum noch vom traditionellen, patriarchalischen Familientyp ab. Idealvorstellungen von Partnerschaft und Gleichberechtigung werden heute als Grundlage einer Partnerbeziehung oder Ehe angestrebt. In den USA ist diese Einstellung zur Partnerschaft schon wesentlich länger

Spaß für alle: Wie lange können wir uns mit den Fingern erreichen, während unsere Eltern ein Wagenrennen veranstalten?

Unter dem Baldachin fühlen wir uns wie im Märchen.

Tradition, Eltern werden eher wie ältere und erfahrene Geschwister gesehen.

Eltern tragen primär die Verantwortung für ihre Kinder und sind auch für das Familienklima verantwortlich. Für den häuslichen Bereich fühlt sich immer noch überwiegend die Mutter zuständig, während der Vater die Familie nach außen vertritt (unter anderem zuständig für Auto, Reparaturen und Garten ...). Da er meist den ganzen Tag außer Haus berufstätig ist, hat er nur am Wochenende nennenswerten Einfluß auf die Erziehung, das Kind erhält kaum Einblick in seinen Arbeitsbereich.

Die Berufstätigkeit der Frau spielt heute eine deutlich größere Rolle im Familienleben. 38 Prozent der Mütter mit einem Kind unter sechs Jahren gehen einer beruflichen Tätigkeit nach, weit überwiegend allerdings einer Teilzeitarbeit.

Das hat sowohl materielle als auch ideelle Gründe. In vielen Familien ist das Geld, das die Mutter verdient, dringend zum Lebensunterhalt nötig oder wird für besondere Ausgaben verwendet, die man sich sonst nicht leisten könnte. Viele Frauen wollen einen Beruf ausüben, auch wenn es finanziell nicht erforderlich ist. Sie wünschen sich Selbstbestätigung im beruflichen Bereich, sie wollen, daß ihre lange Berufsausbildung nicht umsonst war, ihr Beruf bringt ihnen Abwechslung und Freude.

Soll das Familienleben auch bei Berufstätigkeit der Mutter gut funktionieren, so kommt es sehr auf die Begleitfaktoren an: auf die Einstellung und faktische Mitarbeit des Partners, auf die psychische und physische Beanspruchung durch die Arbeit, vor allem aber auf die Art, wie die Kinder betreut werden.

Erwerbstätigkeit steigert zwar zunächst die Häufigkeit ehelicher Konflikte (oft schon die Ankündigung beabsichtigter Teilzeitarbeit), ändert jedoch nichts am allgemeinen Eheglück. Die größere Befriedigung, die eine Frau aus ihrer Arbeit zieht, gleicht in der Folge oft die Konfliktproblematik aus – selten allerdings die damit einhergehende erhöhte Belastung.

♦ Sozialisation als Aufgabe der Familie

Die Erziehung eines Kindes ist primär Aufgabe der Eltern (Grundgesetz für die Bundesrepublik Deutschland, Art. 6 (2)): «Pflege und Erziehung der Kinder sind das natürliche Recht und die zuvörderst ihnen obliegende Pflicht. Über ihre Betätigung wacht die staatliche Gemeinschaft.» (vgl. auch das – wortgleiche – Kinder- und Jugendhilfegesetz § 1,(2)).

Die Erziehung kann und soll nicht vom Staat übernommen werden. Zur Aufgabe der Eltern gehört unter anderen, die Entwicklung des Kindes zu fördern, es zu einer eigenverantwortlichen und gemeinschaftsfähigen Persönlichkeit zu führen, so daß es später verschiedene Rollen in der Gesellschaft übernehmen kann.

Dazu müssen in ihm Werthaltungen geweckt werden, es muß lernen, mit seinen Gefühlen und kognitiven Fähigkeiten richtig umzugehen. Diese elterliche Grunderziehung reicht aber im allgemeinen nicht aus: Soziales Verhalten muß in der Gemeinschaft mit anderen Kindern geübt werden – zum Beispiel unter gleichaltrigen Kindern in einem Kindergarten. Der Rechtsanspruch auf einen Kindergartenplatz ist mittlerweile in den Verfassungen einiger Bundesländer verankert.

♦ Freizeitverhalten

Einen Großteil ihrer Freizeit verbringen Familien gemeinsam, allerdings auch in besonderen Kombinationen, wie eine Untersuchung von Tietze zeigt. Danach verbringen fünf- bis sechsjährige Kinder die Zeit an den fünf Wochentagen wie folgt:

- Mutter und Kind ca. 48 Prozent,
- Kernfamilie ca. 14 Prozent,
- soziales Netzwerk (Verwandte, erwachsene Freunde) 8 Prozent,
- Institutionen übernehmen einen ebenfalls nicht unwichtigen Teil der Betreuungsaufgaben mit insgesamt ca. 28 Prozent der Betreuungszeit.

Insgesamt hat die zur Verfügung stehende Freizeit in den letzten Jahren wesentlich zugenommen, wobei die erwünschte Selbstverwirklichung einen zunehmend bedeutsamen Faktor darstellt. Zu den wichtigsten Aktivitäten von Familien zählen vor allem Besuche bei/von Freunden, Verwandten und Bekannten, Wochenendfahrten, Wanderungen und Reisen, Spaziergänge, Sport- und Vereinsveranstaltungen sowie die Teilnahme an Festen, Fernsehen, Handarbeiten, Basteln, Musizieren, Musikhören sowie Konzert- und Theaterbesuche (M. Textor, 1990).

An den Wochenenden ist die gemeinsam im Rahmen der Kernfamilie verbrachte Zeit deutlich höher, auch die gemeinsamen Aktivitäten von Vater und Kind erreichen hier einen nennenswerten Umfang. Der Aufzählung der Beschäftigungspräferenzen (siehe Tabelle 2 Seite 68) kann ergänzend entnommen werden, daß Kinder viele Aktivitäten gern zusammen mit den Eltern unternehmen.

Bedenklichen Umfang nimmt ab dem Schulalter das Fernsehen und Konsumieren von Videofilmen ein – vor allem auch von jugendgefährdenden, also indizierten und beschlagnahmten Filmen (Action- und Horrorfilme). Es stellt sich in diesem Zusammenhang jedoch das Problem, daß Kinder im vorschulischen Alter öfter unbeaufsichtigt mit älteren Kindern zusammen sind: Mit entsprechendem Videokonsum muß dann eventuell gerechnet werden.

Einen Teil ihrer Zeit verbringen Kinder in verschiedenen Kursen (Schwimmen, Turnen, Judo,

Hockey, Ballett, Schlittschuh- und Rollschuhfahren, Musik, Zeichnen, Malen und Werken, Basteln usw.), die oft einer spezifischen Förderung dienen, allerdings für die Eltern teilweise erhebliche organisatorische Belastungen mit sich bringen.

Leitbilder der Familie heute

In der Ehe überwiegt das Leitbild der Partnerschaft. Die Rollenaufteilung ist flexibler geworden. Kann die Frau die Hausfrauenaufgaben nicht übernehmen, so springt oft der Mann für sie ein, oder die Aufgaben werden von vornherein geteilt. Frauen erledigen heute auch viele Dinge, die früher ausschließlich im Aufgabenbereich der Männer lagen.

Bei der Eltern-Kind-Beziehung setzt sich immer mehr das Leitbild der Eigenständigkeit des Kindes durch. Ein besonders wichtiges Erziehungsziel ist die Förderung der Selbständigkeit und aller seiner Fähigkeiten. Die Verantwortung für das Kind wird sehr ernstgenommen. Man möchte ihm eine gute Ausbildung, finanzielle Sicherheit und einen gewissen Lebensstandard bieten können und verzichtet unter Umständen auch deshalb auf mehrere Kinder.

Was das Verhältnis zu den Verwandten angeht, so überwiegt nach G. Wurzbacher «die Bejahung einer verwandtschaftlichen Verbundenheit bei Beanspruchung und Beachtung der kleinfamilialen Selbständigkeit und Intimsphäre» (G. Wurzbacher, 1969). Die verwandtschaftlichen Beziehungen werden durchaus geschätzt, auch im Zusammenhang mit der Kinderbetreuung, doch oft versuchen die Großeltern, die eigenen Einstellungen und Wertvorstellungen weiterzugeben, und stoßen damit auf starke Ablehnung.

Für die einzelne Familie scheint eine aktive Auseinandersetzung mit diesen verschiedenen Entwicklungstendenzen erforderlich, mit dem neuen Rollenverständnis der einzelnen Familienmitglieder und mit ihren Autonomiebestrebungen, zumal die gelebten Beziehungen Modelle für die künftige Generation sind und Kinder heute auch die Beziehungen und Umgangsformen in anderen Familien beobachten und mit den eigenen Erfahrungen vergleichen.

Schichtprobleme und Chancengleichheit

♦ Schichtzugehörigkeit in der Leistungsgesellschaft

Früher hat die jeweilige Abstammung den Platz des einzelnen in der Gesellschaft bestimmt. Heute hingegen nimmt der einzelne weitgehend die berufliche und auch soziale Position ein, die er sich durch seine Leistungen und seinen Erfolg erwirbt. Die familiären Voraussetzungen spielen jedoch immer noch eine Rolle.

Kinder brauchen Erwachsene, die Zeit für sie haben.

Das Kind wird in einen bestimmten Gesellschaftsbereich, in eine Schicht (Unter-, Mittel-, Oberschicht) hineinerzogen, und zwar in die Schicht, der die Eltern angehören. Für den einzelnen bedarf es zielstrebiger und mühsamer Anstrengungen, sich aus dieser Schicht herauszulösen, also «aufzusteigen».

Ein Merkmal der Schichtzugehörigkeit ist die Sprache. Den Kindern von Mittelschichteltern wird eine andere Sprache anerzogen als den Kindern der Unterschichteltern. Der «elaborierte Code» der Ober- oder Mittelschichtkinder bietet bessere Voraussetzungen für den Besuch eines Gymnasiums oder der Universität als die Sprache der Unterschicht.

♦ Verschiedene Erziehungspraktiken und -leitbilder in der Mittel- und Unterschicht

Zur Mittelschicht zählen vor allem Angestellte, Beamte, Handwerker, Selbständige und Landwirte, zur Unterschicht Arbeiter und untere Angestellte. Ihre Erziehungsvorstellungen sind vor allem durch Wertschätzung und Selbständigkeit, eigenständiges Urteilsvermögen, Kritikfähigkeit, Toleranz, Selbstkontrolle und Kreativität charakterisiert, die von ihnen in ihrer eigenen Berufstätigkeit erwartet werden (vgl. M. Textor, 1990). Die Leistungserwartungen sind hochgesteckt, das Abitur ist der erwünschte Bildungsabschluß für ihre Kinder.

Die bevorzugten Erziehungsmittel sind Begründungen, Sachinformation, Appelle und Ermahnungen, wobei sich die Einstellung zu den Kindern primär an deren Bedürfnissen, Wünschen und Interessen orientiert. Das psychologische Verständnis für die Kinder ist ihnen vorrangig. Dabei besteht die Gefahr, daß die Kinder überfordert und durch zuviel Rationalität eingeengt werden. Ein Ausgleich kann durch das Respektieren eines immer wieder geschaffenen Erfahrungsfreiraums erzielt werden, in den nur aus zwingenden Gründen eingegriffen wird. Früher bestand dieser Freiraum darin, daß die Kinder mehrere Stunden täglich zum Spielen nach draußen geschickt wurden; in dieser Zeit mußten sie sich selbst organisieren, sie waren also für bestimmte Zeit weitgehend selbstbestimmt. Heute meinen Eltern im allgemeinen, ihre Schutz- und Kontrollfunktion auch auf diesen Freiraum ausdehnen zu müssen.

In der Unterschicht sind demgegenüber noch vorwiegend Erziehungsziele wie zum Beispiel Gehorsam, Anständigkeit, Ordnung, Sauberkeit, Solidarität maßgeblich. Kinder versuchen bei diesen Erziehungszielen vor allem, mögliche Strafen zu vermeiden: sie akzeptieren die Erziehungsziele nicht und machen sich diese Wertvorstellungen nicht zu eigen (vgl. M. Textor, 1991).

♦ Möglichkeiten zur Überwindung der Schichtbarrieren

Die wichtigste Voraussetzung für Chancengleichheit der Kinder benachteiligter Schichten besteht in der umfassenden Information der Eltern, die zu einer Veränderung der Erziehungsleitbilder führt. Das bedeutet auch,

- in den ersten Lebensjahren dem Kind möglichst vielfältige Anregungen in allen Persönlichkeitsbereichen zu geben (Lernspielprogramm und Kindergarten),
- Kontakte zu Kindern und Eltern der Mittelschicht zu schaffen,
- über Bildungsmaßnahmen (Fort- und Weiterbildung, unter anderen an Volkshochschulen) sich selbst vermehrtes Wissen und Fähigkeiten anzueignen, die nicht zuletzt mehr Selbstsicherheit schaffen.

Das Kinderhaus – der neue Kindergarten

Kinderkrippe, Kindergarten und Hort sind heute den meisten Eltern als Einrichtungen zur Betreuung, Erziehung und Bildung bekannt (vgl. Das Elternbuch 4, Kindergarten, S. 39 ff). Gegenwärtig setzt jedoch eine Entwicklung ein, die vor allem beim Bau neuer Einrichtungen berücksichtigt wird. Diese neue Form von Betreuungsstätten wird unter Namen wie Kinderhaus, Haus für Kinder und Eltern, Haus für die ganze Familie usw. aufgebaut.
Warum gibt es diese neue Entwicklung? Vergegenwärtigen Sie sich dazu den Stand der pädagogischen Diskussion einschließlich der Ihnen bekannten Bedürfnisse und Anforderungen von Familien.

Forderungen an neue Einrichtungen

In der Offentlichkeit wird vermehrt diskutiert, daß die Angebote der Träger von Kinderbetreuungseinrichtungen und die Bedarfslagen unterschiedlicher Familien nicht mehr zusammenpassen.

Die Öffnungszeiten waren und sind dabei ein offenkundiger Streitpunkt: Pädagogen legen großen Wert auf Öffnungszeiten, die mit dem Kindeswohl vereinbar sind, die Eltern müssen im Interesse der von Arbeitgebern gesetzten Betriebszeiten und wegen der Anfahrtswege zum Arbeitsplatz darauf drängen, daß Betreuungseinrichtungen möglichst früh öffnen.

Ist das nicht der Fall, muß das Kind oft zur Überbrückung noch in einer anderen Familie untergebracht werden, bis der Kindergarten öffnet. Das Kind muß aus dem Schlaf gerissen werden, es erlebt einen mehrfachen Wechsel der Bezugsperson – und das schon am frühen Morgen.

Auch um die Mittagszeit kommen viele Eltern in Bedrängnis. Die Arbeitszeit vieler Teilzeitbeschäftigten ist zum Beispiel mit einer Mittagsruhe des Kindergartens zwischen 11.45 und 14.00 Uhr nicht vereinbar.

Bei der Debatte um die Flexibilität der Betreuungseinrichtungen geht es aber nicht nur um die Öffnungszeiten, es geht auch um weitergehende Bedürfnisse und Zielsetzungen. Sie werden im folgenden aus unterschiedlichen Perspektiven dargestellt:

♦ Perspektive der Kinder – Fragen der Kinder

- Wo sind tagsüber die deutlich jüngeren und älteren Kinder? Wo ist meine Schwester/mein Bruder, warum kann ich nicht bei ihr/ihm bleiben?
- Könnten nicht wenigstens einige wesentlich ältere und jüngere Kinder in meiner Kindergruppe sein?
- Warum gibt es nicht wie zu Hause mehrere Räume in der Tageseinrichtung? Warum müssen immer so viele Kinder in einem Raum sein? Warum ist es immer so laut?
- Warum kann ich mich im Garten der Tageseinrichtung nicht verstecken? Warum gibt es einen Zaun um die Tageseinrichtung? Warum müssen wir uns immer nach den Zeitplänen der Erzieherinnen richten?
- Wo und wie kann ich am besten spielen und lernen? Wo sind die verschiedenen Erfahrungsräume? Wo die vielseitigen Materialien?
- Ich wünsche mir bestimmte Erwachsene täglich in meiner Nähe, können sie so lange bei mir sein, wie ich will?

♦ Perspektive der Eltern
Eltern stellen heute höhere Ansprüche an eine Betreuungseinrichtung:

- Die Kinderzahl pro Familie ist in den letzten Jahrzehnten immer weiter gesunken, so daß gegenwärtig 36 Prozent aller Kinder als Einzelkinder aufwachsen. Kinder sollten deshalb mehr geschwisterähnliche Beziehungen erfahren, sie sollten in einer familienähnlichen Gruppe gefördert werden.
- Eltern haben ein berechtigtes Interesse an mehr Information, Beteiligung und Mitwirkung in der Kindertageseinrichtung, bezogen auf die Zusammenarbeit zwischen Elternhaus und Kindergarten, die pädagogische Praxis mit den Kindern sowie die gemeinsame Erziehungspraxis in Elternhaus und Einrichtung.
- Eltern wollen an der Festlegung der Ziele und Inhalte von Bildung, Förderung und Erziehung mitwirken, sie wollen sich teilweise an der Betreuung beteiligen.
- Kindertageseinrichtungen sind der Ort, an dem sich neue Kontakte und Beziehungen knüpfen lassen, zu den Erzieherinnen, zu anderen Müttern und Vätern. Da das verwandtschaftliche Beziehungsnetz gegenwärtig noch weiter ausgedünnt wird, nimmt der Wunsch nach Kontakten und Stützsystemen ständig zu.
- Schwierige Lebenssituationen erfordern mehr Hilfestellung durch Beratungsdienste, im Hinblick auf das eigene Kind, die Partnersituation, die Kooperation mit den eigenen Eltern. Die Tageseinrichtung als vertraute Institution kann und soll zur Vermittlerstelle für Beratungs-

Auch noch für fünfjährige Kinder wichtig: im Sand manschen und panschen.

dienste werden, sie kann manche Probleme und Konflikte auch eigenständig lösen, zum Beispiel durch das Angebot von Gesprächskontakten zwischen Eltern.

♦ Perspektive der Erzieherinnen
Erzieherinnen sind mit den Rahmenbedingungen von Kindertageseinrichtungen und ihrer Ausbildung vielfach nicht mehr einverstanden. Viele verlassen den Beruf bereits nach drei bis fünf Jahren. Damit geht die eben erworbene Erfahrung für das Berufsfeld verloren. Erzieherinnen stellen sich heute unter anderen folgende Fragen (und wollen in ihrem Anliegen von den Eltern unterstützt werden):

– Wie lassen sich die Wünsche, Interessen und Bedürfnisse der Kinder, die Zielsetzungen der

Eltern und die der Einrichtung besser vereinbaren?
- Wie kann die Anzahl der Kinder pro Gruppe auf höchstens 15 bis 18 Kinder verringert werden, damit pädagogisch verantwortungsvolle Arbeit möglich ist? Wie kann den heute wesentlich aktiveren und anspruchsvolleren Kindern begegnet werden? Wie können die Räume für Kinder kreativ umgestaltet werden, wie können mehr Fachkräfte pro Gruppe bezahlt werden?
- Wie kann mehr Zeit für die Kooperation mit den Eltern erreicht werden? Wie können die Erwartungen, Bedürfnisse und Interessen der Elternschaft erkannt und umgesetzt werden?
- Welche neuen Anforderungen bestehen hinsichtlich des gesamten Kindergartens, durch welche Fortbildung wird man hierfür kompetent? Welche pädagogischen Methoden sind zeitgemäß? Wie können die für die anspruchsvolle Elternarbeit erforderlichen Fähigkeiten erworben werden?

♦ Perspektive der Träger von Tageseinrichtungen
- Eltern erwarten die intensive Berücksichtigung ihrer Wünsche, Bedürfnisse und Interessen. Wie kann diesen berechtigten Anliegen bei knappen Kassen entsprochen werden?
- Die Veränderungen der Familienformen sind de facto gegeben – wie können da die Angebote der Tageseinrichtung weiter an der klassischen Familie orientiert bleiben, also an einer Familie mit beiden Eltern und mehreren Kindern? Wie werden die Interessen der berufstätigen Mütter berücksichtigt?
- Wie kann und muß dem Wandel der Familie und der Gesellschaft Rechnung getragen werden? Wie können die Zielsetzungen der Tageseinrichtung gemäß der weltanschaulichen Ausrichtung des Trägers beibehalten werden, ohne daß Konflikte mit den Eltern entstehen? Ausländer, Asylanten, aber auch manche heimischen Familien haben nicht mehr mit dem Träger übereinstimmende Werthaltungen und kulturelle Bezüge!

Die richtige Antwort auf viele Fragen: das Kinderhaus

Im folgenden wird in groben Zügen (und etwas optimistisch) beschrieben, wie sich die neue Alternative zu den bisherigen Tageseinrichtungen darstellt:

Auf einem großzügigen, naturbelassenen Grundstück steht ein geräumiges, modernes Gebäude. Am Eingang steht: «Kinderhaus». Aus der Tür kommt eine Gruppe von Kindern, fünfjährige, sechsjährige, einige Schulkinder, zwei ganz kleine Kinder, insgesamt zwölf. Dazwischen eine Erzieherin und ein junger Mann. Ein Vater? Ein Erzieher?

Die Erzieherin wird offenkundig nicht dringend gebraucht. Die Kinder verteilen sich schnell im Garten, einige laufen zum Brunnen, einige zu einer Rutsche, ein Kind stupst die großen Klangstäbe aus Metall an. Neu ist, daß ältere und jüngere Kinder zusammen zu einer Gruppe gehören.

Während sonst Kinderkrippe, Kindergarten und Kinderhort noch getrennte Einrichtungen sind, findet sich hier alles unter einem Dach vereint. Während die älteren Kinder vormittags in der Schule sind, können noch drei andere Kinder im vorschulischen Alter die Gruppe besuchen. Gemeinsame, gruppenübergreifende Unternehmungen sind selbstverständlich.

Ein großer Vorteil ist, daß die Kinder mehrere Jahre beisammen bleiben können. Es gibt keinen krassen Übergang zwischen Kinderkrippe und Kindergarten oder zwischen Kindergarten und Kinderhort. In der Familiengruppe bekommen Einzelkinder tagsüber Geschwister. Das ist zwar nicht wörtlich zu nehmen, aber jedes Kind findet deutlich ältere und jüngere Kinder in seiner Gruppe. Langjährige Freundschaften können bestehen bleiben – auch wenn ein Kind in die Schule kommt.

Die Erfahrung mit älteren Kindern ist für jedes Kind ein wichtiger Lernanreiz. Viele Verhaltensweisen und Regeln brauchen nicht erklärt zu werden, die jüngeren Kinder übernehmen sie ganz selbstverständlich von den älteren. Und die älteren können sich zeitweise um die jüngeren kümmern, sie können mit den jüngeren noch ein wenig nachholen, was bisher in ihrer Entwicklung zu kurz gekommen ist.

Die notwendigen neuen Kontakte, die ein Kind aufzubauen lernen muß, erhält es im Spiel mit den Kindern der anderen Gruppe. Zu diesem Zweck gibt es die sogenannte Angebotszone, die von Kindern der verschiedenen Gruppen gemeinsam benutzt wird: Großzügige Flächen für Ausstellungen, Kunstobjekte, Werkmöglichkeiten, besondere technische Spielangebote, Treffs von Kindern verschiedener Gruppen (einschließlich der Eltern) usw.

Auch Besuche von Kindern in den anderen Gruppen sind üblich, sogar Besuche von Gastkindern von außerhalb. Das kann aufgrund von Freundschaften zwischen Kindern geschehen, es kann das besondere Interesse dieses Kindes sein, weil es keinen festen (Kindergarten-)Platz bekommen hat, es kann das Entgegenkommen der Einrichtung gegenüber einer Mutter sein, die einen Arzttermin oder ähnliches hat oder eine kleine Kinderverschnaufpause braucht.

Die neue Einrichtung versucht, die Bedürfnisse und Interessen der Eltern im Wohnumfeld festzustellen, und zwar durch Elternabende (zu denen auch Eltern von außerhalb eingeladen werden), persönliche Gespräche in einer gemütlichen

Die Mitwirkung von Eltern an den Unternehmungen der Kinder und Erzieher ist ein aktuelles Thema.

Kaffeerunde oder durch Tage der offenen Tür. Die Anliegen der Eltern werden notiert, und in den gemeinsamen Dienstbesprechungen wird versucht, alle Vorstellungen, Wünsche und individuellen Probleme zu vereinbaren.

Eltern sind sowohl als Beobachter willkommen als auch bei einzelnen Projekten als tätig Mitwirkende (ohne Bezahlung). Eltern springen in einer aktuellen Personal-Notsituation ein, sie behalten unter Umständen auch einige Kinder zu Hause, damit die Einrichtung entlastet ist.

♦ Was gibt es sonst noch an wichtigen Merkmalen?

- Das Wohl von Kindern und Eltern wird für (fast) gleich wichtig gehalten, die Leiterin der Einrichtung versucht, Kindereinrichtung und Elternhaus einander anzunähern. Davon werden auch positive Einflüsse auf einen angenäherten Erziehungsstil erwartet.
- Kinderhäuser sind neue Tageseinrichtungen für Kinder, die den Eltern eine langjährige Zusammenarbeit ermöglichen, die es für sie lohnend macht, mitzuwirken, mitzugestalten und mitzuarbeiten.
- Auch verschiedene Initiativen werden angeboten. Beispiele dafür sind: Treff für Alleinerziehende, Mini-Gruppe für die Kleinsten und ihre Eltern, Musizieren für Kinder ab fünf Jahren, Zeltlager für Kinder ab acht Jahren während der Schulzeit und ähnliches.
- Die Integration von Kindern mit besonderem Förderungsbedarf ist selbstverständlich, es gibt keine Aussonderung einzelner Kinder. Beratungsdienste stehen allen Eltern zur Verfügung, auch zur Lösung von Konflikten im Zusammenhang mit Trennung, Scheidung oder Wiederheirat.
- Mit der Gemeinde und den ortsansässigen Betrieben sind kindergeeignete Öffnungszeiten vereinbart.

Soweit die Beschreibung eines Wunschtraums für viele Eltern und Kinder: Modelle für derartige Kinderhäuser gibt es noch nicht in vielen Orten, mehrere in Rheinland-Pfalz, viele auch in Dänemark, einem Land mit hoher Mütter-Erwerbstätigkeit.

Mit dem Kinderhaus werden viele verschiedene Ideen und Anregungen, die Eltern in Initiativgruppen gestartet haben, in einem größeren Projekt vereint. Selbst wenn Ihnen und Ihrem Kind der Nutzen einer derartigen Einrichtung vielleicht nicht mehr zufällt, sollten Sie sich dafür engagieren, und zwar durch das Artikulieren Ihrer Bedürfnisse, Wünsche, Interessen und Ideen an Ihre Gemeinde- oder Stadtverwaltung, durch ermutigende Gespräche mit Erzieherinnen oder durch eine Initiative im Kindergartenbeirat oder gegenüber dem Träger von Kindertageseinrichtungen.

Psychische Entwicklung

Die Leistungen des Kindes machen es immer unabhängiger

Gegen Ende dieses Lebensjahres beginnt bei Ihrem Kind der Übergang vom Vorschulkind zum Schulkind. Es hat dann eine gewisse Reife erlangt und ist verhältnismäßig zuverlässig, realistisch und anpassungsfähig. Es denkt nach und plant vernünftig, bevor es mit einer Sache anfängt.

Neben der Familie braucht es Spielkameraden, mit deren Leistungen es seine eigenen messen kann. Das Gefühlsleben des fünfjährigen Kindes ist relativ ausgeglichen. Es lebt überwiegend dem Augenblick und ist normalerweise mit sich und der Welt zufrieden.

Kognitive Entwicklung

♦ Sprache

Das Sprachniveau ist für alle intellektuellen Leistungen außerordentlich wichtig. Das Kleinkind begleitet sämtliche Handlungen mit Worten. Später wird nur noch zu sehr komplizierten Handlungen gesprochen, und allmählich verschwindet die Koppelung von Denken und lautem Sprechen vollends.

Der aktive (das heißt gesprochene) Wortschatz besteht ungefähr aus 2500 Wörtern, der passive Wortschatz (also die Wörter, die das Kind zwar versteht, aber selbst nicht anwendet) kann mehr als doppelt so groß sein. Das Kind verständigt sich mühelos mit jedem Erwachsenen über alle Probleme.

Sein Sprechen ist jedoch noch überwiegend egozentrisch, das heißt, es geht von den eigenen Belangen und Interessen aus. Wie schnell sich das ändert, hängt nicht so sehr vom Alter als von der Umgebung ab. Wenn es viel mit anderen Menschen zusammenkommt, machen seine Sprachentwicklung und die Fähigkeit, sich auf den Gesprächspartner einzustellen, Fortschritte.

Das Kind bildet jetzt Sätze, die alle Wortarten enthalten. Es zeigt sprachliche Kreativität, indem es ganz neue Wörter und Wortkombinationen erfindet. Die Sätze werden länger, mit Satzgefügen erweitert und sprachlich insgesamt komplizierter. Aber auch diese Gewandtheit hängt davon ab, ob sich das Kind viel mit Erwachsenen unterhält. Mädchen sind den Jungen im sprachlichen Bereich weiterhin überlegen wie schon in den ersten Lebensjahren.

♦ Wahrnehmung und Aufmerksamkeit

Jetzt wird das Kind erst wirklich fähig zur Konzentration. Es kann seine Aufmerksamkeit über längere Zeit hinweg willentlich auf eine Beschäftigung richten.

Die Wahrnehmungsleistungen haben bereits einen so hohen Standard, daß sie kaum verbessert werden können. Das heißt: das Kind sieht und hört wie ein Erwachsener. Es erkennt kleine Details, erfaßt die Dinge jedoch auch in ihrer Gesamtheit.

Gelegentlich wird allerdings die klare Zuordnung oder Unterscheidung von rechts und links noch nicht beherrscht. Deshalb haben Kinder zum Beispiel Schwierigkeiten, ein «b» vom «d» zu unterscheiden. Das liegt vermutlich daran, daß das Bezugssystem, nach dem «rechts» und «links» beurteilt wird, sich je nach Drehung des Kindes mitändert; was vorher rechts war, ist dann links. Das Erlernen von «rechts» und «links» ist deshalb schwierig, es funktioniert nur mit Bezug auf den eigenen Körper. Außerdem ist die Tendenz zur Linkshändigkeit weit verbreitet: Wenn Kinder nicht zur Rechtshändigkeit angehalten werden, schreiben oder malen bis zu 28 Prozent der Kinder mit der linken Hand (M. Schreiber, 1990).

♦ Gedächtnis und Phantasie

Das Lernen kann jetzt bewußt gesteuert und beeinflußt werden. Es gelingt das willkürliche Einprägen. Trotzdem treten gelegentlich Erinnerungslücken auf, die unter Umständen vom Erwachsenen fälschlich als «Lügen» bezeichnet werden. Auch die Beeinflußbarkeit der Vorstellungen ist noch sehr groß. Wenn Sie das Kind bei der Schilderung einer Phantasiegeschichte unterbrechen und zum Beispiel fragen: «Und da war auch ein großer schwarzer Vogel?», stimmt es Ihnen vermutlich überzeugt zu.

Ebenso schmückt es von sich aus seine Erzählungen phantasievoll aus und verändert Erinnerungen so, wie es seinen Wünschen und Phantasien entspricht. Es ist ihm dabei gar nicht bewußt, daß es damit die Wirklichkeit verfälscht wiedergibt. Diese Erinnerungstäuschungen haben oft die folgenden Ursachen:

- Selektion der Wahrnehmung: Es wird nur auf ganz bestimmte Dinge geachtet, andere Elemente gehen dabei verloren.
- Verwechseln der zeitlichen Abfolge von Ereignissen und Verschmelzen einzelner Inhalte.

♦ Problemlösen

Bisher löste das Kind bestimmte Probleme mit einem «Versuch-und Irrtum-Verhalten». Es spielte aktiv alle Möglichkeiten durch, bis die Lösung der Situation entstand. Nun erfolgt der Übergang zum mehr gedachten Handeln: Es denkt also einzelne Lösungsmöglichkeiten durch, bevor es handelt. Das ist in diesem Alter jedoch nur bei konkreten Sachverhalten möglich.

♦ Verstehen, Vorstellungen und Begriffsbildung

Vorstellungen sind ein Teil der kognitiven Organisation, mit denen zurückliegende Erfahrungen auf einen gegenwärtigen Reiz (Situation) bezogen werden. Je mehr Erfahrungen das Kind bisher sammeln konnte, desto mehr Situationen kann es sich also auch vorstellen. Wichtig ist selbstverständlich, welche Aspekte die Vorstellungen im einzelnen beinhalten. So hat das eine Kind bei dem Wort «Sonne» die Vorstellung eines großen Balles, während ein anderes an Wärme und Badehose denkt.

Die Begriffsbildung erfolgt auf konkreter und inhaltlicher Basis, also nach bestimmten Eigenschaften oder Funktionen: Ein Apfel und eine Orange haben beide Kerne; man kann sie essen. Später wird abstrahiert und damit in ein übergeordnetes Bezugssystem eingeordnet: beides ist Obst.

Die Begriffe, die das Kind beherrscht, sind durch die Erfahrungen in seiner Umwelt und Familie geprägt. Es erfaßt jetzt allerdings auch abstraktere Begriffe wie Raum, Zeit und Zahlen. Das Zeitvokabular umfaßt jetzt beispielsweise Tage, Monate und Jahre, und das Kind kennt die Bedeutung von «morgen». Es versteht das eigene Alter und das der anderen, wenn es auf die Körpergröße zu beziehen ist. Es kann das Alter anderer Kinder vage einschätzen.

♦ Neugier

Zwischen fünf und sechs Jahren findet ein zweiter Höhepunkt des Fragealters statt. Das Kind interessiert sich für alles Neue in seiner Umgebung. Eine wichtige Triebkraft ist dabei die «konstruktive Aggression». Sie liefert die Energie für positive Leistungen wie Initiative, Anpacken, Draufzugehen. Zur Entwicklung dieser konstruktiven Aggression können die Eltern beitragen, indem sie Ihrem Kind helfen, diese Impulse zu leiten, ihnen neue Interessenfelder eröffnen und neue Tätigkeiten anregen. Das «Zerlegen» von technischen Geräten ist ein bekanntes Beispiel dafür.

Spezielle Fertigkeiten der Fünfjährigen

Mit fünf Jahren möchte das Kind fast alles alleine machen. Es kann nun ganz ohne Hilfe essen und sich allein an- und ausziehen. Mit den Knöpfen kommt es gut zurecht. Beim Binden der Schnürsenkel müssen Sie unter Umständen noch helfen.

Auch feinmotorische Fertigkeiten, wie etwa das Schreiben, versucht es schon. Die dazu notwendige Koordination der verschiedenen Muskeln gelingt zwar noch nicht so ganz, doch kann es zum Beispiel schon ungelenk seinen Namen schreiben.

Die Gebilde aus Bauklötzen werden immer komplizierter und

Ausflüge fördern die Selbständigkeit der Kinder.

stellen überwiegend Inhalte dar, die das Kind in der Natur oder auf der Straße sieht.

Die Grobmotorik ist so weit entwickelt, daß das Kind jetzt leicht lernt, ohne Stützräder mit dem Fahrrad zu fahren und sich auf Rollschuhen oder Schlittschuhen sicher zu bewegen.

Emotionales und soziales Verhalten

Die kindlichen Gefühle und Affekte sind von denen der Erwachsenen nach Art und Dauer noch verschieden. Sie sind häufig sehr intensiv und wechseln rasch. Auch versuchen Kinder selten, ihre Gefühle zu verbergen.

♦ Furcht
Sie ist in diesem Alter meist nicht sehr ausgeprägt. Typische Kinderängste (übernommen beispielsweise aus Märchen) verschwinden und machen mehr allgemeinen und sozialen Ängsten Platz.

Geringer wird die Furcht vor Geräuschen, fremden Gegenständen, Situationen, Personen, vor dem Fallen, vor bestimmten Objekten und Situationen und vor Tieren, stärker wird die Furcht vor dem Alleinsein, vor Spott, Träumen, Tod, vor Drohung oder Gefahr eines Schadens, Verkehr, Ertrinken, Feuer und Gefängnis (nach E. B. Hurlock).

♦ Aggression
Auch die Aggression verändert sich in diesem Alter: Die Destruktivität nimmt ab, die Konstruktivität zu. Aggression entlädt sich also nicht mehr in einem «sinnlosen» Affektausbruch, sondern wird kanalisiert und als Energie für sinnvolles Handeln (Initiative) verwendet.

♦ Wut
Wutreaktionen treten auf, wenn in den persönlichen Freiheitsraum des Kindes eingegriffen wird. Es reagiert heftig, wenn seine Selbstbestimmung und Eigenständigkeit nicht respektiert werden. Die Reaktion kann gegen andere oder gegen sich selbst gerichtet sein. Manchmal wird sie nach außen gar nicht bemerkbar.

♦ Eifersucht
Sie entsteht häufig aufgrund der Geburt eines Geschwisterchens. Außerdem kann sie ausgelöst werden, wenn Geschwister von einem Elternteil bevorzugt werden oder wenn ein Freund sich einem anderen Kind zuwendet.

♦ Freude
Dieses Gefühl ist jetzt stark mit dem Leistungsverhalten gekoppelt. Das Kind freut sich, wenn es etwas geschafft hat, das es vorher noch nicht konnte, oder wenn es im Wettstreit mit anderen am besten abschneidet.

♦ Liebe
Neben der Familie werden jetzt auch die Freunde emotional immer wichtiger. Die Sympathien beruhen dabei meist auf Gegenseitigkeit: Wenn ein Kind freundlich ist und seine Zuneigung zeigt, wird es auch geliebt.

♦ Kontakt
Das fünfjährige Kind spielt gern mit Freunden. Es fühlt sich wohl in einer kleinen Spielgruppe von zwei bis höchstens vier Kindern. Dabei entwickeln sich ausgeprägte Sympathien und Antipathien. Die Spielbeziehungen werden allmählich zu Freundesbeziehungen. Das Kind will die anderen nicht mehr unbedingt beherrschen, sondern behandelt sie gleichberechtigt. Die Meinungen und Wünsche der anderen werden respektiert, und das Verhalten wird nicht mehr ausschließlich von den eigenen Interessen bestimmt. Das fünfjährige Kind ist im allgemeinen freundlich und hilfsbereit zu Erwachsenen und Gleichaltrigen.

Erziehungsaufgaben im sechsten Lebensjahr

Entwicklung der Werthaltungen und des Gewissens

Um lernen zu können, was Erwachsene für richtig oder falsch halten, muß das Kind ausreichend Gelegenheit haben, die Einstellungen, Werthaltungen und Normen seiner Bezugsgruppe zu erfahren. Erst wenn es die sozialen Erwartungen kennt, kann es sich danach richten. So stellen diese Erfahrungen einen wichtigen Schritt der Gewissensentwicklung dar.

In den ersten Lebensjahren verhält sich das Kind noch weitgehend nach dem elterlichen Verhaltensmuster (Elternverhalten als Modellverhalten). Im Laufe der Zeit nimmt das Kind die Ansichten der Eltern mehr und mehr in sich auf. Das Gewissen wird zu einem Bestandteil seiner eigenen Persönlichkeit, nach dessen Maßstäben es sich auch in Abwesenheit der Eltern orientiert und verhält.

Wie kann man die Entwicklung des Gewissens fördern? Bestätigung, Anerkennung, geduldige Erklärungen und die Distanzierung der Eltern vom unerwünschten Verhalten haben einen großen Einfluß darauf. Der Psychologe P. H. Mussen sagt dazu: Es «… entsteht Gewissen als Folge von Identifikation, die auf der Besorgnis des Kindes beruht, die Zuneigung der geliebten Mutter oder eines bewunderten Vaters zu verlieren» (Mussen, 1986).

Als Eltern sollten Sie darauf achten, daß sich Ihr eigenes Verhalten immer mit Ihren Aussagen über Recht und Unrecht deckt. Ein Kind wird unsicher, wenn ihm einerseits beigebracht wird, daß man niemals lügen dürfe, es aber andererseits beobachtet, daß die Eltern «Notlügen» oder «Höflichkeitslügen» gebrauchen. Mit der Gewissensbildung entsteht auch das Wertsystem des Kindes, das später bei der Entscheidung über kompliziertere Problemsituationen eingesetzt wird. Noch vor dem sechsten Lebensjahr sollte es eine eigene Einstellung zu vielen Entscheidungen entwickelt haben, zwischen «gut» und «böse» unterscheiden können. Normalerweise ordnen Kinder sämtliche Handlungen einer dieser beiden Kategorien zu. In Geschichten identifizieren sie sich beispielsweise mit der Person, die sie für den Helden, Wohltäter usw. halten. Die differenziertere Einschätzung menschlicher Verhaltensweisen im sozialen

Kontext entwickelt sich erst ab dem achten bis zehnten Lebensjahr.

Ein oft zu wenig beachtetes Lernfeld ist das Verkehrsgeschehen. Geht es nur darum, sicher von einem Ort zum anderen zu kommen? Eltern sollten das Verkehrsgeschehen eher als ein Handeln zwischen Menschen darstellen und erklären. Wichtig ist dann: Regeln einhalten, Rücksicht nehmen, das eigene Recht nicht unreflektiert durchsetzen, Vorsicht wahren, Sicherheitsmaßnahmen beachten, mit Fehlern anderer rechnen, einkalkulieren, daß Mißverständnisse passieren können usw.

Die Einstellung zu Umweltschutz und entsprechendem Verhalten ist gegenwärtig ein wichtiges Thema. Kinder sind für diese Fragestellungen durch Eltern und Erzieher leicht zu interessieren. Der Aufbau entsprechender Einstellungen muß allerdings über konkrete Bezüge erfolgen, zum Beispiel an Hand von Tieren und Pflanzen im Garten, auf der Straße oder der benachbarten Wiese. Was können wir zum Schutz dieser Tiere tun? Die Auswahl des geeigneten Düngers, das Anlegen eines Komposthaufens, das zur Verfügungstellen eines Laubhügels zum Überwintern für Igel usw. sind Ansatzpunkte. Auch die Mülltrennung im Zusammenhang des erforderlichen Recycling können Kinder verstehen, sie beteiligen sich gern an den erforderlichen Arbeitsschritten.

Bei einer Bahnschranke schaltet ein Vater seinen Motor nicht aus. Ganz selbstverständlich macht ihn sein Sohn, der im Kindergarten entsprechendes Wissen erworben hat, darauf aufmerksam, daß er sich umweltbelastend verhält: «Schalt' bitte den Motor aus, das belastet die Umwelt!» Verschiedene Bilderbücher haben die Thematik Umweltschutz aufgegriffen und bieten sich als guter Gesprächseinstieg an.

Ein weiteres wichtiges Thema ist heute die Angst der Kinder vor der Atomenergie – nachdem Tschernobyl bereits Jahre zurückliegt, ist die Aktualität allerdings wieder in den Hintergrund getreten. Kinder haben damals zum Teil heftige Ängste entwickelt, aufgrund von Fernsehberichten, aber auch aufgrund der bei ihren Eltern wahrgenommenen Angst und Besorgnis. Es ist dann eine wichtige Aufgabe der Eltern, die Kinder zu beruhigen, ihnen die Angst zu nehmen, sie über die Zusammenhänge aufzuklären.

Die Handlungen der Eltern sind auch in diesem Zusammenhang modellhaft: es macht wesentliche Unterschiede aus, ob sie sich an einer Demonstration beteiligen, mit anderen Erwachsenen im Beisein des Kindes die Probleme besprechen und Initiativen starten, zu Informationsveranstaltungen gehen, die Notvorsorge im eigenen Haushalt überprüfen, zu Hause über ihre Ängste und Reaktionen sprechen oder ob das Thema totgeschwiegen wird.

Einstellung zur Wahrheit

Das Kind kennt schon recht gut den Unterschied zwischen Wahrheit und Phantasie. In seinen Erzählungen vermischen sich jedoch gelegentlich beide Elemente. Damit es reale Sachverhalte ohne phantastische Ausschmückungen wiedergeben kann, sollte man seine Beobachtungsfähigkeit schärfen. Dazu gehört zum Beispiel, daß man viel gemeinsam mit ihm beobachtet und seine Schilderungen dann verbal mit den eigenen Beobachtungen vergleicht. Manchmal bekommen Sie schon eine bessere Auskunft, wenn Sie einfach nachfragen: «Erklär' mir das bitte genauer, ich habe es noch nicht richtig verstanden!»

Das soll natürlich nicht bedeuten, daß man grundsätzlich allen Phantasiegeschichten des Kindes auf den Grund geht. Sicher wird es auch Gelegenheiten geben, bei denen das Kind ganz bewußt Phantasie und Wahrheit mischt und von Ihnen erwartet, daß Sie dies als phantastische Erzählung akzeptieren!

Das Bewußtsein des Kindes für die Zeit können Sie stärken, indem Sie ihm immer wieder bestimmte Abläufe erklären.

Einstellung zu eigenem und fremdem Besitz

Das Kind will in diesem Alter nicht mehr alles haben. Es ist relativ zufrieden mit dem, was es besitzt. Trotzdem fehlt ihm noch die rechte Vorstellung von Eigentum. Das zeigt sich unter anderem auch darin, daß es seine Sachen nicht besonders gut hegt und pflegt. Der eigene Besitz ist insgesamt nicht mehr so wichtig wie früher. So prahlt das Kind zum Beispiel seltener damit.

Wenn aber wirklich ein starkes Bedürfnis nach etwas vorhanden ist, nimmt das Kind das Gewünschte möglicherweise einfach an sich. In diesem Moment ist ihm oft nicht bewußt, daß es damit einem anderen etwas wegnimmt oder daß sein Handeln unangenehme Folgen nach sich zieht.

Wenn Kinder in diesem Alter hingegen stehlen, also heimlich und absichtlich etwas mitnehmen, was ihnen nicht gehört, müssen die Eltern ihr eigenes Verhalten überprüfen. Meistens fühlen sich diese Kinder zurückgesetzt. Sie sind in emotioneller Beziehung zu den Eltern gestört, oder es werden zu wenige materielle Wünsche befriedigt. Auch die Bevorzugung von Geschwistern kann auslösend wirken.

Einstellung zum Tod

In diesem Alter weiß das Kind bereits, daß der Tod etwas Endgültiges und Unausweichliches ist. Es kann ihn sich nicht erklären und stellt ihn sich vielleicht als Person vor. Das hat seinen Ursprung zum

Benutzungszeiten
an Werktagen:
8 - 12 Uhr
15 - 18 Uhr
Fischer-
Recycling
Tel.: 3510051
3541555
ALTPAPIER

Teil im Märchen, in denen er zum Beispiel als «Mann mit der Sense» oder «Gevatter Tod» auftritt.

Das Thema beschäftigt es nicht sehr, solange es nicht in unmittelbarer Nähe einen Todesfall erlebt. Dann jedoch ist es eine Hilfe für das Kind, wenn die Eltern ihm die medizinischen Zusammenhänge erklären, aber auch die auftretende Angst und Furcht ansprechen, damit diese Gefühle nicht verdrängt werden. Die Eltern sollten dann versuchen, offen über die eigene Einstellung zum Tod zu sprechen. Wenn Ihr Kind direkt fragt, ob es selbst sterben muß, bejahen Sie diese Frage selbstverständlich, weisen aber auch auf das durchschnittliche Alter hin, das Menschen erreichen.

Interessen des Kindes

Fünf- bis sechsjährige Kinder wechseln ihre Interessen noch sehr häufig. Eine Zeitlang sind sie begeistert bei der Sache, und dann wenden sie sich mit der gleichen Begeisterung wieder ganz neuen Dingen zu. Unterstützen und fördern Sie Ihr Kind trotzdem bei seinen wechselnden Vorlieben. Sie können das jeweilige Hauptinteresse erkennen,

- indem Sie Ihr Kind aufmerksam beobachten,
- indem Sie es fragen, was es gern tut,
- indem Sie ihm verschiedene Alternativen vorschlagen, zwischen denen es wählen kann (eventuell Liste unten),

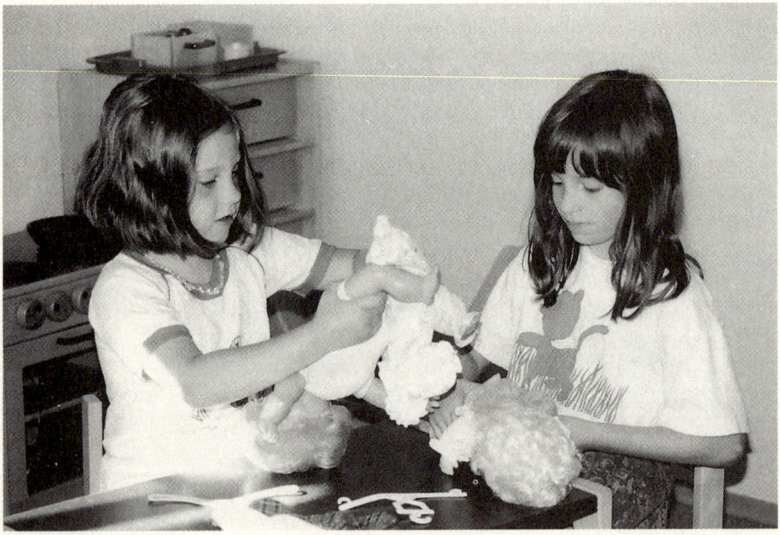

- indem Sie es gelegentlich eindringlich fragen, ob es sich etwas Besonderes Neues wünscht.

Im folgenden finden Sie eine Zusammenstellung der häufigsten Wünsche und Interessen von Kindern dieser Altersstufe. Die Untersuchung (Minsel, 1990) bezieht sich auf die Aussagen drei- bis sechsjähriger Kinder und der Mütter (was nach deren Meinung von den Kindern besonders geschätzt werde). Die Angabe erfolgt nach Rangplätzen, nach Einschätzungen der Kinder ist zum Beispiel Schwimmen / baden gehen besonders geschätzt usw.

Was gibt es Schöneres, als von einer Freundin gefahren zu werden?

Tabelle 2: Beschäftigungspräferenzen von drei- bis sechsjährigen Kindern
(Rangplätze: 1 – besonders beliebt, 22 – weniger beliebt)

Tätigkeiten	**Einschätzung der Kinder**	**Einschätzung der Mütter**
Schwimmen, baden gehen	1	2
Vorlesen	2	1
Radfahren	3	4
Kuscheln, Schmusen	4	5
Bewegungsspiele, Toben	5	3
Tierpark	6	9
Malen, Zeichnen	7	7
Volksfest, gesellige Veranstaltung	8	11
Bauen, Konstruieren	9	8
Verwandte, Freunde besuchen	10	6
Brett-, Karten-, Würfelspiele	11	10
Basteln	12	13
Ausflüge, Wanderungen	13	14
Spazierengehen	14	15
Phantasiespiele	15	12
Radio, Kassetten, Platten hören	16	18
Fernsehen, Videofilme ansehen	17	17
Ballspiele	18	16
Einkäufe, zum Arzt gehen	19	20
Puppen, Stofftiere	20	19
Restaurant, Biergarten, Cafe	21	21
Diskutieren, ein Thema besprechen	22	22

Bitte beachten Sie, daß die Interessen der Kinder mit den Einschätzungen der Mütter im wesentlichen recht gut übereinstimmen.

Was tatsächlich gemacht wird, welche Interessen also umgesetzt und realisiert werden, steht auf einem anderen Blatt – da sind die Differenzen groß. Als am häufigsten ausgeführte, gemeinsame Aktivitäten nennen die Mütter (mit Rangplatz 1 beginnend):

Kuscheln, schmusen; Einkäufe, Arztbesuche; Verwandte, Freunde besuchen; vorlesen; spazierengehen; malen, zeichnen; Bewegungsspiele, toben; bauen, konstruieren; Brett-, Karten-, Würfelspiele; Radio, Kassetten, Platten hören; fernsehen, Videofilme ansehen; usw.

Leistungsmotivation und Anspruchsniveau

Nach H. Heckhausen (1965) ist Leistungsmotivation «das Bestreben, die eigene Tüchtigkeit in allen jenen Tätigkeiten zu steigern oder möglichst hochzuhalten, in denen man einen Gütemaßstab für verbindlich hält und deren Ausführung deshalb gelingen oder mißlingen kann».

♦ Die Motivation setzt sich zusammen aus «Hoffnung auf Erfolg» und «Furcht vor Mißerfolg».
Diese beiden Komponenten hat Heckhausen in zahlreichen Untersuchungen festgestellt. Es ist aber durchaus möglich, daß in einer Gesellschaft, die Strafe weniger oder überhaupt nicht als Erziehungsmittel einsetzt, die Mißerfolgsmotivation als Leistungsanreiz eine wesentlich geringere Rolle spielt. Es entfiele die Angst vor Strafe bei Mißerfolgen. Erzieher sollten unbedingt darauf achten, daß Furcht vor Mißerfolg gar nicht erst entsteht beziehungsweise möglichst klein gehalten wird. Statt dessen sollte die Hoffnung auf Erfolg gestärkt werden.

♦ Der Gütemaßstab, den der einzelne anlegt, ist sein »Anspruchsniveau».
Günstig ist hierbei ein mittleres Niveau. Wenn das Anspruchsniveau zu niedrig ist, wird ein Kind nur solche Aufgaben lösen wollen, die es bereits gut beherrscht. Ist das Anspruchsniveau dagegen zu hoch, so sucht es sich zu schwierige Aufgaben aus. Es kann sie nicht bewältigen und wird durch Mißerfolge enttäuscht.

♦ Die Entwicklung der Leistungsmotivation
Mit fünf Jahren geht ein Kind bereits sachlich-distanziert an neue Aufgaben heran. Es kann jetzt Mißerfolge ohne weiteres zugeben. Sie verstärken meist den Einsatz und erhöhen die Ausdauer. Die eigene Leistung wird entsprechend sachlich-realistisch eingeschätzt. Das Kind bemüht sich von allein, seine Leistungen ständig zu verbessern.

♦ Beeinflussung der Leistungsmotivation
Die Entwicklung der Leistungsmotivation wird stark durch die Erziehung zur Selbständigkeit gefördert. Das hat M. R. Winterbottom (in: H. Heckhausen, 1965) in einer Untersuchung nachgewiesen. Er verglich die Mütter hochmotivierter Söhne in ihrer Erziehungshaltung mit den Müttern niedrig motivierter Jungen. Das Ergebnis: Die Mütter der erstgenannten Gruppe hatten im allgemeinen mehr Wert auf selbständige Bewältigung von Aufgaben in den ersten acht Lebensjahren gelegt. Sie belohnten mit mehr Anerkennung und mehr zärtlicher Zuneigung. (In späteren Jahren, als die Leistungsmotivation aufgebaut

war, reduzierten diese Mütter ihre nunmehr nicht mehr erforderlichen Leistungserwartungen – sie blieb jedoch bei den Söhnen erhalten.) Da sich die Erziehung von Mädchen und Jungen immer weniger voneinander unterscheidet, sind entsprechende Ergebnisse bei Mädchen zu erwarten.

Andere Untersuchungen ergaben, daß das Erziehungsklima eine große Rolle spielt. Es sollte weder autoritär noch einschränkend sein. Keinesfalls darf die Erziehung zur Selbständigkeit in einen frühen Leistungsdruck ausarten oder nur der Entlastung der Eltern dienen. Die geforderten Aufgaben sollten immer im möglichen Leistungsbereich des Kindes bleiben, um Enttäuschungen über Mißerfolge auszuschließen.

Phasen des Alleinspielens sind außerordentlich wertvoll, weil Kinder dabei ganz ihrem eigenen Rhythmus folgen können.

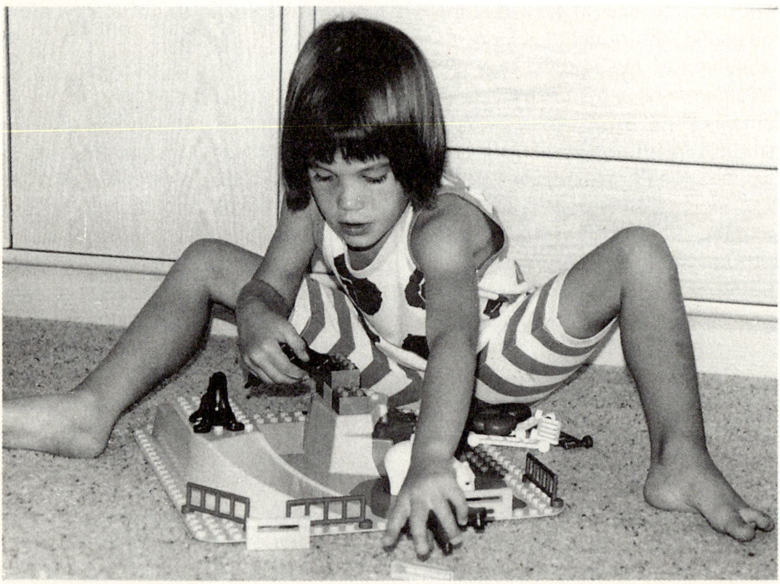

Das Unbewußte beeinflußt ständig das Erleben

Über die unbewußten Anteile des Erlebens war bisher vergleichsweise wenig in dieser Buchreihe zu lesen. Das liegt vor allem daran, daß sich das Unbewußte jeder unmittelbaren Beobachtung und Beeinflussung entzieht. Es ist unbekannt, welche Erlebnisse und Eindrücke im Unterbewußtsein gespeichert werden und welche Veränderungen sie erfahren, während sie vom Bewußtsein in das Unbewußte übergehen. Sicher ist, daß sehr viele Eindrücke im Unterbewußtsein gespeichert werden. In den «Elternbüchern» wurde versucht, die (bewußten) steuerbaren Handlungen und Verhaltensweisen der Eltern und anderer Bezugspersonen durch Information so zu beeinflussen, daß in das Unbewußte des Kindes möglichst wenige «negative» Eindrücke gelangen.

Eine Entschlüsselung oder Beeinflussung des Unbewußten ist oft sehr schwierig. Versuche, das (unbewußt gesteuerte) Verhalten eines Menschen zu verändern, scheitern zum Teil an der mangelnden Offenlegbarkeit des Unbewußten. Eine wichtige Hypothese hierzu besagt, daß das Unbewußte sich gegen eine Veränderung sperrt. Einige Beispiele: Wir haben uns entschlossen, uns nicht mehr an einen furchtbaren Unfall zu erinnern – aber immer wieder drängen sich die Bilder auf, bis sie erst im Laufe von Jahren langsam verschwinden – vielleicht aber in Träumen noch wiederkehren. Oder wir haben einen Menschen aus unserem Umkreis verloren – sein Fehlen wird zwar überwunden, aber es bleibt ein Gefühl des Verlustes, der Leere, etwas Unerfülltes zurück. Bietet sich dann die Chance, eine vergleichbare Beziehung wiederherzustellen, das heißt einen Ersatz zu schaffen, streben wir eine rasche Annäherung an den Menschen, der uns neu begegnet ist, an.

Psychoanalytiker sind der Auffassung, daß das unbewußte psychische Geschehen seinem Umfang nach gegenüber dem bewußten weit überwiegt und daß es dieses ständig beeinflußt. Einige ausgewählte gesicherte Ergebnisse der psychoanalytischen Forschung werden im folgenden dargestellt.

Das Unbewußte und das Vorbewußte

Wir glauben gewöhnlich, die Motivationen für unser jeweiliges Verhalten und unsere Empfindungen zu kennen. Die Tiefenpsychologie geht demgegenüber von folgender Annahme aus: Es gibt psychische Zustände und Vorgänge, die dem registrierenden Ich (Bewußtsein) verborgen (latent, unbewußt) bleiben. Die klassischen Beweise für diese Latenzannahme liefern Träume, Fehlleistungen und die freie Assoziation, eine Technik der Psychoanalyse.

♦ Träume

Träume werden von psychischen Ereignissen bestimmt, das heißt unbewußte Faktoren bedingen ihren spezifischen Ablauf. Ein Hungriger träumt zum Beispiel bevorzugt vom Essen. Im Schlafzustand ist der Hunger zwar nur latent vorhanden, es findet jedoch eine Befriedigung dieses Triebbedürfnisses statt.

Man kann davon ausgehen, daß alle Träume eine Wunscherfüllung beinhalten. Auch sogenannte Alpträume können als Wunscherfüllung gesehen werden: Sie befriedigen entweder grausame, unangenehme Wünsche und Triebe, oder es handelt sich um Strafträume, mit denen Schuldgefühle abreagiert werden. Träume haben eine bestimmte Struktur: Sie bestehen aus unbewußten, latenten Traumgedanken oder Wunschregungen, aus nächtlichen Sinneseindrücken und aus Tagesresten, also Eindrücken und Problemen des Tages, die im Traum weiterwirken.

All diese möglichen Impulse werden einer sogenannten «Traumarbeit» unterzogen. Dabei handelt es sich um unbewußte Vorgänge, durch die der spezielle Trauminhalt aus den einzelnen Einflüssen entwickelt wird. Zur unbewußten «Traumarbeit» gehören: Verdichtung (der Traum ist kürzer als die zugrunde liegenden Eindrücke); Verschiebung (Akzentverlagerung von einem Inhalt auf einen anderen); Umwandlung von Gedanken in visuelle Bilder (Traumsymbolik); die sekundäre Bearbeitung (aus einzelnen Inhalten wird etwas Zusammenhängendes und Sinnvolles geformt).

Die Funktion des Traums besteht darin, die Psyche in einem relativ ausgeglichenen Zustand zu halten, indem unbewußte Wünsche befriedigt werden.

♦ Fehlleistungen

Vergessen, Verlegen, Versprechen: diese unerwünschten «Zufälle» werden überwiegend durch unbewußte Absichten und Wünsche herbeigeführt. Faktoren wie Ermüdung, Hetze oder Aufregung erleichtern zwar das Auftreten der Fehlleistungen, bewirken sie aber nicht allein. Der Inhalt und die Form der Fehlleistung werden von unbewußten Regungen wesentlich mitbestimmt. Wenn ein Kind zum Beispiel immer wieder vergißt, sich zu waschen, oder wenn es ein anderes Kind mit dem Namen seines besten Freundes anspricht, werden darin unbewußte Wünsche deutlich. Das Vergessen von Namen ist entsprechend eine Tendenz, die sich gegen die betreffende Person richtet.

Im Klostergarten in Aix-en-Provence verweilte dieses Mädchen staunend und betrachtend.

♦ Freie Assoziation
Bei dieser psychologischen Analysetechnik wird der Patient aufgefordert, alles zu sagen, was ihm gerade einfällt, auch wenn es scheinbar keinen Sinn ergibt. Diese Methode führt zur Aufdeckung von Zusammenhängen, die dem Bewußtsein verborgen waren. Die bislang unbewußten Konflikte, die zu unerklärlichen und unerwünschten Verhaltensweisen führten, werden damit erkennbar und auflösbar.

♦ Inhalte des Unbewußten
Triebregungen, Triebe, Erfahrungen und Erlebnisse in der frühen Kindheit (an Ereignisse der ersten drei bis vier Jahre können wir uns kaum bewußt erinnern) und (nach C. G. Jung) auch das kollektive Unbewußte (allen Menschen angeborene, archaische Erfahrungen) bilden die Inhalte des Unbewußten. Das Unbewußte des Erwachsenen enthält vor allem das Verdrängte (zum Beispiel Wünsche,

Gedanken, Zwangsideen), das vom reifen Ich des Menschen abgewehrt wird, weil es für ihn gefährlich ist.

♦ Das Vorbewußte
Es nimmt eine Zwischenstellung zwischen dem Bewußtsein und dem Unbewußtsein ein. Seine Inhalte werden bewußt, sobald man versucht, sich zu erinnern; zum Teil muß man einige Anstrengung darauf verwenden. Zu diesem Bereich gehören auch Dinge, die im Moment nicht bewußt wahrgenommen werden, aber bewußt werden, sobald man sie anspricht oder an sie denkt, zum Beispiel die Temperatur der Umgebung, in der man sich befindet.

Die psychische Struktur: Ich, Es, Über-Ich

In der traditionellen Tiefenpsychologie wird die Psyche «psychischer Apparat» genannt. Sie umfaßt drei Bereiche: Ich, Es und Über-Ich.

♦ Das Es
Nach S. Freud ist dies «das Reservoir der primitiven Motive und Triebe, vor allem der sexuellen und aggressiven Kräfte». Das Es hat nur das Bestreben, den Triebbedürfnissen Befriedigung zu verschaffen. Gegensätzliche Regungen bestehen nebeneinander, ohne einander aufzuheben. Befriedigungsobjekte sind austauschbar, logische Denkgesetze gelten nicht. Beispielsweise wird die Unmöglichkeit der Befriedigung eines Wunsches in der Realität nicht beachtet.

Die Energien des Es können sogenannte «Besetzungen» vornehmen: psychische Energie wird auf Objekte oder Personen übertragen und somit gebunden. So «besetzt» der Säugling zum Beispiel die Brust der Mutter als Nahrungsspender, bevor die Mutter als Gesamtperson wahrgenommen und geliebt wird.

♦ Das Ich
In der Psychoanalyse hat das Wort «Ich» nicht die gleiche Bedeutung wie im normalen Sprachgebrauch. Mit Ich ist hier diejenige Instanz gemeint, die in Verbindung zur Außenwelt, zur Realität steht und die Triebbedürfnisse, die vom Es an sie herangetragen werden, mit den Forderungen der Außenwelt in Einklang bringt. Diese Aufgaben werden von den «Ich-Funktionen» erfüllt, unter anderen der Wahrnehmung, dem Denken und der motorischen Steuerung.

Über die Art der Wechselwirkungen von Es und Ich hat sich die Ansicht der Psychoanalytiker wesentlich geändert. S. Freud sagt noch: «Man könnte das Verhältnis des Ichs zum Es mit dem des Reiters zu seinem Pferd vergleichen. Das Pferd gibt die Energie für die Lokomotion her, der Reiter hat das Vorrecht, das Ziel zu bestimmen, die Bewegung des starken Tieres zu leiten.»

Heute geht man eher davon aus, daß Teile des Ichs relativ selbständig über eigene Energien verfügen und nicht konfliktabhängig sind. Nach P. Federn kann das Ich sogar das Vorbewußte aktivieren und damit einen intensiven Realitätsbezug herstellen: «Das Ich-Gefühl … begründet das Vertrauen des Menschen, sich geordnet in die Umwelt einzupassen, weil es in zusammenhängender Weise über die vorbewußten Daten verfügen kann und muß» (D. Wyss, 1961).

♦ Das Über-Ich
Das Über-Ich wird von den Eltern und der Gesellschaft geprägt. Man kann es einteilen in das eigentliche Über-Ich, das als einschränkende Instanz Moral und Gewissen darstellt, und in das Ich-Ideal, das nach dem positiven elterlichen Vorbild ausgerichtet ist und als Lebensleitbild dient.

Die Entwicklung des Über-Ich ist verhältnismäßig unabhängig von den biologischen Reifungsvorgängen. Es differenziert sich etwa ab dem zweiten bis dritten Lebensjahr, wenn das Kind fähig wird, elterliche Ge- und Verbote auch in ihrer Abwesenheit einzuhalten.

Abwehrmechanismen

Unter Abwehrmechanismen versteht man die Möglichkeit des Ichs, sich gegen die Forderungen und Wünsche des Es und des Über-Ich durchzusetzen. Diese Vorgänge laufen reflexhaft und unbewußt ab. Bei einander ähnelnden Situationen, vor allem bei Konflikten, werden jeweils dieselben Abwehrmechanismen aktiv. Die wohl am häufigsten eingesetzten Abwehrmechanismen des Ichs sind die Verdrängung und die Projektion.

♦ Verdrängung
Nach A. Freud kann der Mechanismus der Verdrängung auch noch starke Triebregungen bewältigen, gegen die andere Abwehrversuche machtlos bleiben. Sie stellt die Vermutung auf, daß die anderen Abwehrmethoden überwiegend das

Das Gitter macht, was dahinter liegt, noch faszinierender.

aufzuarbeiten haben, was die Verdrängung übrigläßt.

♦ Reaktionsbildung
Mit diesem Mechanismus wird ein Triebwunsch durch die Betonung der genau entgegengesetzten Regung unbewußt gemacht. Ch. Brenner: «So kann zum Beispiel ein Mensch eine Haltung großer Zärtlichkeit und Zuneigung Menschen oder Tieren gegenüber entwickeln, um sehr grausame oder sogar sadistische Impulse gegen sie unter Kontrolle und unbewußt zu halten.»

♦ Rationalisierung und Intellektualisierung
Hierbei werden Triebwünschen «vernünftige», rationale Begründungen beigegeben; bei Intellektualisierung bleiben diese Begründungen ganz auf der logischen, abstrakten Ebene. Übermäßiger Schokoladenkonsum eines Kindes beispielsweise wird rationalisiert, indem es betont, es habe Hunger. Oder ein Erwachsener hat Angst vor dem Fliegen und begründet seine Ablehnung mit umweltfreundlichem Verhalten (Zugfahren).

♦ Sublimierung
Dabei handelt es sich eigentlich um eine normale «Ichfunktion». Sie wird jedoch bei den Abwehrmechanismen vorgestellt, da auch durch Sublimierung Triebwünsche verändert werden. Das Triebbedürfnis wird in der ursprünglichen Form verworfen und das Triebziel so umgeformt, daß es den Forderungen der Außenwelt entspricht und von ihr positiv bewertet wird.

So wird zum Beispiel der infantile Wunsch, Sand und Dreck zu formen, durch den Einfluß der Außenwelt in eine Freude am Modellieren mit Plastilin und ähnlichen Materialien umgewandelt.

Sublimierung als Abwehrmechanismus kann erst auftreten, wenn die Forderungen der Außenwelt bekannt sind und das Über-Ich sich bereits weitgehend entwickelt hat.

♦ Regression
Davon spricht man, wenn bei Problemen und Schwierigkeiten auf Befriedigungsformen einer früheren Entwicklungsstufe zurückgegriffen wird. Beispiel: Ein Sechsjähriger beginnt wieder das Daumenlutschen bei Ankunft eines Geschwisterchens.

♦ Projektion
Hier wird ein eigener Triebwunsch in eine andere Person verlagert (in sie hineinprojiziert) und dann als bei ihr entstanden wahrgenommen. Das bedeutet also eine Verfälschung der Realität. Ein Beispiel: Claudia ist aggressiv gegen Friedrich. Sie behauptet jedoch, Friedrich sei aggressiv gegen sie, und erlebt es auch so.

♦ Introjektion und Identifizierung
Ein Vorbild wird herangezogen, an das man sich angleicht: hemmende Impulse und Triebwünsche können

damit zurückgedrängt werden. Ein Kind will zum Beispiel lieber spielen, statt Schularbeiten zu machen. Seine Eltern haben es ihm aber verboten. Diesen Konflikt zwischen Wunsch und Elterngebot kann es mildern, indem es sich mit dem Vater identifiziert, der ja auch im Büro sitzt und arbeitet (Beispiel nach S. Elhardt).

Eine Sonderform innerhalb dieser Mechanismen stellt die Identifikation mit dem Aggressor dar. So können kindliche Doktorspiele ein Versuch sein, die Angst vor dem Arztbesuch zu überwinden.

♦ Verleugnung
Unangenehme und unbequeme Tatsachen werden einfach nicht wahrgenommen, man steckt sozusagen den Kopf in den Sand. So verkündet ein kleines Mädchen, daß es ja viel stärker sei als der größere Bruder, obwohl es Angst vor ihm hat.

♦ Ungeschehenmachen
Dabei ist kindlich-magisches Denken beteiligt. Das heißt: schlechte Wünsche werden wie konkrete Taten angesehen, die man jedoch wieder gutmachen möchte. Ein Kind hat beispielsweise feindselige Gefühle gegenüber seinem jüngeren Geschwisterteil. Es empfindet gleichzeitig bewußt den Wunsch, Tiere zu heilen und zu pflegen. Mit diesen Heilungsbemühungen macht es unbewußt den Schaden ungeschehen.

♦ Verschiebung
«Ein blockiertes Triebobjekt wird gegen einen Ersatz eingetauscht, an dem sich die psychische Energie angstfreier entladen kann» (S. Elhardt). So entlädt das Kind zum Beispiel die Wut auf den Lehrer nicht an Ort und Stelle, sondern erst zu Hause gegenüber einem Geschwisterteil.

Zusammenfassung

Die psychischen Prozesse sind nur zu einem geringen Teil bewußt, die meisten Bereiche der Psyche bleiben immer unbewußt. Von den drei Instanzen ist das Es gänzlich unbewußt, Ich und Über-Ich sind nur zum Teil bewußt. Das Es besteht aus verdrängten Wunschregungen, archaischem Unbewußtem und Triebabkömmlingen. Das Ich wirkt als Vermittler zwischen dem Es, dem Über-Ich und den Forderungen der Außenwelt.

Die Abwehrmechanismen sind dem Ich eine Hilfe gegen die Triebansprüche des Es und die Forderungen des Über-Ich. Sie werden vom unbewußten Teil des Ich eingesetzt.

Für die Erziehung des Kindes bedeutet das vor allem: Eltern sollten darauf hinwirken, daß das Ich besonders gekräftigt wird. Das bedeutet auch, daß Wünsche des Es akzeptiert und Anforderungen des Über-Ich nicht übermäßig und ständig erfüllt werden sollten.

Partnerschaftliches Verhalten zeigt sich im Gespräch

Oft wird nur davon gesprochen, wie Eltern ihre Kinder erziehen sollen und was sie von ihnen erwarten. Von den Erwartungen und Wünschen der Kinder an die Eltern ist dagegen zuwenig die Rede. Für die Persönlichkeitsentwicklung besonders wichtige Erwartungshaltungen der Kinder gegenüber den Eltern werden im folgenden dargestellt.

Verhaltensweisen der Eltern

♦ Partnerschaftliches Verhalten
Kinder möchten vielfach gleichberechtigt mit ihren Eltern umgehen. Häufig praktizieren Eltern allerdings ein partnerschaftliches Verhalten nur gegenüber ihren erwachsenen Freunden und Bekannten, bei ihren Kindern fällt es ihnen schwerer.

Die Eltern sind ihnen ja tatsächlich in so vielen Dingen voraus, sie wissen so viel mehr ... Diese Ungleichheit erschwert die gleichberechtigte Partnerschaft – für beide Seiten, besonders im Leistungsbereich. Eltern sollten sich dennoch immer wieder bemühen, sich zum Beispiel bei Gesprächen, bei kleineren Entscheidungen usw. partnerschaftlich zu verhalten.

Das läßt sich gerade beim Spielen gut durchführen. Versuchen Sie, sich im Spiel als Mitspieler zu verhalten und zu fühlen, nicht als Elternteil (das fällt Ihnen sicher nicht schwer, wenn Sie sich dabei in Ihre eigene Kindheit zurückversetzen!). Auch wenn es zum Beispiel ums leidige Aufräumen geht, klappt die Verständigung wahrscheinlich besser, wenn Sie sich eher partnerschaftlich als streng verhalten. Partnerschaftlich heißt dabei – Mitmachen beim Aufräumen.

♦ Die Eltern als Vorbild
Kinder wünschen sich die Eltern als positive Vorbilder, aus deren Verhalten sie etwas lernen und übernehmen können. Echtes und ungekünsteltes Vorbildverhalten wird besonders durch eine partnerschaftliche Einstellung der Eltern möglich. Dazu gehört zum Beispiel, daß die Erwachsenen eigene Fehler nicht vertuschen oder abstreiten, sondern sie offen zugeben. Kinder sollten ferner ihre Eltern auf Fehler aufmerksam machen dürfen, anstatt nur immer einseitig auf ihre eigenen Schwächen hingewiesen zu werden. Wenn sie sehen, daß die Eltern diese Kritik akzeptieren und ernst nehmen, werden sie auch die

eigenen Fehler deutlicher erkennen und – auch später – weniger empfindlich auf Kritik reagieren.

♦ Der Wunsch nach Selbstbestimmung und Eigenverantwortlichkeit
Durch eine frühe Erziehung zur Eigenverantwortlichkeit fördern Sie die spätere Entscheidungsfreudigkeit Ihres Kindes. Das Kind wendet sich gegen jede Art von Einschränkung; es wird durch sie in seiner kindlichen Dynamik und Vitalität gestört.

Das bedeutet, daß Sie seinen Freiheitsdrang akzeptieren und ihm zum Beispiel auch genügend Spielfläche und Spielmöglichkeiten bieten müssen. Auch müssen Kinder die wichtigen Erfahrungen selbst machen. Was Sie ihnen nur mit Worten erklären, wird nie den Lerneffekt haben wie das, was selbst erlebt wird.

Einstellung zum Kind

♦ Vertrauen
Kinder wollen nicht das Gefühl haben, daß sie ständig behütet oder gar überwacht werden. Die Eltern sollten also etwas im Hintergrund bleiben und nur eingreifen, wenn das Kind sie wirklich braucht. Das ist jedoch nur möglich, wenn sie Vertrauen in das Verhalten des Kindes setzen.

♦ Realistische Einschätzung der Leistungsfähigkeit
Wenn Sie Ihr Kind laufend über- oder unterschätzen, wird es niemals fähig, seine eigene Leistung im vorhinein abzuwägen. Wenn immer zu viel von ihm erwartet wird und es diese Anforderungen nicht erfüllen kann, muß es zwangsweise zu einem negativen Selbstbild seiner Leistungsfähigkeit kommen. Eine richtige Selbsteinschätzung gelingt ihm dagegen, wenn Sie sich mit ihm über seine gelungenen Aktivitäten freuen und sie verstärken. Damit machen Sie ihm zugleich Mut für schwierige Leistungen.

Familiensituation

♦ Gleiche Maßstäbe für Eltern und Kind
An möglichst viele Forderungen, die das alltägliche Verhalten betreffen, sollten sich auch Eltern genauso wie das Kind halten (Zeiten, Versprechungen, Hygiene usw.). In manchen Punkten müssen Eltern sogar mehr von sich verlangen: Rücksichtnahme, Toleranz, «Höflichkeit», Verantwortung usw. – hier soll Ihr Kind ja von Ihnen lernen.

♦ Einsicht in die Erziehungsmethoden
Ein Kind wird über viele Vorgänge und Abläufe aufgeklärt – aber nur selten über die Erziehungsmaßnahmen. Warum eigentlich nicht? Sicher würde es manche Entscheidungen besser verstehen, wenn ihm die Eltern die Hintergründe ihrer

Handlungsweise erklärten. Das erfordert allerdings Zeit. Der besondere Vorteil: Sie zwingen sich dabei selbst dazu, Erziehungsregeln zu überprüfen! Ein Beispiel: «Ich lasse Dir soviel Entscheidungsfreiheit wie möglich und verbiete Dir deshalb absichtlich kaum etwas. Doch wenn es zum Beispiel darum geht, Dein Leben zu schützen und Dich vor einer Gefahr zu bewahren, muß ich auf das Einhalten von Geboten dringen.»

♦ Das Erziehungs- und Familienklima
Kinder möchten, daß es im Elternhaus entspannt und freundlich zugeht. Durch Gespräche lassen sich Probleme viel besser aus der Welt schaffen als durch lautstarke Auseinandersetzungen und autoritäre Maßnahmen. Wichtige Voraussetzungen dafür werden im folgenden näher erläutert, wobei spezielle Erfahrungen und Ergebnisse der Gesprächspsychotherapie einbezogen sind.

Das Gespräch in der Familie

♦ Emotionale Zuwendung
Eine wesentliche Voraussetzung für das Gelingen von Gesprächen ist es, daß das Kind emotionale Wärme, positive Wertschätzung und Zuwendung erfährt. Es muß wissen, daß seine Gefühle so angenommen werden, wie sie sind, daß sie von den Eltern nicht kritisiert oder beurteilt werden. Die Liebe zum Kind sollte nicht an bestimmte Bedingungen geknüpft sein. C. Rogers, der Begründer der Gesprächspsychotherapie, fordert «positives Empfinden den Gefühlen gegenüber ohne Einschränkungen und Wertungen».

Wenn sie sich so verhalten, wird auch das Kind lernen, Ihre Gefühle zu respektieren. Je mehr Sie es insgesamt akzeptieren, desto besser werden Sie mit ihm reden können. Natürlich verändert sich der Grad der Zustimmung zum kindlichen Verhalten je nach Situation. Wenn zum Beispiel Gäste da sind, reagieren Sie vielleicht negativ auf etwas, das Sie sonst gar nicht stört. (Sollte es solche Unterschiede tatsächlich geben?) Auch die jeweilige psychische und physische Verfassung spielen eine Rolle. Wenn Sie nervös und abgespannt sind, werden Sie gegenüber den kindlichen Ansprüchen eher ablehnend sein.

♦ Echtheit und Aufrichtigkeit
Diese Verhaltensweisen sind nach C. Rogers ebenfalls außerordentlich wichtig. Die Eltern sollen versuchen, wirklich sie selbst zu sein: «Je mehr fähig sie sind, die Komplexität ihrer Gefühle ohne Angst zu zeigen, um so höher ist der Grad ihrer Kongruenz» (= Übereinstimmung mit sich selbst).

Vielleicht müssen Sie sich anfangs regelrecht überwinden, alle widersprüchlichen Gefühle anzu-

Partnerschaftliches Verhalten in der Familie führt zu entsprechendem Verhalten der Kinder untereinander.

nehmen, die nebeneinander in Ihnen existieren. Doch das ist der einzige Weg, zu vollkommener Aufrichtigkeit sowohl sich selbst als auch den Kindern gegenüber zu gelangen. Dieses Verhalten wirkt vorbildhaft und regt die Kinder zur Nachahmung an.

Wenn Sie sich selbst gegenüber nicht völlig ehrlich sind, kommt es zu einem Widerspruch zwischen Ihren Worten und Ihrem Handeln. So sagen Sie vielleicht zu Ihrem Kind, daß Sie sein Verhalten richtig finden. Mehr oder weniger unbewußt sträuben Sie sich jedoch dagegen und drücken das wortlos durch Stirnrunzeln oder eine unfreundliche Geste aus. Das Kind registriert solche Widersprüchlichkeiten unbewußt. Das kann in Extremfällen sogar zu psychischen Störungen führen.

Das offene, partnerschaftliche Verhalten der Eltern entspricht sicher nicht ganz dem traditionellen elterlichen Rollenverständnis. Es erfordert ein neues Verständnis der Elternrolle. In dieser neuen Rolle müssen Mutter und Vater nicht mehr die aufopfernden, fehlerlosen Idealmenschen sein, die bei Nichterfüllung ihrer eigenen hohen Ansprüche Schuldgefühle entwickeln.

♦ Mitfühlen

Mit der bloßen Annahme der eigenen und der kindlichen Gefühle ist es jedoch nicht getan. Man muß sie auch wirklich mitempfinden und verstehen können, man muß zuhören und dem Kind zeigen können, daß man es akzeptiert. Das kann auf verschiedene Weise geschehen:

- Hören Sie aktiv zu, wenn Ihr Kind seine Gefühle äußert. Das gibt ihm das Gefühl, daß Sie an seinen Problemen Anteil nehmen.
- Hören Sie genau zu. Nicht immer drücken sich Kinder ganz klar aus. Die einfache Frage: «Gehst Du jetzt weg?» kann zum Beispiel bedeuten: «Ich möchte auch weggehen.» Oder: «Bitte, bleib doch lieber da!» Oder: «Ich möchte, daß Du weggehst!» So entstehen leicht Mißverständnisse. Um sie zu vermeiden, sollten Sie noch einmal mit Ihren Worten wiederholen, was Sie aus der Antwort herauslesen. Dabei ist es wichtig, daß Ihre eigenen Empfindungen weitgehend zurückstehen: Versuchen Sie nur zu wiederholen, was Ihr Kind tatsächlich möchte. Nur gegenüber aktiven Zuhörern hat es die Möglichkeit, sich vollkommen auszusprechen und sich etwas von der Seele zu reden. Manchmal lösen sich Probleme schon, wenn sie erst einmal formuliert werden. Denn dabei kommt der Sprecher oft von selbst auf einen neuen Gesichtspunkt oder eine bessere Einschätzung der ganzen Angelegenheit.
- Das Verständnis wird erleichtert, wenn Sie sich mit Ihrem Kind identifizieren: Dann können Sie auf seine Probleme besonders eingehen. Stellen Sie sich vor, daß Sie in der gleichen Lage wären. Welche Aspekte des Problems würden Sie aus kindlicher Sicht

besonders bedrücken? Welche Lösungsmöglichkeiten würden Sie sich als Kind wünschen? Nach dieser intensiven Einfühlung können Sie die Identifikation wieder zurücknehmen und versuchen, das Problem auf eine möglichst objektive Weise zu lösen, die allen Seiten gerecht wird.

- Eine weitere Hilfe für bessere Verständigung bietet der Psychologe Th. Gordon an. Er unterscheidet dabei zwischen Ich-Botschaften und Du-Botschaften. Bei der Ich-Botschaft wird nur von den eigenen Empfindungen (hier also den Empfindungen des Erwachsenen) gesprochen; dagegen wendet sich die Du-Botschaft an den Gesprächspartner (in diesem Fall das Kind). Dazu ein Beispiel: Die Du-Botschaft «Du sollst Deine Spielsachen nicht in der ganzen Wohnung herumliegen lassen!» lautet als Ich-Botschaft: «Jetzt wäre ich beinah über den Kran gestolpert und hätte ihn kaputtgemacht!» Nach Th. Gordon sind Ich-Botschaften viel wirksamer, ein Kind zu einsichtigem Verhalten zu motivieren als Du-Botschaften. Denn sie provozieren weniger Widerstand. Außerdem helfen sie, daß das Kind seine

Ein Lagerfeuer ist ein Anziehungspunkt zum Miteinander-Sprechen für fast alle Menschen.

Beispiel für ein Familiengespräch: Das Kind zeigt wenig Appetit und nascht.

Gesprächsverlauf (E = Elternteil; K = Kind)	**Bedeutung der Äußerungen**
E: Warum ißt Du heute wenig?	Sachliche Frage (keine Suggestiv-Frage)
K: Ich habe keinen Hunger.	Sachliche Antwort
E: Ich sorge mich um Deine Gesundheit, wenn Du zu den Mahlzeiten zuwenig ißt.	Ich-Botschaft; emotionale Bezogenheit; Echtheit; Verbalisierung emotionaler Inhalte
Hast Du eine Idee, warum Du keinen Hunger hast?	Offene Frage – Bitte um Vorschlag
K: Nein, ich weiß nicht.	
E: Hast Du etwas dazwischen gegessen, zum Beispiel Schokolade?	Schwach suggestive Frage (tadelnde Abtönung durch «etwa» oder ähnliches vermieden)
K: Ja, ein bißchen.	Ehrliche Antwort (Eingeständnis)
E: Ich kann es ja verstehen, Du ißt wohl lieber etwas Süßes als Fleisch und Gemüse.	Auf Empfindungen eingehen; emotionale Zuwendung; Verstehen; Einfühlen; Akzeptieren
K: Ja, das schmeckt mir viel besser.	Kind fühlt sich verstanden
E: Vielleicht können wir gemeinsam eine Lösung finden.	Positive Wertschätzung und Achtung (dem Kind wird ein guter Vorschlag zugetraut);
K: Statt einer Mahlzeit am Tag könnte ich eine Schokolade essen.	partnerschaftliches Verhalten
E: Vielleicht ist es besser, wenn Du nach dem Hauptessen einen Riegel bekommst?	Keine negative Stellungnahme zum ersten Vorschlag des Kindes; keine ernährungswissenschaftliche Begründung, da für das Kind (vermutlich) zu langweilig; würde Gesprächsverlauf unterbrechen
K: Ja, und Du machst öfter mal was Süßes, Pfannkuchen mit Marmelade oder Apfelstrudel!	Kompromißbereitschaft
E: Gut, das ist eine prima Idee! Du kannst also nach den Hauptmahlzeiten Schokolade essen, und ich mache zwischendurch Pfannkuchen und Apfelstrudel.	Echtheit und Aufrichtigkeit; Zustimmung zu kindlichem Vorschlag; Einfühlen; Verbalisieren
K: Ja, ist gut.	

Verantwortlichkeit für bestimmte Bereiche besser erkennt und akzeptiert.

Ich-Botschaften stellen einen neuen Weg der Verständigung dar. Wenn sie in den richtigen Situationen eingesetzt und nicht übermäßig strapaziert werden, können sie eine Fülle von Ratschlägen, Belehrungen, Befehlen und Ermahnungen ersetzen. Bei solchen Äußerungen kann sich das Kind ja nicht gegängelt fühlen, da es nicht kritisiert wird, sondern nur die Resonanz auf sein Verhalten erlebt. Richtig dosiert können sie Respekt und Verständnis für die Gefühle des anderen erwekken.

Wichtige Tips

- Als Reihenfolge für ein fruchtbares Gespräch schlägt Th. Gordon vor: Zuerst sollte der Konflikt konkret erkannt werden. Dann sind gemeinsam mit dem Kind Alternativlösungen zu entwickeln, die anschließend kritisch bewertet werden. Es folgt die Entscheidung für die beste Lösung und die besten Ausführungsmöglichkeiten. Später kann noch einmal gemeinsam überlegt werden, ob dies wirklich der richtige Weg war.
- Denken Sie immer an Ihre eigene Kindheit, wenn Ihr Kind einen Kummer hat, den Sie zunächst nicht so recht verstehen. Unterhalten Sie sich dann mit ihm sozusagen «von Kind zu Kind». Sie werden seine Probleme dann nicht mehr so unbedeutend finden.
- Ermutigen Sie es, sowohl «gute» als auch «schlechte» Gefühle mit Worten auszudrücken. Nur so kann es sein Gefühlsleben mehr und mehr verstehen. Und nur so verliert es seine Schuldgefühle gegenüber «bösen» Gedanken.
- Seien Sie nicht enttäuscht, wenn Ihr Kind nicht zu einem Gespräch bereit ist. Es gibt Phasen, in denen Kinder lieber nicht über ihre Gefühle sprechen wollen und relativ verschlossen sind.
- In bestimmten Situationen ist es notwendig, daß Sie Ihre Zustimmung zu einer Handlung zeigen, und zwar sowohl durch Worte als auch durch liebevolle Gesten (Streicheln usw.).

Erziehung

Erziehungstips für häufige Problemsituationen

Dringliche Wünsche

♦ Ihr Kind möchte noch nicht schlafen
Fünfjährige Kinder sollten in der Regel zwischen 19.30 und 21 Uhr schlafengehen. Seien Sie in der Zeitfestlegung nicht zu unflexibel – es muß keineswegs jeden Tag genau die gleiche Zeit sein. Gestalten Sie das Zubettgehen zu einem erwünschten Ereignis, durch Vorlesen einer kleinen Geschichte, durch einige entspannte Plauderminuten, durch das Ankündigen interessanter Erlebnisse des kommenden Tages. Es gibt sicher auch Tage, an denen Ihr Kind wirklich nicht müde genug ist, weil es sich vielleicht zuwenig an der frischen Luft bewegt hat. Um Einschlafschwierigkeiten zu vermeiden, hilft auch ein leichtes Abendessen (viel Eiweiß und Vitamine, wenig Fett) und eine ruhige Beschäftigung mit den Eltern vor dem Zubettgehen.

♦ Ihr Kind will beim Einkaufen etwas Bestimmtes bekommen
Wenn Ihr Kind Sie im Laden regelrecht tyrannisiert und es oft zu heftigen Wortgefechten kommt, weil es unbedingt (und häufig) ein Eis, einen Lutscher oder ein Spielzeugauto erzwingen will, sollten Sie es nicht ständig zum Einkaufen mitnehmen.

Handelt es sich vorwiegend um Süßigkeiten, Autos oder ähnliches in der Umgebung der Kasse, sollten Sie – auch im Interesse anderer Kinder und Eltern – den Geschäftsführer darauf ansprechen: Er möge diese Lockmittel für Kinder an einer anderen Stelle im Laden unterbringen, um Kinder und ihre Eltern nicht immer wieder in Konflikte zu bringen.

Sprechen Sie auch mit Ihrem Kind über das, was Sie selbst einkaufen, daß es sich dabei um Nahrungsmittel usw. handelt, daß es sich nicht um die Erfüllung Ihrer persönlichen Wünsche handelt. Lassen Sie es zum Beispiel bei Gemüsen mit auswählen, was es gern ißt.

Übrigens gilt dennoch: Über das Taschengeld kann das Kind selbst verfügen und sich (kleine) Wünsche stets erfüllen!

Soziales Verhalten

♦ «Gutes Benehmen»
Während früher übliche Erziehungsmaßnahmen das erwünschte

Verhalten des Kindes in jeder Situation durch Druck (körperliche Strafen und Liebesentzug) erzwangen, wird heute das Begründen der Erwartungen und gesellschaftlichen Regeln als sinnvoller Erziehungsstil angesehen. Wenn Sie Ihrem Kind verdeutlichen, daß es Ihr persönlicher Wunsch und der anderer Personen ist, daß es zum Beispiel «Guten Tag» sagt und dabei die Hand gibt, wird Ihr Kind sicher auf diesen Wunsch eingehen.

Dennoch sollten Sie mit diesen Wünschen eher zurückhaltend sein, weil der Zusammenhang zwischen bestimmtem höflichen Verhalten und der tatsächlichen Einstellung zu den betreffenden Menschen nicht immer eindeutig oder zwingend ist und Ihr Kind das täglich erlebt: zum Beispiel im Umgang mit seinen Freunden, denen es auch nicht mit diesen Höflichkeitsformen gegenübertritt.

♦ Ihr Kind gehorcht nicht
Im Gegensatz zu früher gehört Gehorsam heute sicher nicht mehr zu den wichtigsten Erziehungszielen. In manchen Situationen oder Bereichen ist es jedoch notwendig, daß ein Kind gehorcht. Das gilt vor allem für Anordnungen, mit denen es vor Gefahr für sich und andere geschützt werden soll. Wenn Sie ihm verbieten, auf der Straße zu spielen oder auf dem Balkongeländer herumzuklettern, müssen Sie sich darauf verlassen können, daß es sich danach richtet.

Dieser Gehorsam fällt ihm gewiß leichter, wenn Sie ihm den Grund für das Verbot anschaulich erklären. Wenn Sie ihm ansonsten Spielraum für Eigeninitiative und kritisches, aktives Mitdenken lassen, wird es die Notwendigkeit von bestimmten «Spielregeln» im Zusammenleben besser einsehen. Überprüfen Sie die Art, wie Sie etwas verlangen: Vielleicht überfordern Sie Ihr Kind oder Sie begründen zu wenig, warum Sie etwas Bestimmtes verlangen.

♦ Ihr Kind gebraucht häufig Schimpfwörter
Kraftausdrücke und unanständige Wörter sollten Sie möglichst überhören. Das ist die beste Methode, sie Ihrem Kind abzugewöhnen. Durch Ihr Schimpfen oder durch Verbote werden die Wörter dagegen erst richtig interessant. Ihr Kind benutzt sie dann vielleicht, um Sie zu einer heftigen Reaktion zu reizen. Übrigens: Auch Ihnen dürfen diese Wörter nicht über die Zunge rutschen, wenn Sie es bei Ihrem Kind verhindern wollen.

♦ Aggressivität
Aggression entsteht häufig durch Unzufriedenheit mit dem eigenen Ich und der Situation. Oft werden durch aggressives Verhalten Versagen, Gefühle der Unsicherheit, Angst oder Schuldgefühle kompensiert. Für manche Kinder ist es auch die einzige Möglichkeit, die Aufmerksamkeit anderer zu erzwingen. Bei stark aggressivem Verhalten, dessen Ursachen nicht

von Ihnen festgestellt werden können, sollten Sie einen Familien- oder Erziehungsberater aufsuchen.

In vielen Fällen ist schon geholfen, wenn man dem Kind mehr Aufmerksamkeit schenkt oder ihm die Möglichkeit gibt, seinen kindlichen Aggressionstrieb und seine Aktivität in erwünschtere Bahnen zu leiten (Fahrradfahren; Fußballspielen; im Freien toben dürfen; Gruppenspiele mit anderen Kindern usw.).

Verheimlichungstendenzen

♦ Naschen
Problematisch wird das Naschen, wenn das Kind dadurch bei den Mahlzeiten keinen Appetit mehr hat. Versuchen Sie herauszufinden, warum es zwischendurch ißt. Liegen die Mahlzeiten zu weit auseinander? Vielleicht ist die Atmosphäre beim Essen zu hektisch, oder Sie drängen das Kind zu sehr zum Essen und beobachten und kommentieren jeden Bissen? Werden die Essensvorlieben des Kindes zuwenig beachtet?

Möglicherweise liegen die Ursachen der Naschsucht auch im Wunsch nach mehr Liebe und Zuwendung: Durch das Naschen verschafft sich das Kind etwas Gewünschtes, es handelt sich um eine Ersatzbefriedigung. Verbote würden den Konflikt dann nur verschärfen. Sie sollten deshalb gegebenenfalls zu einem Kinderpsychologen gehen, um die Ursachen zu klären.

♦ Lügen
Von «Lügen» sollte man bei Kindern erst sprechen, wenn ganz bewußt etwas Falsches gesagt wird in der Absicht, jemanden zu täuschen. Die Phantasiegeschichten fallen also keineswegs darunter, denn Kinder erfinden gern etwas und geben es als Wahrheit aus, ohne damit bewußt lügen zu wollen.

Wenn Ihr Kind aber wirklich lügt, müssen Sie den Fehler zunächst bei sich selbst suchen. Manches Erziehungsverhalten provoziert Kinder geradezu zum Schwindeln. So verleiten zum Beispiel Strafdrohungen, auch der Liebesentzug, zu Lügen. Weil es Angst vor der Bestrafung hat, will es ein fehlerhaftes Verhalten nicht eingestehen und sagt deshalb möglicherweise nicht die Wahrheit. Vielleicht liegt Ihr Fehler auch darin, daß Sie zu mißtrauisch sind. Wenn Sie seine ehrlichen Aussagen zu häufig anzweifeln, bekommt es das Gefühl, daß es ebensogut schwindeln kann, da Sie ihm ohnehin kaum Vertrauen schenken.

Nicht nur durch Ihre Erziehungsmaßnahmen, sondern auch durch Ihr Verhalten als Vorbild können Sie die Unaufrichtigkeit Ihres Kindes selbst verursachen. Sind Sie ihm gegenüber immer aufrichtig? Geben Sie ihm bewußt falsche Informationen, wenn es zum Beispiel Fragen nach Sexualität stellt? Erlebt Ihr Kind häufig, daß Sie sich (zum Beispiel am Telefon) verleugnen lassen oder daß Sie zu jemandem freundlich sind, über den Sie sonst schlecht reden?

So können Sie auf Lügen reagieren: Wenn Sie wissen, daß Ihr Kind gerade gelogen hat, sagen Sie es ihm ganz offen. Wenn Sie sich aber nicht ganz sicher sind, fragen Sie nicht weiter. Das Kind verstrickt sich sonst in immer mehr Lügen. Machen Sie ihm klar, daß es Ihnen in jedem Fall lieber ist, wenn es einen Streich zugibt, als wenn es lügt.

♦ Stehlen
Auch hier muß zwischen harmlosen und ernstzunehmenden Formen unterschieden werden. Wenn das Kind mehrmals Gegenstände entwendet und dieses heimliche Wegnehmen auch sehr zu vertuschen versucht, so liegt eine Verhaltensstörung vor. Um ihre Ursachen zu ergründen und zu beseitigen, sollten Sie sich an eine Erziehungsberatungsstelle wenden. Es stehlen zum Beispiel Kinder, die statt gefühlsmäßiger Zuwendung Geschenke im Übermaß erhalten. Sie haben gelernt, daß materielle Dinge einen Ersatz für Liebe und Beachtung bedeuten können. Aber auch, wenn ein Kind im Vergleich zu seinen Spielfreunden zuwenig Geschenke, Spielsachen usw. bekommt, kann es versucht sein, sich diese Dinge heimlich zu verschaffen.

Auffälliges Verhalten

♦ Schüchternheit
Wenn ein Kind zuwenig Ermutigung und Bestätigung für sein Tun bekommt und gleichzeitig zu sehr behütet und beaufsichtigt wird, bleibt es unselbständig. Es wird unsicher und schüchtern, wenn es zugleich noch oft unbegründete (und verletzende) Kritik an seinem Verhalten erfährt. Leiten Sie eine Verhaltensänderung ein, indem Sie dem Kind mehr Freiheiten und Entscheidungsspielraum lassen, und ermutigen Sie es, ihn zu nutzen. Geben Sie ihm Gelegenheit, durch eigenes Experimentieren mehr Erfahrungen zu sammeln. Übrigens: Es ist auch möglich, daß das Kind diese verzagte und schüchterne Haltung erworben hat, weil Sie selbst sich zuwenig zutrauen! Sprechen Sie dann darüber mit einem Psychologen.

♦ Ängstlichkeit
Es ist ganz normal, daß Ihr Kind in manchen Situationen ängstlich ist (Schutzbedürfnis). Zwingen Sie es dann nicht zu einem besonders mutigen Verhalten. Zeigen Sie ihm statt dessen, daß Sie seine Angst akzeptieren und seine Gefühle mitempfinden können. Wenn Ihr Kind zu ängstlich ist, sollten Sie versuchen, durch Ihr eigenes Vorbildverhalten allmählich diese Ängste abzubauen.

Dazu gehört zum Beispiel, daß Sie gemeinsam «gefährliche» oder «unheimliche» Abenteuer unternehmen: auf einen Baum klettern, in ein fremdes, dunkles Haus gehen, abends etwas aus dem Keller oder vom Speicher holen usw. Zeigen Sie keinen Ekel vor Spinnen, Würmern usw., sprechen Sie auch nie angsterregende Drohungen aus. Erzählen Sie keine Phantasiegeschichten, in denen sich jemand vor unheimlichen Situationen fürchtet.

- Angst vor bestimmten Tieren: Sehen Sie sich mit Ihrem Kind Bücher an, in denen auch die Tiere abgebildet sind, vor denen es besonders Angst hat. Kaufen Sie ein kleines Stofftier derselben Tierart, beobachten Sie diese Tiere im Zoo, oder machen Sie Ihr Kind insgesamt mit Tieren vertrauter, indem Sie ihm ein echtes Tier schenken. (Wichtig: Verhindern Sie weitere ungünstige Erfahrungen Ihres Kindes mit dem Tier!)
- Angst vor Dunkelheit: Nehmen Sie Ihr Kind an die Hand, gehen Sie gemeinsam in einen dunklen Raum (Keller), sprechen Sie darüber, wie sich die Augen nun daran gewöhnen, auch im Dunkeln etwas zu sehen, und lassen Sie es bewußt auf ungewohnte Laute achten, die es bisher (bei Licht) überhört hat.
  Im Kinderzimmer sollte vorbeugend eine Lampe in Griffweite vom Bett stehen. Selbstverständlich ist, daß Sie Ihr Kind nie zur Strafe in einen dunklen Raum einsperren dürfen.
- Angst vor Ärztinnen/Ärzten: Nehmen Sie Ihr Kind mit, wenn Sie selbst einmal zum Arzt oder Zahnarzt gehen. Dann kann es sich schon ein wenig mit den Praxisräumen und den Instrumenten vertraut machen. Erklären Sie die Notwendigkeit einer Behandlung, einer Spritze oder einer Impfung. Nehmen Sie ein Spielzeug oder Bilderbuch mit, damit das Warten im Wartezimmer besser überbrückt werden kann.
- Angst vor dem Krankenhaus: Erzählen Sie Ihrem Kind, wie es im Krankenhaus aussieht, und nehmen Sie es mit, wenn Sie dort einen Krankenbesuch machen. Je bekannter Ihrem Kind die Situation eines Kranken ist, desto weniger ängstlich wird es sein, wenn es einmal als Patient dort ist.

♦ Daumenlutschen

Wenn das fünfjährige oder ältere Kind noch häufig am Daumen lutscht, zum Beispiel gedankenlos während des normalen Tagesablaufs, sollte nach den auslösenden Faktoren gesucht werden. Es kann sich dann um eine tiefverwurzelte Gewohnheit handeln, es kann aber auch ein Ausdruck von unbefriedigten Zärtlichkeitswünschen sein, dem Gefühl, in bestimmten Situationen den Anforderungen nicht gewachsen zu sein, oder von gebremsten, aggressiven Impulsen.

Mehrere Ursachen können gleichzeitig zutreffen. Wenn Eltern zuwenig Zeit für Ihr Kind haben und auf seine Wünsche nicht genügend eingehen können oder wenn sie gegenüber diesen Wünschen eine ablehnende Haltung einnehmen, so daß sich das Kind unter Umständen kaum zu fragen traut, weil es bereits ein ablehnendes Verhalten erwartet, kann es mit Daumenlutschen reagieren. Aber auch das Erlebnis, in einer Situation zu versagen, sich nicht gegenüber den Spielkameraden zur Wehr setzen zu können, kann zum spannungslösenden Daumenlutschen führen – die gegenüber anderen nicht zu verwirklichende Handlung endet in Ohnmacht: die Aktivität wird auf ein körpereigenes Feld umgelenkt.

Strenges Vorgehen der Eltern gegen das Daumenlutschen, Bestreichen des Daumens mit einem bitteren Saft oder das Anziehen von Handschuhen vor dem Zubettgehen sind keine therapeutisch sinnvollen Maßnahmen. Sie führen eventuell zwar dazu, daß das Kind nicht mehr am Daumen lutscht, beseitigen aber nicht die zugrundeliegenden Ursachen. Besser ist es jedenfalls, bei anhaltendem Daumenlutschen einen Kinderpsychologen in einer Familien- oder Erziehungsberatungsstelle aufzusuchen, damit das Symptom nicht nur verdrängt wird.

♦ Langeweile

Manchmal sitzt Ihr Kind da und tut anscheinend gar nichts! Lassen Sie es: Vielleicht träumt es einfach vor sich hin. Erst wenn diese Situationen zu lange und zu häufig auftreten oder das Kind sich über Langeweile beklagt, müssen Sie eingreifen. Geben Sie ihm genügend Möglichkeiten, das zu spielen, was es gerade möchte? Hat es zuviel Spielzeug? Unterbrechen Sie es häufig, wenn es gerade in ein Spiel vertieft ist? Erkennen Sie zuwenig an, was es geschaffen hat, und entwickelt es deshalb keine ausgeprägten Vorlieben? Vielleicht müssen Sie auch Ihre Einstellung zum kindlichen Spiel überhaupt revidieren. Das Spiel des Kindes ist eine ebenso anspruchsvolle Tätigkeit wie die Arbeit des Erwachsenen.

♦ Konzentration

Erhebliche Konzentrationsstörungen liegen vor, wenn sich Ihr Kind kaum zehn Minuten mit einer Sache beschäftigen kann. Sie müssen dann versuchen, die Ursache der Störung herauszufinden: Spannungen in der Familie, ständiges Unterbrechen des kindlichen Spiels, häufige Kritik am Kind, Geschwisterrivalität oder ähnliches. Beteiligen Sie sich möglichst oft als partnerschaftlicher Mitspieler und verstärken Sie so das Interesse des Kindes an ausgewählten Tätigkeiten.

Geheime Miterzieher Ihres Kindes

Kinder werden nicht nur von ihren Eltern beeinflußt und erzogen, sondern auch von ihren Freunden, den Erzieherinnen im Kindergarten, Verwandten, beaufsichtigenden Freunden usw. Daneben haben natürlich auch die Massenmedien, Fernsehen und Videofilme, Rundfunk und Hörspielkassetten, Kinderbücher und -zeitschriften einen nicht unbedeutenden Einfluß.

Die Wirkungen dieser mehr oder weniger geheimen Miterzieher werden häufig unterschätzt. Sie können einerseits ganz nützlich sein – wenn sie die elterlichen Erziehungsziele unterstützen. Problematisch wird es dagegen, wenn die Verhaltensweisen und Aussagen der Idole und Helden weit von den elterlichen Erziehungsvorstellungen und -zielen abweichen, wenn nie über sie gesprochen wird oder wenn sie die Wirklichkeit nur unzulänglich abbilden.

Letztlich besteht die besondere Wirkung der geheimen Miterzieher darin, daß sie die Bezugssysteme eines Kindes beeinflussen, zum Beispiel in folgenden Fragen:

- Was machen andere Menschen, andere Kinder, andere Erwachsene? Was tun sie besonders häufig? Womit beschäftigen sie sich? Was ist ihnen wichtig?
- In welchen Umgebungen leben andere Menschen? Welche Gebrauchsgegenstände benutzen sie? Was essen und trinken sie? Wie erholen sie sich? Was und wie arbeiten sie?
- Was gilt anderen als selbstverständlich? Was gilt anderen als richtig, als akzeptierbar, was als erwünscht, was als ethisch verantwortbar?
- Wie gehen sie mit anderen Menschen um? Inwieweit versuchen sie, sich auf andere Menschen einzustellen, zu erfahren, was diese bewegt? Wie zeigen sie Zuneigung und Liebe?

Bezugssysteme zu beeinflussen, sie auszubilden, heißt: die Orientierung des Menschen zu bestimmen, seine Maßstäbe zu entwickeln, Werturteile festzulegen. Das heranwachsende Kind entwickelt alle seine Maßstäbe aus der Beobachtung und Verarbeitung seiner Erfahrungswelt, wobei sicher den Eltern ein zunächst sehr großer Einfluß zukommt, der allerdings bereits von dem Moment an deutlich abnimmt, von dem an das Kind zum Beispiel

Freunde und Freundinnen bekommen immer mehr Einfluß.

einen Kindergarten besucht: Nun verbringt es viel Zeit mit anderen Menschen in einem völlig neuen Umfeld, die fortan seine Einschätzungen, sein Handeln und damit die Weiterentwicklung der Bezugssysteme entscheidend mitbestimmen.

Die Massenmedien

Zu den Massenmedien, mit denen Kinder vorwiegend in Berührung kommen, gehören heute vor allem Fernsehen, Videofilme, Rundfunk, Hörspielkassetten, Kinderbücher und -zeitschriften.

♦ Fernsehen und Videofilme

Den größten Einfluß übt das Fernsehen aus. Kinder sind schon allein dadurch beeindruckt, daß sich auf dem Bildschirm etwas bewegt. Ihre Aufmerksamkeit wird am meisten gefesselt, wenn kurze, in sich geschlossene Handlungsabläufe gezeigt werden. Diesem Bedürfnis kommen die Sendungen der Kinderprogramme (aber auch das Werbefernsehen) entgegen. Überwiegend bestehen Kindersendungen aus kurzen Szenen, die rasch wechseln.

Kinder halten das, was ihnen im Fernsehen gezeigt wird, leicht für Realität. Häufig fehlt jedoch in den Sendungen der Bezug zur Wirklichkeit, vor allem zur realen Umwelt des einzelnen Kindes. Der Zuschauer soll in erster Linie unterhalten werden. Vielfach wird eine Scheinwelt aufgebaut: Die Väter sind in vielen TV-Filmen den ganzen Tag zu Hause, die Kinder erleben in einer abwechslungsreichen Umgebung spannende Abenteuer, Kinder dürfen wie Erwachsene entscheiden und handeln, es gibt wenig Streit, alle Familienmitglieder spielen oder beschäftigen sich bevorzugt miteinander usw.

Manche Serien, auch in der für Kindersendungen primär vorgesehenen Zeit zwischen 17.30 und 19.00 Uhr, sind zumindest in Teilen realitätsfern. Sie zeigen Erwachsene, die ganz auf Kinder eingestellt sind, ohne ihre eigenen Interessen zu wahren, Tiere, die nur kinderfreundlich sind usw. Das kann bei Kindern zu falschen Einschätzungen führen und Enttäuschungen nach sich ziehen.

In fast allen Western herrscht noch das Prinzip Rache beziehungsweise der über allen Anfechtungen stehenden Rechtsinstanz. Hier werden Werthaltungen und Normen vermittelt, die für unsere Gesellschaft unangebracht sind und bei der praktischen Lebensbewältigung nicht helfen. Auch Krimis geben ein völlig verzerrtes Bild von der Realität. Der Beruf des Kriminalbeamten wird als extrem aufregend dargestellt, Mord und Totschlag sind sowohl im Vergleich mit der Wirklichkeit als auch im Vergleich zu anderen kriminellen Delikten weit überrepräsentiert.

Abgesehen von speziell für Kinder konzipierten Filmen sehen Kinder häufig auch die für die Erwachsenen entliehenen Videos. Liebesfilme, harte Western und Krimis werden bevorzugt ausgeliehen. Gerade weil diese Videofilme oft mehrmals gesehen werden, sollte – soweit nicht überhaupt auf sie verzichtet werden kann – eine besonders sorgfältige Auswahl getroffen werden.

Der Kinobesuch hat im Vergleich zu den siebziger und frühen achtziger Jahren weiter abgenommen.

Der große Unterschied zu Fernsehfilmen liegt einerseits in der großen Bildfläche, die alle

Ereignisse und auch die Helden besonders eindrucksvoll zeigt, andererseits im zahlreichen, mitsehenden Publikum und im mehr oder weniger großen Zwang, einen Film von Anfang bis Ende anzusehen. Eine besonders sorgfältige Auswahl des Films ist deshalb unbedingt nötig. Beachten Sie die Hinweise bei der Filmankündigung, fragen Sie an der Kasse, wie andere Kinder den Film aufgenommen haben, und orientieren Sie sich an einer Kritik, die unter Umständen in einer Tageszeitung abgedruckt ist.

Wichtig ist auch, die Altersempfehlung zu beachten: Besuchen Sie keinen Film, der erst für ältere Kinder vorgesehen ist – wegen ungeeigneter Szenen und Thematik einschließlich der großen Bildfläche kann Ihr Kind sonst Ängste entwickeln, die auch zu unruhigem Schlaf mit peinigenden Träumen führen können.

♦ Rundfunk, CD-Platten und Hörspielkassetten

Die Wortsendungen haben gegenüber Film und Fernsehen einen großen Vorteil: Die Phantasie wird nicht durch vorgegebene Bilder eingeengt. Der Hörer muß sich selbst die Personen der Handlung und ihre Umgebung vorstellen. Es wird ihm nicht alles fertig geliefert. Seine Aktivität und Kreativität sind daher ständig gefordert.

CD-Platten haben Ende 1988 die Anzahl gekaufter Langspielplatten überholt, mittlerweile dürften Schallplatten sogar bis auf ein Viertel der früheren Verkaufszahlen zurückgegangen sein. Aufgrund des wiederholten Hörens beeinflussen sie Kinder stark. Es gibt Zeiten, in denen Kinder ein und dieselbe CD oder Kassette mehrmals täglich hören.

Das bedeutet für Sie, daß Sie beim Kauf von Wortsendungen besonders kritisch sein müssen. Denn es gibt gewiß Texte, die von Ihrem erzieherischen Modell erheblich abweichen. In vielen Märchen ist die Handlung zum Beispiel noch in ein altes Herrschaftssystem eingebettet, die Menschen werden in bestimmte starre «Kategorien» eingeteilt (gut und böse, arm und reich, jung und alt) und oft lediglich nach ihrem Aussehen beurteilt (die häßliche alte Hexe ist auch böse, der schöne junge Mann ist gut).

Welche Wirkungen Musiksendungen ausüben, ist noch zuwenig untersucht. Sicher ist, daß häufig gehörte Musikgattungen (U-Musik, E-Musik) Interesse und Verständnis des Hörers wecken und festigen. Bei Kindern erfolgt diese Orientierung vor allem, wenn Gleichaltrige dieselbe Musikrichtung akzeptieren oder wenn die Eltern zeigen, daß sie diese Musik schätzen.

♦ Lektüre

Wenn Kinder schon früh positive Erfahrungen mit Büchern machen, werden sie auch später gern lesen. Bis zum fünften und sechsten Lebensjahr dominieren Bilderbücher, allerdings mit zunehmend mehr Text. Wichtig ist, daß Ihr Kind unter verschiedenartigen Büchern auswählen kann. Wenn Sie nicht soviel Geld dafür ausgeben wollen oder können, empfiehlt es sich, regelmäßig eine Bücherei (zum Beispiel in einer Volkshochschule) aufzusuchen.

Wenn ein Kind in die Schule kommt, wird es sich zunehmend für Comics interessieren. Sie sind durchaus nicht in Bausch und Bogen abzulehnen. Gute Comics können das kindliche Vorstellungsvermögen anregen und schärfen sein Empfinden für witzige Situationen und kreative Lösungen.

Wirkungen der Werbung

Häufig sehen Kinder die verschiedenen Spots des Werbefernsehens. Durch diese fortwährende Beeinflussung werden sie neugierig auf bestimmte Produkte und beeinflussen ihrerseits die Eltern, bestimmte Artikel zu kaufen. Auch werden sie selbst angeregt, ihr Taschengeld für bestimmte Produkte auszugeben. (Manche Kritiker gehen übrigens davon aus, daß das Werbefernsehen eine der wichtigsten Gattungen der Gegenwartskunst ist – nach ihrer Meinung wird das erst in einigen Jahrzehnten voll registriert werden.)

Von der Fernsehwerbung sind Kinder aus mehreren Gründen fasziniert. Die Darstellung ist sehr farbenfreudig, Vorbildfiguren erleichtern die Identifikation, es wird eine heile, unbeschwerte Welt gezeigt, in der alle vor Glück strahlen. Dazu kommt meist eine mitreißende Musik sowie eine einprägsame und unkomplizierte Sprache. Den Kindern prägen sich die Werbeslogans besonders gut ein, und sie verwenden ausgewählte Sprüche als Kommentare.

Häufig werden auch die Eltern in ihrer Sorge um die psychische und physische Gesundheit ihrer Kinder angesprochen. So setzt man zum Beispiel voraus, daß viele Mütter Schuldgefühle haben, wenn und weil sie sich vielleicht nicht ausreichend mit ihren Kindern beschäftigen. Diese Schuldgefühle werden dann durch ein bestimmtes Produkt aufgefangen: Wenn das Kind nicht genug gestreichelt wird, wird es wenigstens von weicher Wolle oder weichgespülten Frotteehandtüchern geschmeichelt!

Tips für den Umgang mit Massenmedien

♦ Fernsehen, Videofilme und Kino

– Benutzen Sie das Fernsehen nicht als «Ersatz-Oma». Schalten Sie das Gerät nicht einfach ein, wenn Sie keine Zeit haben, sich mit Ihrem Kind zu beschäftigen. Wenn es fernsieht, sollte möglichst ein Erwachsener dabeisein, der Fragen beantwortet und Handlungsabläufe erklärt (Kinder verstehen die Handlungsketten häufig noch nicht –

sie freuen sich lediglich an den buntgemischten, schnell wechselnden Szenen).

- Äußern Sie Ihre eigene Meinung zu den Sendungen; das wird Ihr Kind ebenfalls zur Meinungsbildung anregen.
- Wählen Sie die Sendungen sorgfältig aus. Kreuzen Sie jeweils im neuen Fernsehprogramm die Sendungen an, die für Ihr Kind geeignet sind.
  Wenn es unbedingt etwas sehen will, das Sie ablehnen, so schlagen Sie die Bitte nicht immer ab. Sehen Sie sich die Sendung dann lieber gemeinsam an, und sprechen Sie über die Punkte, die Sie negativ oder positiv finden. Ihre Zielsetzung ist dabei: aufmerksam und kritisch sehen und interpretieren lernen.
- Vergleichen Sie gemeinsam mit Ihrem Kind die Fernsehfilme mit der Realität. Lassen Sie es herausfinden, wo das Geschehen auf dem Bildschirm der üblichen Wirklichkeit nicht entspricht.
- Erklären Sie Ihrem Kind möglichst früh, wie Fernsehsendungen entstehen. Machen Sie es zum Beispiel darauf aufmerksam, wenn ein Schauspieler, den es in einem bestimmten Film gesehen hat, nun in einer ganz anderen Sendung und Rolle mitwirkt oder vielleicht auf einer Kinder-CD zu hören ist. So bekommt es ein Gefühl dafür, daß alles nur gespielt ist und nicht wirklich geschieht.
  Trotzdem kann es vorkommen, daß das Kind einmal bei einer Sendung Angst hat. Es wäre dann falsch, den Apparat sofort auszuschalten (es sei denn, das Kind will von sich aus nicht mehr zusehen). Sprechen Sie dann mit ihm über die Szene, helfen Sie ihm, die Angst zu verarbeiten.
  Ihr Kind in einem Elfenbeinturm zu bewahren, ist sicher nicht der optimale Weg. Wenn es zu Freunden kommt, wird dort möglicherweise auch ferngesehen: Bereiten Sie es also lieber auf solche Situationen vor.
- Wenn Sie Ihrem Kind nicht jedes Balgen oder jede kleine Rauferei verbieten, sind brutale Szenen im Fernsehen nicht mehr so wirksam. Sehr behütete Kinder waren, das hat eine Untersuchung gezeigt, versessen auf Fernsehgewalttätigkeiten, weil die Eltern die natürliche Aggressivität ihrer Kinder unterdrückten. Sobald ein Kind genug Selbstsicherheit entwickelt hat und auch in der Auseinandersetzung mit seinen Freunden Erfolgserlebnisse hat, findet es die brutalen Krimi- oder Westernhelden weniger interessant.
- Bei Streit um das Programm sollten Sie innerhalb der Familie demokratisch abstimmen.
- Nehmen Sie Ihre eigenen Fernsehgewohnheiten kritisch unter die Lupe. Sind Sie vielleicht selbst fernsehsüchtig? Lassen Sie den Apparat laufen, auch wenn Sie die Sendung

schlecht finden? Essen Sie beim Fernsehen? All diese Gewohnheiten wird Ihr Kind übernehmen, wenn Sie sich nicht selbst davon freimachen.

♦ CD-Platten und Hörspielkassetten
Nehmen Sie sich die Zeit, die angebotenen Produkte zu prüfen: In einer Bibliothek oder auch bei befreundeten Eltern können Sie geeignete CD-Platten oder Hörspielkassetten anhören oder ausleihen, um Fehlkäufe zu vermeiden.

♦ Kinder und Werbung
Am wirkungsvollsten können Sie «Werbetricks» entlarven, indem Sie Ihr Kind konkrete Erfahrungen sammeln lassen. Sie überprüfen, was in der Reklame versprochen wurde. Schmeckt beispielsweise der Kakao X wirklich besser als der Kakao Y? Ist das Eis von der Firma wirklich so sensationell? Welches Waschmittel wäscht tatsächlich weißer? Aber: Kommt es auf «Weißwaschen» überhaupt an? Wichtig sind primär Sauberkeit und Umweltverträglichkeit.

Kann ein Kind im Vorschulalter zwei Sprachen lernen?

In der Bundesrepublik Deutschland leben mehr als sechs Millionen Menschen, die Deutsch nicht als Muttersprache gelernt haben. Darunter sind vor allem (nach Häufigkeit) türkische, jugoslawische, italienische, griechische und spanische Mitbürger.

Darüber hinaus sind die wenigsten Aussiedler und Asylanten mit Deutsch als Muttersprache aufgewachsen (Aussiedler in den Jahren 1988 bis 1990 insgesamt 977000; allein aus Polen 970000 in den Jahren 1970 bis 1990). Weiterhin gibt es viele national gemischte Familien, in denen wenigstens ein Elternteil Deutsch nicht als Muttersprache erlernt hat.

In allen diesen Familien stellt sich die Frage, ob die Kinder nur eine Sprache oder beide Sprachen erlernen sollen. Zunächst scheint es einfacher, das oder die Kinder nur mit einer Sprache zu konfrontieren. Die Entscheidung der Eltern kann jedoch jederzeit durch verschiedene Aspekte beeinflußt werden:

- Die Rückkehr in das Herkunftsland wird wahrscheinlicher,
- der langfristige Aufenthalt in der Bundesrepublik Deutschland wird gewünscht und auch von Amts wegen erreicht,
- die Wertschätzung der Kultur und Sprache des Herkunftslandes steigt und setzt sich zunehmend durch,
- der deutsche Elternteil in einer national gemischten Ehe interessiert sich immer mehr für das Herkunftsland des Partners und erlernt dessen Sprache,
- beide Eltern erkennen die Möglichkeit, ein Kind zweisprachig zu erziehen, um ihm für später bessere Berufschancen und erweiterte Möglichkeiten mitzugeben.

Vorteile der Zweisprachigkeit in der Familie

Wenn in einer Familie mindestens ein Elternteil eine ausländische Sprache als Muttersprache erworben hat, sollte ein Kind neben Deutsch die Muttersprache dieses Elternteils erlernen.

- Guter Kontakt und intensive Kommunikation innerhalb der Familie erfordern über Jahrzehnte hinweg (insbesondere auch in der Pubertät) die gute Beherrschung der Sprache, die in der Familie vorrangig gepflegt wird.
- Um die Beziehungen zu den

Verwandten, Freunden und Bekannten im Herkunftsland aufrecht zu erhalten, ist eine differenzierte Beherrschung der Muttersprache erforderlich.

- Das Erlernen der Herkunftssprache bedeutet für das Kind, seine Herkunft anzunehmen, sich damit auseinanderzusetzen, die eigene ethnische Identität zu reflektieren und nicht zu verdrängen.
- Die gute Beherrschung von zwei Sprachen bedeutet zugleich eine wesentliche Stimulierung der kognitiven Fähigkeiten, sie bedeutet erhöhte Flexibilität, Sensibilisierung für Sprache und erhöhte Präzision bei der Verbalisierung.

Ergebnisse von Untersuchungen zur Zweisprachigkeit

Kinder können sowohl ab der Geburt zwei Sprachen lernen als auch zunächst die erste Sprache festigen und dann im dritten bis fünften Lebensjahr die zweite Sprache hinzunehmen. Beide Vorgehensweisen führen zum Erfolg, wenn die Eltern eine sehr gute emotionale Beziehung zum Kind haben und es feststellt, daß es mit Sprache etwas bewirkt. Voraussetzung ist, daß beide Sprachen in der Familie auf ausreichendem Niveau gepflegt werden (reichhaltiger Wortschatz, stimmige Grammatik, vielseitige Ausdrucksweise). Beide Sprachen müssen im normalen Alltag verwendet werden und durch Reime, Verse, Lieder, Geschichten und Märchen erweitert werden.

Besonders günstig ist es, die folgenden vier Regeln möglichst konsequent einzuhalten:

- Jeder Elternteil spricht seine Sprache, einer die ausländische, der andere die deutsche.
- In bestimmten Räumen wird die eine Sprache gesprochen, in anderen nur die andere.
- Wenn Eltern und Kind zusammen sind, wird möglichst die Sprache gesprochen, die eine intensivere Verstärkung benötigt (sonst die Sprache, die alle verstehen).
- Für die ausländische Sprache sollten auch andere Gesprächspartner hinzugezogen werden (Freunde, Verwandte usw.) – sonst erfährt die deutsche Sprache eindeutige Bevorzugung aufgrund der überwiegend deutsch sprechenden Menschen in unserer Gesellschaft.

Für einen Zeitraum von drei bis fünf Monaten wird ein Kind beide Sprachen mischen. Das ist jedoch kein Grund zur Beunruhigung, es stört die Sprachentwicklung nicht nachhaltig. Sprache und Kultur gehören zusammen, deshalb ist es wichtig, einem Kind nicht nur die Sprache, sondern auch (altersentsprechende) Elemente des dazugehörigen Kulturkreises nahezubringen.

Wußten Sie übrigens, daß der überwiegende Teil der Menschheit wenigstens zwei Sprachen spricht?

Spielen und Spielzeug

Spiele, mit denen Ihr Kind seine Fähigkeiten erweitert

Das Kind wird im Spiel vertraut mit der Welt der Dinge und Personen, und es erfährt sein eigenes Ich. Sein Interesse für alles Neue und die Freude an der geistigen oder schöpferischen Tätigkeit führen dabei zu einer Lernhaltung, die auch Voraussetzung für das Aufnehmen schulischer Inhalte in den kommenden Jahren ist.

Geben Sie Ihrem Kind deshalb ausreichend Möglichkeit, im Spiel Probleme zu lösen, Einsatzbereitschaft zu entwickeln und seine Kräfte und Fähigkeiten zu trainieren. Die Art des Spiels sowie die Spieldauer sollte es dabei selbst bestimmen können.

Kriterien für die Auswahl von Spielsachen

Seit 1954 vertritt in der BRD der «spiel gut» Arbeitsausschuß Kinderspiel + Spielzeug e. V. die Interessen der Käufer. Er will ihnen die Wahl geeigneten Spiel- und Beschäftigungsmaterials für die Kinder erleichtern, indem er eine kritische Vorauswahl trifft. Das von ihm empfohlene Spielmaterial wird mit der roten, kreisrunden Marke «spiel gut» ausgezeichnet.

Die Hersteller können ihre Produkte kostenlos von dem Ausschuß erproben und begutachten lassen. Die Jury setzt sich zusammen aus Pädagogen, Spielpädagogen, Psychologen, Soziologen, Ärzten, Therapeuten, Kunsterziehern, Architekten, Fachleuten für Design, Elektrotechnik, Chemie … und Eltern («spiel gut» Arbeitsausschuß, 1988). Nicht alle Hersteller markieren die ausgezeichneten Spielzeuge: Damit würden auch die anderen Produkte des eigenen Sortiments in unbeabsichtigter Konkurrenz stehen, Exportschwierigkeiten wären zu befürchten. Gut die Hälfte der berechtigten Firmen macht Gebrauch von der Auszeichnung.

Der Arbeitsausschuß gibt Informationsschriften heraus, zum Beispiel die Broschüre «18. Verzeichnis des spiel gut ausgezeichneten Spielzeugs», die alle Produkte, die ausgezeichnet wurden und lieferbar sind, aufführt; Bezug: «spiel gut» Arbeitsausschuß Kinderspiel + Spielzeug e. V., Heimstr. 13, 7900 Ulm.

In den letzten Jahren werden bei der Beurteilung von Spielzeug entwicklungspädagogische Kriterien stärker berücksichtigt. Der Wert eines Spielzeugs wird also im Hinblick auf das Alter und den Entwicklungsstand durchschnittlich geförderter Kinder festgelegt. So läßt sich auch erkennen, in welcher Reihenfolge die Spielsachen den Kindern angeboten werden sollten. Psychologen in Familien- und Erziehungsberatungsstellen können darauf aufbauend Spielstörungen diagnostizieren und Spielmaterial empfehlen, mit dem Entwicklungsdefizite ausgeglichen und die nächsten Entwicklungsstufen stimuliert werden können.

Heute wird für eine sachadäquate Spielzeugbeurteilung «überwiegend als Hauptkriterium angegeben, das Spielzeug müsse spielmotivierend sein, Spieldynamik erlauben und Spielfreude hervorrufen, wohingegen Lernen als Effekt zu betrachten sei, der erst nachrangig als Folge intensiven Spielens von Interesse sei» (W. Einsiedler, 1991).

Im folgenden sind einige Beurteilungs- und Auswahlkriterien aufgeführt, die Sie beim Kauf von Spielzeug berücksichtigen sollten (die Zusammenstellung enthält unter anderen Gesichtspunkte, die W. Einsiedler und der «spiel gut» Arbeitsausschuß nennen):

- Entwicklungsstufe und Alter des Kindes: Berücksichtigen Sie die Altersangaben auf der Verpackung, die Hinweise auf den Schwierigkeitsgrad und die Spielvoraussetzungen.
- Spielanreiz: Bevorzugen Sie Spielzeug, das für längere Zeit das Interesse Ihres Kindes findet, das zu verschiedenen Spielvariationen anregt und Entwicklungsimpulse gibt. Manche Spielsachen passen sich dem Alter des Kindes an – durch immer wieder neuen Spielanreiz, durch unterschiedlich anspruchsvolle Spielregeln oder durch die Möglichkeit, Teile ergänzend hinzuzukaufen.
- Funktion: Alle Spielzeuge geben einem Kind Entwicklungsimpulse und Lernanreize, einige für ein breiteres Spektrum von unterschiedlichen Lernbereichen, manche für ein engeres (Wahrnehmen, Denken, Sprechen usw.). Ein Tierequartett ist beispielsweise spezialisierter als ein Kaufladenspiel. Für Ihr Kind sollten Sie deshalb eine Auswahl treffen, die aufbauend auf den vorhandenen Spielen neue oder ergänzende Anregungen bietet. Bei technischem Spielzeug sollten Sie prüfen, ob die Funktionen der Einzelteile erkannt und erfaßt werden können.
- Ethik: Kinder sollten durch Spielzeug auch auf ethisch fundierte Wertmaßstäbe hin orientiert werden. Dementsprechend kaufen Sie ihm vor allem kein Kriegsspielzeug, keine gewaltverherrlichenden Figuren und kein Spielmaterial, das

diskriminierend gegenüber Minderheiten ist, zum Beispiel durch die Auswahl des Bildmaterials.
- Realitätsbezug: Kinder brauchen sowohl Spiele, die das kreative, phantasievolle Spielen ermöglichen, als auch Spiele, die zur Realität hinführen. Entscheiden Sie sich also nicht für die eine oder andere Art von Spielen, sondern bewußt für beide!
- Gestaltung, Form- und Farbgebung: Künstlerisch-ästhetische Ansprüche an die äußere Gestaltung sollten unbedingt erfüllt sein. Damit sind vor allem zueinander passende Farben, Formen und Figuren gemeint, die das Kind ansprechen.
- Geschlechtsspezifik: Die Trennung von Jungen- und Mädchenspielzeug ist weitgehend abzulehnen – Ihr Kind sollte darüber entscheiden, womit es spielt. Das setzt auch voraus, daß Sie selbst keine einseitige Vorauswahl treffen, auch nicht durch bestimmte Empfehlungen.
- Haltbarkeit: Das Material sollte so stabil sein, daß es einer normalen Benutzung längere Zeit standhält.
- Größe und Gewicht: Die Spielelemente, insbesondere Geräte und Werkzeuge, sollten der Größe des Kindes, seiner Hände usw. angepaßt sein. Auch das Gewicht muß der körperlichen Leistungsfähigkeit des Kindes entsprechen.
- Preis: Der Kaufpreis sollte in einem angemessenen Verhältnis zum Spielwert (Spielzeit, Spielvariationen, Einsatzmöglichkeiten, Stabilität) stehen.

An Hand dieser Kriterien können Sie Spielsachen nun besser bewerten. Aber was für Spielsachen gibt es überhaupt? Eine umfangreiche Liste finden Sie im Kapitel «Überblick über Spiele» auf S. 238ff.

Überblick über beliebte Spiele

♦ Rollenspiele

Auch in diesem Alter gehört das Rollenspiel noch zu den Lieblingsbeschäftigungen des Kindes. Es reicht vom einfachen Nachahmen bestimmter Personen bis zum Theaterspielen.

Das Kind übernimmt jetzt viele Rollen, die es kennt: Zugschaffner, Arzt, Polizist, Lehrerin, Cowboy, Indianer – und immer wieder Familie! Die beste Möglichkeit dazu findet es in Kindergruppen. Denn dort hat die «Lehrerin» dann auch wirklich «Schüler», die «Verkäuferin» bedient «Kunden», der «Indianerhäuptling» ruft den «Stamm» zur Versammlung.

Wegen der oft willkürlichen Zuschreibung von Eigenschaften zu Personen stehen Rollenspiele den Symbol- und Fiktionsspielen nahe. Bei letzteren deutet das Kind jedoch Gegenstände nach seinen momentanen Wünschen um: Ein Stück Holz kann ein Löffel, ein Baum oder eine Antenne sein.

Mehr und mehr bevorzugt das Kind dabei sachgerechtes Material. Es möchte die Ware mit einer echten

Ein Verkehrsspielplatz zum Ausrollen.

Waage wiegen, der Puppe selbstgebackenen Kuchen geben und die «Patienten» mit Geräten aus dem Arztkoffer behandeln. Alle diese Nachahmungs- und Rollenspiele tragen dazu bei, daß das Kind die Umwelt immer selbstverständlicher bewältigt. Sie ermöglichen ihm das Einüben sachgerechter Verhaltensweisen, aber auch das Ausleben und Verarbeiten von Ängsten, Wünschen und Aggressionen.

♦ Materialverwendungsspiele
Gegenstände aus Holz oder Kunststoff, Pappe oder Papier, Stoff, Folien oder Metall werden nun immer mehr auf ihre Verwertbarkeit, ihre Funktionen hin untersucht. Das Kind beachtet zum Beispiel das Material «Holz» an einem Kreisel, auch wenn das Spielen damit im Vordergrund steht, oder es nutzt ein großes Bilderbuch als Tunnel für die Eisenbahn.

Es möchte technische Zusammenhänge – zum Beispiel das Rollen eines Rades – beim Roller- oder Radfahren erproben und erfindet auch neue Verwendungsmöglichkeiten. So baut es sich vielleicht mit Hilfe eines Sandeimers und einer Schnur einen Lastenaufzug oder hängt einen Anhänger an das Fahrrad. Experimentierfreudige Kinder können sich manchmal in Gefahr bringen. Weisen Sie deshalb Ihr Kind beim Umgang mit dem Fahrrad oder Roller sowohl immer wieder auf die Gefahren im Straßenverkehr (gezielt richtiges Verkehrsverhalten einüben) als auch auf spezielle Tücken des Objekts hin.

♦ Gestaltungsspiele

Das Kind hat das Bedürfnis, sich kreativ zu betätigen. Vor allem bei den Gestaltungsspielen sind seiner Phantasie kaum Grenzen gesetzt. Es zeigt große Ausdauer und Konzentration, wenn es Knete formt, mit Wasserfarben malt oder mit Baukastenelementen seine Umwelt nachbaut. Es gibt in seinen Werken überwiegend eigene Eindrücke, Erlebnisse und Erfahrungen wieder. Voraussetzung dafür ist die immer differenziertere Wahrnehmung optischer und akustischer Reize. Lassen Sie Ihrem Kind möglichst viel Freiheit im Umgang mit Bastel- oder Malutensilien, mit einem ersten Werkzeugkasten oder Bauelementen, mit Kasperpuppen oder beim Flechten, Sticken oder Weben. Sorgen Sie – durch entsprechende Vorbereitungen – dafür, daß Sie nicht ständig mahnen müssen: «Vorsicht – das gibt zuviel Schmutz... Paß auf deine Kleidung auf... Achtung, du zerkratzt die Möbel!» usw.

♦ Gesellschaftsspiele

Der Verlauf dieser Spiele wird normalerweise von festen Regeln bestimmt. Die Mitspieler – vor allem Kinder – achten darauf, daß alle sich danach richten. Wer mogelt, gilt als Spielverderber.

Gesellschaftsspiele basieren auf verschiedenen Prinzipien: Bei manchen entscheidet das Glück über den Ausgang des Spiels, zum Beispiel beim Bilderlotto oder bei Quartettspielen mit zufällig gezogenen Karten sowie bei

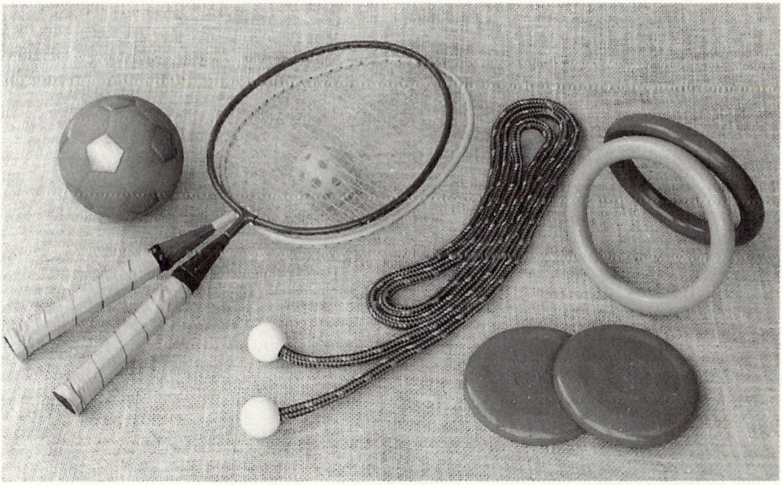

Würfelspielen mit Wettspielcharakter. Bei anderen muß das Kind sich zusätzlich überlegen, wie es das Ziel am leichtesten und schnellsten erreicht, weil verschieden riskante Wege möglich sind, es muß taktieren. Diese Spiele sind oft viele Jahre im Gebrauch. Sie sollten deshalb dabei auf besonders gute Verarbeitung der Spielteile und der Verpackung achten.

Seit einigen Jahren sind die Spiele ohne Gewinner zunehmend gefragt. Oft spielen die Kinder dann gemeinsam gegen ein Ungeheuer, sie spielen als Mäuse gemeinsam gegen eine Katze oder als Bergsteiger gegen die untergehende Sonne. Sie fördern gezielt das Gemeinschaftsgefühl, das sozial-integrative Verhalten und den Teamgeist – der Wettbewerb kommt dabei meistens nicht zu kurz, der Widerpart wird jedoch nicht durch einen Mitspieler repräsentiert.

♦ Gruppenspiele

Im Spiel mit anderen sammelt das Kind grundlegende soziale Erfahrungen. Es lernt, sich ein- und unterzuordnen, abzuwarten, ehrlich zu spielen, zu verlieren und zu gewinnen. Gruppenspiele können sowohl in der Wohnung als auch im Freien gespielt werden. Bei einem Wochenendausflug oder im Urlaub finden sich immer Gelegenheiten, Ihrem Kind Gruppenerlebnisse mit anderen, auch fremden Kindern zu vermitteln: Ball- und Murmelspiele, Sand- oder Schneeburgbauen, Spiele wie «Katz und Maus», «Gummi-Twist» usw.

Zu Hause können Sie Spielnachmittage für Nachbarskinder und Freunde veranstalten. Dazu eignen sich besonders Spiele wie «Die Reise nach Jerusalem», «Blinde Kuh», «Topfschlagen», «Mein rechter Platz ist leer» und ähnliches.

♦ Wett- und Geschicklichkeitsspiele

Sie erfordern vom Kind viel Einsatz. Es kommt dabei auf die körperliche Wendigkeit an, auf Geschicklichkeit im Umgang mit dem Material, rasches Reaktionsvermögen und zum Teil die Fähigkeit, andere durch Täuschungsmanöver zu irritieren. Meistens ist ein Kind der Gewinner, wie etwa bei «Katz und Maus» oder «Der Plumpsack geht um».

Durch die Geschicklichkeitsspiele werden beim Kind die Beobachtungs- und Konzentrationsfähigkeit sowie speziell die Grob- und Feinmotorik gefördert. Dazu zählen bestimmte Ballspiele, Seilspiele oder Spiele, bei denen eine Kugel beispielsweise in ein bestimmtes Loch manövriert werden muß.

♦ Ratespiele

Solche Spiele können Sie selbst erfinden. Eine von Ihnen oder dem Kind gewählte Darbietung soll ein Tier, eine Situation oder eine Person darstellen, die erraten werden muß. Es ist eine Möglichkeit, sich über Geräusche, Bewegung und Pantomime verständlich zu machen. Andere Ratespiele wie «Ich sehe was, das Du nicht siehst» oder «Liederraten» eignen sich gut für längere Auto- und Zugfahrten.

Didaktische Spiele – Spielen und Spielzeug mit Lernaspekt

Ihr Kind wird nicht nur in der Schul- und Ausbildungszeit lernen, sondern auch danach: Man spricht heute vom «lebenslangen Lernen». Damit Ihr Kind über die dazu nötige positive Lernhaltung verfügt, müssen seine Wißbegier und Aufnahmebereitschaft erhalten bleiben, soweit das möglich ist.

Beim Umgang mit didaktischem Material sollten Sie folgende Punkte besonders berücksichtigen:

- Das Spiel beziehungsweise das Spielen muß Freude bereiten – der Lerneffekt, vorrangige Zielsetzung des Erwachsenen, soll nicht überwiegen.
- Die Übungen und Wiederholungen sollten möglichst abwechslungsreich gestaltet werden.
- Ermutigen Sie Ihr Kind viel, erkennen Sie seine Lernfortschritte an.
- Beobachten Sie sein Lerntempo und nehmen Sie darauf Rücksicht.
- Die Spielzeit sollte jeweils höchstens zwanzig Minuten dauern.
- Sie selbst sollten oft gleichberechtigter Mitspieler sein.

Wenn Sie die verschiedenen Lern- und Entwicklungsschritte Ihres Kindes kontinuierlich beobachten, werden Sie auch seine Stärken, Vorlieben und Schwächen in dem einen oder anderen Bereich entdecken. Damit haben Sie drei wichtige Ausgangspunkte für Spiel- und Lernangebote.

Für die richtige Wahl geeigneter didaktischer Materialien seien hier einige Orientierungshilfen genannt. Beachten Sie bitte ergänzend die Beurteilungs- und Auswahlgesichtspunkte oben (S. 105f). Überlegen Sie sich jeweils:

- Ist das Angebot altersentsprechend?
- Welche Fähigkeiten werden gefördert und geübt? Welche Ziele hat das Spiel?
- Welche Lernanregungen bietet das Material? Kann das Spiel mehrfach variiert werden?
- Wie schwierig ist das Spiel für mein Kind? Lassen sich die Schwierigkeitsgrade steigern?

Didaktisches Material unterliegt oft einem allzu strengen, sachgerecht-methodischen Aufbau, der für die Entfaltung spezieller Wünsche des Kindes zuwenig Gelegenheit läßt. Oft wird die Bezeichnung Spiel dadurch überstrapaziert – es handelt sich manchmal mehr um eine Reihe von Aufgaben als um ein Spiel.

Nutzen Sie auf jeden Fall alle in der Anleitung angegebenen Variationsmöglichkeiten, und spielen Sie an einem anderen Tag weiter, wenn Ihr Kind gegenwärtig keinen Spaß daran hat.

Wahrnehmen

Auf die unübersehbare Vielzahl von Lotto-, Domino- und Puzzlespielen, die das Wahrnehmen besonders fördern, sei hier nur kurz hingewiesen – aus den vorangegangenen Jahren kennen Sie diese Spiele hinreichend.

Mit Konstruktionsmaterial, also beim Bauen und Konstruieren, beim Hantieren mit Stangen, Rädern und Steckteilen, wird die Phantasie angeregt, zugleich aber das Erfassen von Strukturen und Zusammenhängen entwickelt. Das Kind lernt Einzelteile als Elemente einer Reihe, eines Musters oder eines Funktionsgefüges kennen und erfährt, wie sie aufeinander bezogen sinnvoll zu verwenden sind. Es stellt Beziehungen zwischen Abmessungen, Formen, Farben und Gewichten her. Es lernt Konstruktionen zu verändern, zu verbessern und Fehler zu vermeiden.

Mit einem Konstruktionsbaukasten (Lego, Duplo, Constri, Baufix, Matador usw.), den Sie der jetzigen Altersstufe entsprechend erweitern können, hat es viele Möglichkeiten, diese Lernziele zu erreichen. Auch «Fischer-Technik» oder «Märklin» haben ein Programm, das auch noch im fortgeschrittenen Schulalter neue Schwierigkeitsgrade bietet.

Sprechen und Denken

Die Sprache ist das wichtigste Mittel sozialer Kommunikation. Auf ihre Förderung sollte besonders viel Wert gelegt werden. Geben Sie Ihrem Kind intensive Anregungen für eine gute Aussprache, reichen Wortschatz und eine präzise Grammatik. Dazu gehört, daß Sie ihm möglichst täglich vorlesen und Hörspielkassetten zur Verfügung stellen. Auch das ständige Frage- und Antwortspiel zwischen Mutter, Vater und Kind dient der sprachlichen Entwicklung Ihres Kindes.

Unterstützt wird dies durch Spiele, die der Begriffsbildung, dem Erkennen von Sachzusammenhängen sowie der Anregung zum Sprechen dienen.

Lesen, Schreiben und Zahlenverständnis

Lassen Sie sich im guten Spielwarengeschäft beraten, welche didaktischen Spielmittel sich für den Bereich Sprechen und Lesen (einschließlich Sehen und Hören) eignen. Diese Spiele brauchen in der Regel den erwachsenen Mitspieler.

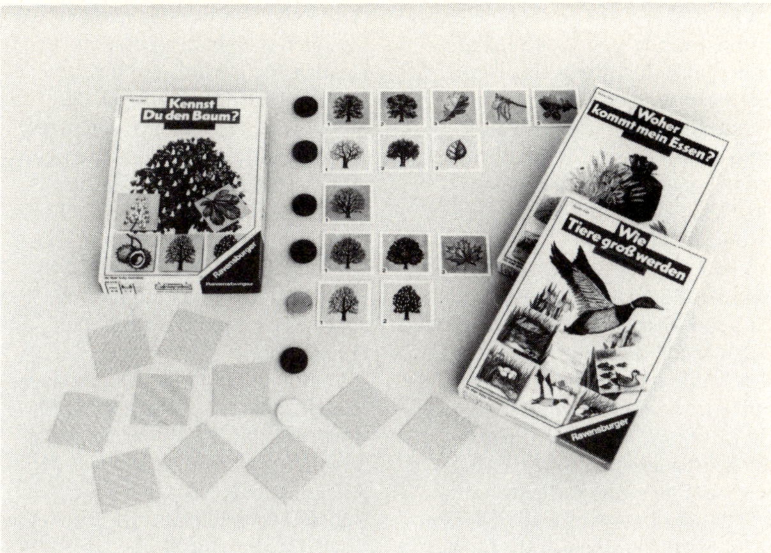

Empfehlenswerte Spiele für fünfjährige Kinder.

Ob Ihr Kind vor der Schule lesen und schreiben lernen soll, ist nicht pauschal zu beantworten. Wenn Sie dies befürworten und Ihr Kind daran großes Interesse zeigt, müssen Sie sich dafür gut vorbereiten, also die Grundzüge des Leselernprozesses kennen wie ein Grundschullehrer.

Viele Leselernmaterialien bieten nur unzulängliche Informationen für den Lehrenden. Das kann den Lernprozeß behindern, so daß Ihr Kind dann keine wesentlichen Vorteile davon hat. Andererseits ist ein gelungener Leselernprozeß für Ihr Kind auch ein großer Vorteil, es liest dann in einigen Büchern selbständig und wird vielleicht eine «Leseratte». Und das wäre für die ganze weitere Schullaufbahn ein entscheidender Vorteil.

Schwungübungen als Vorstufe des Schreibens machen Ihrem Kind sicher schon jetzt Freude. Es malt gern mit dicken Pinseln oder Stiften nach Musik, Geschichten oder Reimen. In verschiedenen Arbeitsheften zur Schulvorbereitung finden Sie Anregungen, bei denen Schwungübungen zum Beispiel in Geschichten eingebettet sind.

Um gute Voraussetzungen für den späteren Mathematikunterricht in der Schule zu schaffen, genügt es nicht, ein Kind immer wieder zum Zählen aufzufordern. Vielmehr sollten Sie Zahlwörter wie eins, zwei, drei usw. möglichst immer im Zusammenhang mit überschaubaren Mengen anwenden, zum Beispiel: «Ich habe noch eine Banane für Dich», «Du hast zwei Hände». So lernt Ihr Kind, daß diese Zahlen zu einer Menge von Gegenständen gehören. Wenn es den Tisch deckt, sagen Sie zum Beispiel: «Wir brauchen drei Teller, drei Gabeln und drei Messer!» usw.

Benutzen Sie auch Begriffe wie «viel – wenig» und «mehr – weniger» häufig, zum Beispiel beim Austeilen des Essens.

Lassen Sie es Gegenstände nach gemeinsamen oder unterschiedlichen Merkmalen sortieren (zum Beispiel Socken vom Vater – Socken vom Kind, dreieckige Bausteine – quadratische Bausteine usw.). Es gibt eine Reihe von Spielen, bei denen Kinder lernen, solche Ordnungen zu suchen, Übersichten zu schaffen, Formen und Farben zu unterscheiden, Größen und Gewichte zu vergleichen sowie Mengen herzustellen und zu benennen. Aber auch Bausteine oder Teile von Baukästen eignen sich dafür gut.

Spezielle Arbeitshefte und Trainingsmaterialien

Zur Vorbereitung eines Kindes auf die Schule gibt es eine ganze Reihe von Arbeitsheften, Arbeitsmappen, Trainingsmappen usw. verschiedener Verlage, auf die im einzelnen nicht eingegangen werden soll. Diese Materialien wollen das Sprechen, das Schreiben- und

Lesenlernen, das logische und problemorientierte Denken fördern sowie die Sozial- und Kreativitätserziehung unterstützen.
Auf zum Teil heraustrennbaren oder lose gebundenen Blättern findet sich eine Fülle von Aufgaben – überwiegend bildlich dargestellt. Für die Eltern sind Anweisungshefte beigefügt, in denen der Umgang mit dem Material erklärt wird.

Wenn Sie mit Ihrem Kind die eine oder andere Mappe benutzen, denken Sie in erster Linie daran: die Aufgaben sollen Spaß machen. Überforderung oder Leistungsdruck sind bestimmt eine ungünstige Methode, ein Kind auf die Schule vorzubereiten. Bieten Sie Ihrem Kind die einzelnen Aufgaben nicht länger als zehn bis zwanzig Minuten an. Lassen Sie vor allem ungeeignete Bilder und Aufgaben weg, wählen Sie Aufgaben aus, die Ihr Kind als interessant erleben kann! Wenn Sie in dieser Weise mit den Arbeitsmappen umgehen, können sie Ihrem Kind durchaus nützen.

Prüfen Sie möglichst sorgfältig, ob Sie eigenem, unterschwelligem Ehrgeiz nachgeben oder ob Ihnen die positive Entwicklung Ihres Kindes vorrangig ist. Denken Sie vor allem auch daran, daß Beschäftigungsangebote mit konkretem Material meistens mehr bieten als jede Art von «Schulaufgaben» – ein wichtiger Grund, weshalb sich gegenwärtig die meisten Erzieherinnen in Kindergärten gegen diese Form der Förderung wenden. Eine Alternative bieten Ihnen die vielen Anregungen im Lernspielprogramm.

Verhalten im Verkehr

Wenn Sie zur Verkehrserziehung Spielmaterial einsetzen und Modellsituationen zur Lösung anbieten, macht das Ihrem Kind viel Spaß. Natürlich sind für es vor allem diejenigen Verkehrsschilder wichtig, die Hinweise für Fußgänger und Radfahrer geben.

Richtiges Verhalten im Verkehr können Sie auch im Kinderzimmer üben: Bauen Sie mit Ihrem Kind eine ihm bekannte gefährliche Kreuzung nach. Sie verwenden dazu Bauklötze, malen die erforderlichen Verkehrszeichen auf Karton und schneiden sie aus. Versuchen Sie gelegentlich, auch die Perspektive von Autofahrern einzubringen: Wie sieht dieser die Verkehrssituation, was kann er unter Umständen kaum sehen?

Im Spielwaren-Fachhandel werden eine große Anzahl von Spielen zur Verkehrserziehung angeboten. Auch damit können Sie Ihrem Kind wichtige Informationen vermitteln. Brettspiele oder Rollenspiele in der Wohnung beziehungsweise im Garten dürfen aber nicht vergessen lassen, daß das wichtigste Übungsfeld die Straße selbst unter Ihrer Anleitung bleibt.

Geeignete Medien für Kinder

Erziehung durch Bilderbuch und Kinderbuch

Eine wichtige Funktion in der Förderung des Kindes nehmen das Bilderbuch und das Kinderbuch ein. In den ersten Lebensjahren überwiegt das Lesen (Sehen) in Bilderbüchern, gefolgt von Bilderbüchern für vier- bis sechsjährige Kinder, die zunehmend mehr Textanteile zum Vorlesen enthalten.

Versuchen Sie festzustellen, welche Bücher Ihr Kind bevorzugt. Handelt es sich um Tiergeschichten, um Personen, um Kinder und Erwachsene, um bestimmte Themen seines Lebensumfeldes, die es bevorzugt? Wählen Sie entsprechend Bücher aus, die seinen Wünschen, Interessen und Bedürfnissen entsprechen. Wichtig ist, daß Bücher dabei sind, die vom Erlebnis- und Erfahrungsraum Ihres Kindes ausgehen und ihm helfen, sein Umfeld und seine Umwelt zu verstehen. Können durch das Buch Ängste und Aggressionen angesprochen und gelöst werden, werden Kreativität und Phantasie angeregt?

In unserer Gesellschaft haben interkulturelle Bezüge wesentlich zugenommen. Es gibt eine Anzahl geeigneter Bücher, die diese Thematik aufgreifen und fremde Menschen und deren Kultur als Bereicherung darstellen, die das Entstehen oder die Verfestigung von Vorurteilen verhindern. Andere Regionen, Länder oder Erdteile werden oft als rückständig charakterisiert, ohne daß ein Kind im vorschulischen Alter die diesbezüglichen Aussagen Erwachsener verstehen könnte oder die Zusammenhänge und die geschichtliche Entwicklung erfassen könnte.

Auch Vorurteilen im eigenen Umfeld können Sie durch eine überlegte Auswahl von Bilder- und Kinderbüchern entgegenwirken: einseitigen Geschlechtsrollen-Zuschreibungen («Alles, was Autos betrifft, ist Männersache, Babypflege ist Frauensache»), falschen schichtspezifischen Aussagen («Arbeiterkinder sind schmuddelig»), unverantwortlichen Aussagen gegenüber Asylanten («sollen bleiben, wo sie herkommen») usw.

Das Buch wird dann Ausgangspunkt für ein differenziertes Gespräch über die verschiedenen Fragestellungen; diese Vorgehensweise muß allerdings durch

Kontakte zu und Begegnungen mit Menschen der verschiedenen Bezugsgruppen ergänzt werden.

Bilder- und Kinderbücher müssen bei diesem höheren Anspruch allerdings auch inhaltlich stimmig gestaltet sein. Sind die Charaktere der Personen klar zu fassen, kann ihre Anzahl vom Kind überblickt werden, ist der Handlungsschauplatz erkennbar, werden Szenenwechsel deutlich?

Auch wenn man über Geschmack streiten kann: die künstlerische Gestaltung muß Spannungsbögen einschließen, sollte witzige bis humoristische Anteile beinhalten, bietet im guten Fall Verzweigungen, denen das Kind folgen kann. Die graphische Gestaltung soll den Inhalt und Text klar zum Ausdruck bringen, farblich ansprechend und sensibel sein.

Sorgen Sie dafür, daß Ihr Kind insgesamt viele Bücher kennenlernt. Die besten sollten in die Bibliothek des Kindes eingereiht werden – andere werden nur entliehen. Und treffen Sie eine sorgfältige Auswahl. Zeit benötigen Sie allerdings, um die Bücher gemeinsam mit Ihrem Kind anzusehen und darüber zu sprechen.

So tragen Sie dazu bei, daß es sich auch später gern und viel mit Büchern beschäftigt, sei es zum Beispiel zur spannenden Unterhaltung (Abenteuerbücher), zur Wissenserweiterung (Sachbilderbücher) oder auch aus Spaß an Sprachmelodik und Wortwitz (Reime, Gedichte).

Deutscher Jugendliteraturpreis

Im folgenden wird eine Auswahl von Bilder- und Kinderbüchern genannt, die in den Jahren ab 1990 den deutschen Jugendliteraturpreis erhalten haben (mit Stern *) oder in die Auswahlliste zu diesem Preis einbezogen wurden.

Wenn Sie einige dieser Bücher bei Gelegenheit in einem Fachgeschäft durchblättern, können Sie eine gute Kaufentscheidung aufgrund Ihrer Einschätzung der Entwicklung Ihres Kindes und Ihrer Erziehungsvorstellungen treffen.

♦ 1994 Bilderbücher

David Hughes *: Macker (Alibaba)

Harrie Geelen: Hermann das Kind und die Dinge (Middelhauve)

Quint Buchholz: Schlaf gut, kleiner Bär (Sauerländer)

Anna-Clara Tidholm: Klopf an! (Hanser)

Annemie und Margriet Heymans: Die Prinzessin vom Gemüsegarten (Sauerländer)

♦ 1994 Kinderbücher

Ulf Stark *: Kannst du pfeifen, Johanna (Carlsen)

Josef Holub: Der rote Nepomuk (Beltz & Gelberg)

Trude de Jong: Lola der Bär (Hanser)

Uwe Kant: Heinrich verkauft Friedrich (Elefanten Press)

Hushang Moradi-Kermani: Eines Morgens war die Chomreh leer (Jungbrunnen)

Eine kleine Bibliothek ist für jedes Kind eine wichtige Anregung.

Patricia MacLachlan: Das Gute hinter der nächsten Ecke (Sauerländer)

♦ 1995 Bilderbücher

Ivan Pommaux *: Detektiv John Chatterton (Moritz)

Italo Calvino: Die Wette, wer zuerst wütend wird (Hanser)

Jaume Escala: Sonne, Mond und Erde (Patmos)

Brüder Grimm: Die Bremer Stadtmusikanten (Altberliner)

Sam McBratney: Weißt Du eigentlich, wie lieb ich Dich hab? (Sauerländer)
Matthias Sodtke: Gibt es eigentlich Brummer, die nach Möhren schmecken? (Lappan)

♦ 1995 Kinderbücher
Mirjam Pressler *: Wenn das Glück kommt, muß man ihm einen Stuhl hinstellen (Beltz & Gelberg)
Christian Bieniek: Svenja hat's erwischt (Arena)
Bart Moeyaert: Wo ist Mia? (Ravensburger)
Patricia MacLachlan: Schere, Stein, Papier – Sophies Geschichte (Hanser)
Roberto Piumini: Matti und der Großvater (Hanser)
Patricia Windsor: Die Sache mit dem Haß und der Liebe (Carlsen)

♦ 1996 Bilderbücher
Anna Höglund*: Feuerland ist viel zu heiß! (Carlsen)
Hanna Johansen und Rotraud Susanne Berner: Der Füsch (Carl Hanser)
Peter Sis: Die drei goldenen Schlüssel (Carl Hanser)
Chris von Allsburg: Die süßeste Feige (Ravensburger Buchverlag)
Ed Young: 7 Blinde Mäuse (Altberliner)

♦ 1996 Kinderbücher
Holm Annika*: Olle und Amanda (Carl Hanser)
Gunilla Linn Persson: Ama taram, Allis und Ann (Oetinger)
Philip Ridley: Dakota Pink (Fischer Taschenbuch)
Jürg Schubiger: Als die Welt noch jung war (Beltz & Gelberg)
Willy Van Doorselaer: Ich heiße Kaspar (Carl Hanser)
Yumoto Kazumi: Gespensterschatten (Nagel & Kimche)

Weitere Auskünfte

Neben diesem besonders anerkannten Preis, dem Deutschen Jugendliteraturpreis, gibt es noch eine Reihe anderer Buchauszeichnungen, die Ihnen in einer Stadtbibliothek genannt werden können. Auch die folgenden Institutionen sind gerne bereit, Ihnen weitergehende Informationen zu geben beziehungsweise zuzusenden:

- Internationale Jugendbibliothek, Schloß Blutenburg, D-83247 München, Tel. 089-8912110 und
- Arbeitskreis für Jugendliteratur e. V., Schlörstr. 10, D-80634 München, Tel. 089-1684052.

Hörspielkassetten

Hörspielkassetten sind bei Kindern besonders beliebt. Neben einem vielfältigen Angebot an Kinderliteratur, Abenteuergeschichten, Märchen usw. auf Kassette werden im Fachhandel vereinzelt auch CD-Platten für Kinder angeboten. Die Kassette ist jedoch einfacher zu handhaben, robuster, wesentlich billiger und deshalb für den Bedarf des Kindes am besten geeignet. Tonträger sind nach H. Heidtmann «ein eigenständiges künstlerisches Medium, mit medienspezifischen Gestaltungs- und Ausdrucksmöglichkeiten, die von ihren Produzenten mit unterschiedlicher ästhetischer, pädagogischer und politischer Intention genutzt werden» (H. Heidtmann, 1988).

Vor dem Kauf sollten Sie gegebenenfalls die Aufnahme anhören, um einschätzen zu können, ob sie sich für Ihr Kind eignet. Als Kriterien dienen zum Teil die Gesichtspunkte, die im Zusammenhang von Bilderbuch und Kinderbuch bereits dargestellt worden sind. Ergänzend ist (vgl. H. Heidtmann) zu beachten:

- Können die sprechenden Personen vom Kind identifiziert werden?
- Unterstützen die besonderen, zusätzlich eingebrachten Signale, Musikeinblendungen, Geräusche usw. die Aussage, werden die Texte durch diese Mittel leichter verständlich?
- Die Übertragung einer Geschichte, einer Erzählung oder eines Märchens in das Medium Hörspielkassette erfordert eine wesentliche Umgestaltung, fast eine Neuschöpfung; werden die besonderen Möglichkeiten der Tonträgerproduktion im zu beurteilenden Fall genützt?
- Ist die Gesamtwirkung des Tonträgers in sich geschlossen und stimmig? Paßt die Komposition, die Abfolge von Kommentar, Dialog, Geräusch und Musik zum Inhalt, ist sie abwechslungsreich und mediengerecht, ergänzt sie den Inhalt und die Erzählweise? Stimmen die Pausen und die Übergänge? Ist die Produktion phantasieanregend oder eingrenzend, zu naturalistisch oder realistisch?
- Stimmen Inhalt und Aussage der Produktion mit Ihren Wertvorstellungen überein?
- Die Tonqualität der Aufnahmen muß einwandfrei sein.

Bei den Hörspielkassetten kommen laufend neue Titel hinzu, auch gute sind unter Umständen nur kurze Zeit erhältlich, weil sie gegenüber Kassetten mit exzellentem Marketing keine Chancen haben. Eine Empfehlung einzelner Titel führt deshalb eher zu Enttäuschung, zumal ausgewählte Produktionen in den Läden, Warenhäusern oder Kiosken kaum erhältlich sind.

Statt dessen ist zu empfehlen, sich an Bibliotheken (zum Beispiel Stadtbücherei, Bücherei der Kirche) zu wenden, die sich bei ihren Einkäufen nach den Besprechungsdiensten der Einkaufszentrale für Öffentliche Bibliotheken richten. Sie können in den Bibliotheken Hörspielkassetten ausleihen, in Ruhe zu Hause anhören und dann entscheiden, ob sie die Kassette für Ihr Kind beschaffen wollen.

Wenn im folgenden dennoch einige Titel genannt werden, so vor allem, damit Sie in einer Bibliothek gezielt nachfragen (dort sind auch früher erschienene Titel erhältlich) und sich über das Anhören einiger Hörspielkassetten einen eigenen Beurteilungsmaßstab bilden können:

Isaak Bashevis Singer und Charlotte Niemann: Zlateh die Geiß (Deutsche Grammophon)
Achim Bröger: Lieber kleiner Hund; Nickel und Herr Siemon hinter der Wand; Pizza und Oskar: u. a. (Patmos)
Dieter Hilgers: Eine Schnecke turnt Musik (Modus Vivendi)
Bernd Kohlhepp: Tatatuck. Die Reise zum Kristallberg (Patmos)
Janosch: Hannes Strohkopp und der unsichtbare Indianer; Herr Wurzel und sein Karussell; Der Josa mit der Zauberfidel (Deutsche Grammophon junior)
Irina Korschunow: Die Wawuschels; Neues von den Wawuschels mit den grünen Haaren (Deutsche Grammophon junior)
Astrid Lindgren: Die Kinder aus der Krachmacherstraße; Neues aus der Krachmacherstraße; Pippi Langstrumpf; Wir Kinder aus Bullerbü (Deutsche Grammophon junior)
Leo Lionni: Frederick, Geraldine und die Mauseflöte (Schwann Verlag)
Boy Lornsen: Auf Kaperfahrt mit der «friedlichen Jenny» (Jumbo)
Gerhard Mensching: Die Insel der sprechenden Tiere (Jumbo)
Christine Nöstlinger: Mini fährt ans Meer (Jumbo)
Christine Nöstlinger: Mini als Hausfrau (Jumbo)
Otfried Preußler: Das kleine Gespenst; Die kleine Hexe; Der Räuber Hotzenplotz; Die Abenteuer des starken Wanja (Karussell-Verlag)
Marieluise Ritter: Ach, du dickes Ei; Das Monster will König sein; Flieg zum Regenbogen; Himbärs Geburtstag; Witz und Wetz, die wilden Watze (Nashorn Verlag)
Helmut Sakowski: Katja Henkelpott (Karussell)
Uwe Timm: Die Pirateninsel (Leuberg Edition)
Walter Wippersberg: Alice im Wunderland; Max der Unglücksrabe (Patmos)

Für deutsche und ausländische Eltern sind zur interkulturellen Erziehung erschienen bei Beltz, Weinheim, (Hrsg. M. Ulich und P. Oberhuemer):

Vier Kassetten: (1) Keloglan und der Riese; (2) Eins von mir – eins von dir. Bir beden – bir senden; (3) Prezzemolina und der verzauberte Kater; (4) Befanna und der Hexenbesen und

Vier Videofilme: (1) Die diebische Elster – La gazza Ladra; (2) Von Pulcinella bis Pinocchio: (3) Nasreddin Hoca im Wanderkino; (4) Bahar und die Gazelle.

Die Bilder und Geschichten, Spiele und Lieder dieser Reihe tragen dazu bei, die Wertschätzung einer anderen Kultur (und Sprache) für Kinder und ihre Eltern erfahrbar zu machen. Wegen des hohen Preises ist das Ausleihen über eine öffentliche Bibliothek zu empfehlen.

Musikkassetten

Wenn Ihr Kind einen guten Kassettenrecorder (also auch mit gutem Lautsprecher) besitzt, können Sie seine Musikalität mit geeigneten Musikkassetten anregen. Dazu eignen sich im Bereich der E-Musik sowohl ausgewählte, leicht verständliche und nicht zu lange Werke von Komponisten als auch eine größere Anzahl von speziellen Kassetten für Kinder, die ergänzend einige Informationen über den Komponisten enthalten, oder Musikkassetten mit Hörspiel-Charakter.

Eine unvollständige Auswahl von Kassetten wird im folgenden aufgezählt:

Prokofieff u. a.: Peter und der Wolf. Karneval der Tiere. Kinder Symphonie. Kleine Nachtmusik u. a. (Deutsche Grammophon für Kinder)

Hindemith: Wir bauen eine Stadt (Deutsche Grammophon für Kinder)

Saint-Saëns: Karneval der Tiere (Deutsche Grammophon für Kinder)

Besonders sei auch auf eine umfangreiche Reihe von Kassetten zu großen Komponisten hingewiesen, die von K.-H. Böhm vorgestellt werden; zum Beispiel: Schumann. Für Kinder erzählt von K.-H. Böhm. Mit vielen Musikbeispielen (Adès).

Die musikalische Entwicklung Ihres Kindes kann aber auch durch Lieder-Kassetten wesentlich bereichert werden. Auch dafür einige Beispiele:

Guten Abend, Gut' Nacht… Lieder und Geschichten für Kinder, die nicht einschlafen wollen (Deutsche Grammophon. Junior)

Dorothée Kreusch-Jakob: Lieder von der Natur (Patmos)

Dorothée Kreusch-Jakob: Tanzlieder (Patmos)

Dorothée Kreusch-Jakob: Das Liedmobil. Spiel- und Spaßlieder (Deutsche Grammophon. Junior)

Lieder aus der Rappelkiste (Deutsche Grammophon. Junior)

Jutta Richter, Ludger Edelkötter: Der Sommer schmeckt wie Himbeereis (Impulse/C. Bertelsmann)

Schule

Schulfähigkeit: Voraussetzungen für die Einschulung

Früher bezeichnete man Kinder als schulreif, wenn sie einen bestimmten körperlichen und geistigen Entwicklungsstand erreicht hatten, mit dem sie den Anforderungen der Schule gewachsen waren. Die Schulreife galt als Stadium der kindlichen Entwicklung, das es nur abzuwarten galt, da es auf jeden Fall irgendwann erreicht würde.

Damit erfassen die Kriterien für Schulreife jedoch nicht alle Anforderungen des Schulsystems an die Sechs- bis Siebenjährigen. Mit dem heute verwendeten Terminus Schulfähigkeit sollen alle Voraussetzungen erfaßt werden, die ein Kind befähigen, die Schule zu besuchen (und deren spezifische Anforderungen zu erfüllen).

«Schulfähigkeit ist weniger das, was ein Kind von selbst wird, sondern das, was die Umwelt von ihm verlangt. Zu den Anforderungen der Schulfähigkeit gehören kognitive Leistungen, soziale Kompetenzen und Kompetenzen der Arbeitshaltung und Motivation» (R. Oerter, 1987).

Für die Schulfähigkeit muß auch die soziale Entwicklung so weit fortgeschritten sein, daß die Kommunikation mit der Lehrerin/dem Lehrer und den anderen Kindern möglich ist. Außerdem müssen die intellektuellen Voraussetzungen, Konzentrationsfähigkeit und Ausdauer vorhanden sein. Das schulbereite Kind zeigt eine positive Einstellung zur Schule, es hat den Wunsch, die Schule zu besuchen. Dazu gehört auch die Bereitschaft des Kindes, sich für längere Zeit von der Mutter, dem Zuhause, den Spielsachen usw. zu trennen.

Faktoren, die zur Schulfähigkeit führen

In einer Untersuchung nennen Krapp und Mandl (1973) besonders bedeutsame Faktoren, aufgrund derer sich der Schulerfolg vorhersagen läßt:

- Weit wichtiger als alle folgenden Faktoren sind die kognitiven Lernvoraussetzungen (gute Auffassungsgabe, logisches Denken, Fähigkeit zum Überblick, fortgeschrittene Sprachentwicklung usw.).
- Familiäre und schulische Bedingungen sind etwa gleich wichtig. Seitens des Elternhauses sind vorteilhaft: gute Ausbildung der Eltern, beruflicher Erfolg,

emotional positiv getöntes Familienklima, wenig Spannungen, Leistungsorientierung ohne Druck, positive Einstellung des Elternhauses gegenüber der Schule.
Seitens der Schule sind vorteilhaft: freundlich-offene, leistungsorientierte Lehrkraft, nicht zu große Klasse, keine allzu großen Leistungsdifferenzen zwischen den Schülern, freundliches Schulklima.
- Das Sozialverhalten eines Kindes ist ebenfalls eine wichtige Einflußgröße.
- Die körperliche Entwicklung ist weniger von Belang.

Nach L. Schenk-Danzinger, die sich sehr eingehend mit der Frage der Schulreife, der Schulfähigkeit und der Schulbereitschaft befaßt hat, ergibt sich die Entwicklung der benötigten Qualifikationen nicht allein durch die Wechselwirkung von genetischer Ausstattung und Umweltreizen und -bedingungen, sondern sie beinhaltet auch die aktive Beteiligung des Kindes. Aktiv bedeutet hier, daß das Kind die angebotenen Reize und Lernanstöße aufgreift. Diese aktive Bewältigung und damit verbundene Ausdauer ist meist erst mit sechs Jahren möglich. Selbststeuerung wird erreicht, wenn das Kind zur Selbständigkeit erzogen wird und im Elternhaus emotionale Zuwendung gegeben ist.

Kann die Schulfähigkeit gemessen werden?

Für die Kriterien, die maßgeblich für den Erfolg in der Schule sind, gibt es geeignete Meßverfahren und Tests. Allerdings können diese Tests meist nur durch (Schul-) Psychologen im Einzelverfahren durchgeführt werden und sind deshalb entsprechend teuer – sie werden immer seltener eingesetzt.

Abgesehen davon sind solche Tests auch überflüssig: Bekannt ist, daß grundsätzlich die spätere oder verzögerte Einschulung den Kindern nicht hilft (da meistens die Bedingungen, die die verzögerte Entwicklung verursacht haben, weiterbestehen). Vielmehr muß sich die Lehrkraft auf eine intensive Differenzierung der Anforderungen von Anfang an einstellen: damit erhält jedes Kind die Entwicklungsimpulse, die es benötigt.

Erwünschte Fähigkeiten eines Kindes bei der Einschulung

Die folgenden Fähigkeiten werden heute für die Einschulung vorausgesetzt:

♦ Intellektuelle Leistungsfähigkeit
- Das Kind ist zu analytischer Wahrnehmung fähig. Es kann zum Beispiel bei zunächst komplexen optischen Eindrücken auch die Einzelheiten erkennen. Das läßt sich zum Beispiel bei

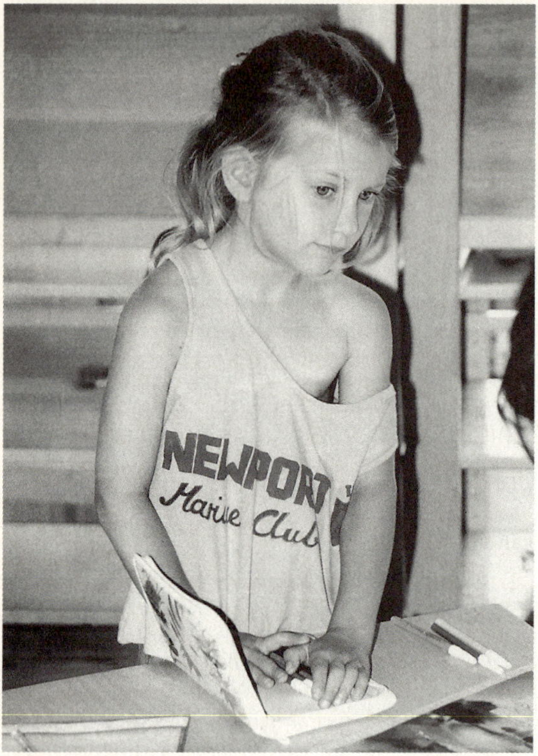

seinen Zeichnungen feststellen, die immer differenzierter werden, oder bei der Suche nach den fehlenden Teilen bei Abbildungen. Die Gliederungsfähigkeit macht das Lesen und Schreiben möglich. Auch im akustischen Bereich kann man diese Differenzierung feststellen. Das Kind begreift, daß Wörter sich aus Lauten und Lautverbindungen, Buchstaben und Silben zusammensetzen.
- Die sprachliche Ausdrucksfähigkeit: Um dem Unterricht folgen zu können, muß das Kind zuhören und verstehen können. Seine eigene Sprache sollte verständlich und klar sein, so daß es seine Gedanken gut ausdrükken kann. Es muß sich Aufträge der Lehrerin/des Lehrers merken und zum Beispiel eine Geschichte wiedergeben können.
- Für den Erstunterricht in Mathematik ist der Mengenbegriff erforderlich: Das Kind sollte wissen, was mit den Zahlen von 1

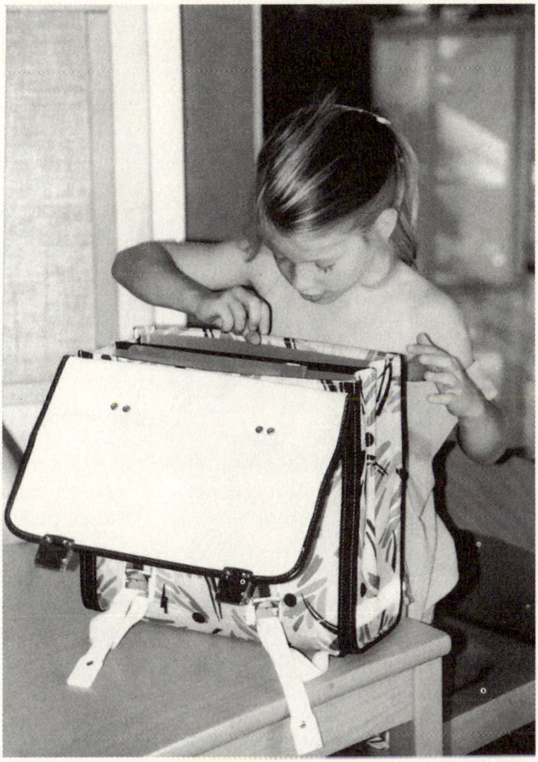

Zu einer guten Einstimmung auf die Schule gehört die frühzeitige Anschaffung der notwendigen Ausstattung.

bis 4 gemeint ist, das Zählenkönnen bis 10 ist hilfreich.

- Es sollte sich in seiner gewohnten Umwelt gut zurechtfinden und über wichtige Vorgänge des Lebens Erfahrungen und Informationen gesammelt haben. Dazu gehört zum Beispiel, daß es die Farben sicher unterscheiden und benennen, daß es Dinge richtig einordnen kann, daß es sich sicher räumlich orientiert und ein Zeitgefühl hat.
- Es sollte ein Verständnis dafür vorbereitet sein, daß durch bestimmte Symbole (Zeichen, Wörter usw.) konkrete Dinge bezeichnet werden können.

♦ Soziales und emotionales Verhalten

Für die Mitarbeit im Klassenverband ist es notwendig, daß sich das Kind anpassen und Kontakt zu Kindern und zur Lehrkraft aufnehmen kann. Es ist nötig, daß sich das Kind auch dann angesprochen fühlt, wenn die Lehrerin/der

Lehrer nicht zu ihm persönlich, sondern zur ganzen Klasse redet.

Es muß Verständnis für eine gewisse Ordnung und Eingliederung haben und auch starke momentane Wunschregungen zurückstellen können. Frustrationen müssen bis zu einem gewissen Grad ertragen werden, psychische Spannungen dürfen das Lernen und die Aufmerksamkeit nicht allzusehr beeinträchtigen. Viele dieser Verhaltensweisen werden bereits durch den Besuch des Kindergartens oder einer Vorschulklasse eingeübt, obwohl hier Spielen und Lernen nicht getrennt werden und spontane Wünsche und Bedürfnisse eher befriedigt werden.

♦ Körperliche Entwicklung

- Für den Unterricht ist es nötig, daß das Kind einige Zeit stillsitzen und aufmerksam zuhören kann und Spannungen nicht mehr sofort in Bewegungen umsetzen muß. Seine Aufmerksamkeit muß sich mindestens eine Viertelstunde auf dasselbe Thema richten können.
- Die körperliche Reife zeigt sich in der Veränderung der Figur: Der Körper streckt sich und wirkt schlanker, die Proportionen werden ausgeglichener. Die ersten Milchzähne fallen aus. Dieser «Gestaltwandel» sollte beim Schuleintritt weitgehend vollzogen sein, da sich größere körperliche Umstellungen verunsichernd auf die psychische Gesamtsituation auswirken (wie auch später wieder in der Pubertät).
- Früher ein beliebter Test, heute nur noch ein Anhaltspunkt: die Philippinoprobe. Dabei muß das Kind mit dem rechten Arm über den gerade gehaltenen Kopf hinweg zum linken Ohr fassen und es berühren können.

Schulbereitschaft

Von den Eltern kann die Schulbereitschaft durch Gespräche mit dem Kind über die Schule geweckt werden. Günstig ist, wenn die Eltern positive Erlebnisse aus ihrer eigenen Schulzeit erzählen (nicht negativ oder warnend). Schulbereitschaft kann aber auch durch Kontakte mit Kindern entstehen, die gern zur Schule gehen und die motivierend von der Schule erzählen. Weitere Anregungen hierzu finden Sie im folgenden Kapitel.

Die Schulbereitschaft zeigt sich, indem sich das Kind auf die Schule freut und hingehen möchte. Es ist wißbegierig, möchte lesen und schreiben lernen, und es freut sich auf die anderen Schulkinder und auf neue Freunde.

Das Einschulungsalter

Alljährlich werden viele Kinder überfordert und andere unterfordert, weil zu große Leistungsdifferenzen zwischen den Kindern bestehen, die in einer Schulklasse zusammengefaßt werden. Da es in absehbarer Zeit noch keine gleitende (zumindest halbjährliche) Einschulung geben wird, sollte man versuchen, Leistungsschwächen bei Kindern durch gezielte Förderung auszugleichen. Andernfalls können bei einem tatsächlichen Altersunterschied von bis zu eineinviertel Jahren im Extremfall Kinder so unterschiedlich weit entwickelt sein, als bestände ein Altersunterschied von bis zu zweieinhalb Jahren.

Schulreifetests sollten allenfalls für zwei Entscheidungsfindungen eingesetzt werden:
1) Wenn Kinder tatsächlich weit unterdurchschnittliche Leistungen zeigen, sollten sie eventuell vom Schulbesuch zurückgestellt und mit anderen Kindern zusammen intensiv gefördert werden, zum Beispiel in einem Regelkindergarten mit erhöhtem Personalschlüssel oder in einem Schulkindergarten. Das wird besonders den Kindern helfen, die keinen Kindergarten besuchen konnten oder die aufgrund einer besonderen Krisensituation der Familie zeitweilig erheblich belastet wurden.
2) Die aufnehmende Lehrkraft kann aufgrund der Ergebnisse von Schulreifetests erkennen, in welchen Bereichen ein Kind Stärken hat und wo es besondere Förderung benötigt.

Das Testen nur der kognitiven Leistungen ist als Basis zur Einschätzung der Schulfähigkeit und -bereitschaft jedenfalls nicht ausreichend. Leicht trainierbare Fähigkeiten (zum Beispiel Gliederungsfähigkeit) sollten nicht überbewertet werden, weil sie wenig Aufschluß über die sonstige Entwicklung des Kindes geben.

Grundsätzlich bleibt folgende Schwierigkeit bestehen: Schulreifetests können nicht vorhersagen, wie ein Kind, das noch nie in einer Vorschule oder im Kindergarten war, auf die völlig neuen Einflüsse in der Schule reagieren wird. Insbesondere wie das Kind auf die Lehrerpersönlichkeit reagieren wird, kann vorher nicht getestet werden.

Schulpflicht

Alle Kinder müssen von den Eltern zur Schule angemeldet werden. Die genauen Termine und Altersgrenzen sind nicht bundeseinheitlich geregelt. Die nötigen Angaben erhalten Sie im zuständigen Schulamt Ihres Wohnbezirks. In den meisten Bundesländern ist eine vorzeitige Schulaufnahme von einem bestimmten Alter an möglich.

Eine Zurückstellung hat nur einen Sinn, wenn das Kind in dieser Zeit speziell in den Bereichen gefördert wird, in denen es noch nicht schulreif ist. Sie sollten sich in diesem Fall also ein genaues Testergebnis verschaffen und sich beraten lassen.

So bereiten Sie Ihr Kind auf die Schule vor

Wenn Sie das Lernspielprogramm regelmäßig durchführen, ist Ihr Kind bereits sehr gut auf die Schule vorbereitet. Sozusagen nebenbei darauf vorbereitet – denn dieses Programm bietet mit den Anregungen in den Bänden 4, 5 und 6 eine breite Förderung in allen Persönlichkeitsbereichen – die Schulvorbereitung ist insofern eingeschlossen.

Arbeitshefte zur Schulvorbereitung

Zur speziellen kognitiven Anregung, zur Schaffung einer produktiven Arbeitshaltung und zur Entwicklung motorischer Fähigkeiten (insbesondere der Finger und der Hand) können Sie Ihrem Kind ergänzend ein Arbeitsheft zur Schulvorbereitung anbieten. Wenn Ihr Kind nicht in einen Kindergarten geht, ist das sogar zu empfehlen. Ihr Kind gewöhnt sich damit schon ein wenig daran, einige Zeit stillzusitzen und eine gestellte Aufgabe gezielt zu erledigen.

Die Arbeitshefte (manchmal auch unter dem Namen Trainingsmappen zu finden) enthalten kaum Anregungen für die weitergehende Persönlichkeitsentwicklung. Die Förderung durch diese Hefte oder Mappen allein führt somit nicht zu ausreichender Schulvorbereitung. Beginnen Sie damit aber nicht länger als höchstens vier Monate vor Schulbeginn – sonst artet dieses Training in eine Strapaze für Ihr Kind aus.

Die Verwendung der schulvorbereitenden Arbeitshefte ist in den Jahren bis 1990 deutlich zurückgegangen. Gründe dafür sind unter anderen, daß
- heute schon die meisten Kinder vor der Schule einen Kindergarten besucht haben, der diese Schulvorbereitung übernimmt,
- Eltern die Aufgabe der Schulvorbereitung mehr als Aufgabe der Schule selbst sehen,
- Eltern nicht zu einer ungleichen Chancenverteilung bereits beim Schuleintritt beitragen wollen.

Auch bei einer kritischen Einschätzung der Arbeitshefte muß man akzeptieren, daß Kinder damit in bestimmten Lernbereichen tatsächlich gut vorbereitet werden können. Die Qualität der verschiedenen Arbeitshefte ist allerdings sehr unterschiedlich, so daß
- nur eine gute Trainingsmappe

verwendet werden sollte, und
- Eltern eine Auswahl der geeigneten Aufgaben daraus selbst treffen sollten. Das «Durcharbeiten» von vorne bis hinten ist kein pädagogisch sinnvoller Weg – die besonderen Interessen des Kindes sollten bei jeder einzelnen Aufgabe berücksichtigt werden.

Auch der heutige Standpunkt von Erzieherinnen muß beachtet werden: Sie gehen davon aus, daß die Vorbereitung auf die meisten schulischen Anforderungen auch durch andere Aufgaben, die oft realitätsnäher (begreifbarer) sind und mit konkreten Gegenständen aus dem Lebensumfeld des Kindes zu tun haben, wesentlich besser ersetzt werden können.

Schulvorbereitung zu Hause

Wenn das Kind ältere Geschwister hat, wird es sich vermutlich für deren Hausaufgaben interessieren. Lassen Sie es – sofern die Großen einwilligen – ruhig ein wenig dabei mitmachen. Wächst Ihr Kind ohne Geschwister auf, sollten Sie entsprechend für Kontakt mit Schulkindern aus der Nachbarschaft sorgen. Auch hier bietet sich dann die Möglichkeit, von einem älteren Kind zu lernen. Wenn das Schulkind dem jüngeren Kind etwas erklärt, profitieren beide davon: Die Zusammenhänge werden dem älteren deutlicher bewußt, während das jüngere neue Informationen aufnimmt. Aber Vorsicht: Das Kind erhält so nur einen gefilterten ersten Eindruck von der Schule, den Sie teilweise korrigieren müssen.

Die Förderung sozialer Erfahrungen im Elternhaus ist nur beschränkt möglich. Im Kindergarten hingegen können Kinder durchaus zeitweise in einem Leistungsbezug zueinander stehen. Es entwickelt sich gelegentlich starke Konkurrenz der Kinder untereinander mit Über- und Unterlegenheitsgefühlen, mit daraus folgenden Aggressionen usw., was man als wichtige Erfahrungen vor Schuleintritt oder unnötige Belastungen beurteilen kann.

Zur Förderung der Schulfähigkeit gehört unbedingt die Erziehung zur Selbständigkeit. Ihr Kind muß sich allein an- und ausziehen können (z.B. für den Turnunterricht), es muß Aufgaben übernehmen können (Ausführung schriftlicher Arbeiten während des Unterrichts zum Beispiel) und darf nicht zu scheu sein, sich zu melden und laut und deutlich vor der Klasse etwas zu sagen.

Ihr Kind muß sich inzwischen auch ab und zu von Ihnen trennen können. Sie können Ihr Kind dazu öfter zu Freunden gehen lassen, die Betreuung anderen Personen übergeben, sich selbst in einem bestimmten Umfang überflüssig machen. Dazu dient auch, wenn Sie Ihr Kind dazu anhalten, sich eine halbe bis eine ganze Stunde mit seinen Spielsachen allein in einem Zimmer zu beschäftigen, ohne Sie bei Ihren Arbeiten zu unterbrechen.

Memory ist ein gutes Trainingsspiel für das Merken von Bildinhalten und deren Verteilung auf einer Fläche.

Einige Beispiele für die Schulvorbereitung von Kindern, die Arbeitsmappen teilweise ersetzen können.

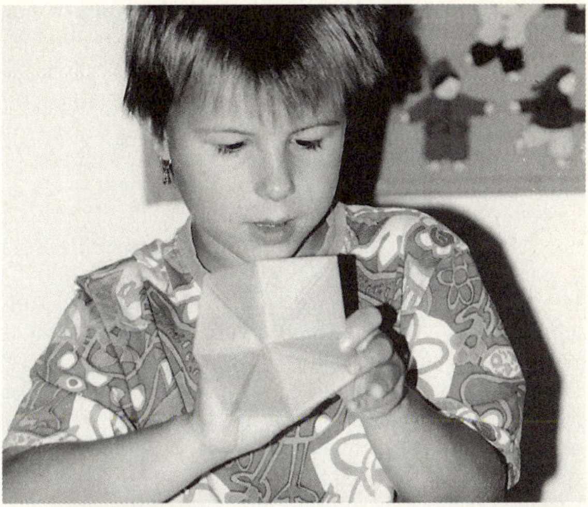

Wenn Ihr Kind keinen Kindergarten besucht, sollten Sie versuchen, noch vermehrt soziale Erfahrungen mit anderen Kindern zu ermöglichen, wenn möglich durch die Teilnahme an ein oder zwei Kinderkursen (wenigstens insgesamt 6–9 Monate Kursdauer), durch häufiges Einladen von Kindern zu Ihnen nach Hause, durch Besuche bei anderen Kindern und deren Eltern, durch Kontakte zu anderen Kindern im Urlaub usw. Sicher ist der dauerhafte Kontakt zu einer Freundin oder einem Freund eine wichtige soziale Erfahrung – bei der Einschulung geht es aber gerade auch in den ersten Tagen darum, leicht und gut neue Kontakte zu knüpfen, auch von sich aus auf die Lehrerin/den Lehrer zuzugehen usw.

Sprechen Sie keinesfalls negativ von den Lehrkräften oder der Schule. Manche Eltern machen den Fehler, gelegentlich mit der Schule zu drohen: «Na warte, in der Schule wird man Dir schon das richtige Benehmen beibringen!» oder «Jetzt beginnt dann der Ernst des Lebens.» Damit ist die Aussicht auf den Schuleintritt natürlich nicht mehr vorlockend.

Schauen Sie sich statt dessen in diesem Jahr zusammen eine Schule an (zum Beispiel bei der Schuleinschreibung), und zeigen Sie ihrem Kind seinen zukünftigen Schulweg. Beobachten Sie gemeinsam Schulkinder in der Pause oder beim Turnen. Erzählen Sie Ihrem Kind dabei, was in der Schule geschieht, wie der Unterricht abläuft usw. Vielleicht können Sie sogar die zukünftige Lehrkraft kennenlernen oder einer Unterrichtsstunde beiwohnen.

Spezielle Vorbereitungen

Falls die Schule einen einführenden Elternabend oder einen Tag der offenen Tür veranstaltet, sollten Sie die Chance des Kennenlernens nutzen: das Gebäude auch von innen besichtigen, die verschiedenen ausgestellten Schülerarbeiten ansehen, in ein Klassenzimmer hineinsehen, mit der künftigen Lehrkraft sprechen. Sie kann Ihnen noch weitere Hinweise, speziell für Ihre Schule geben.

Den Termin für die Schuleinschreibung erfahren Sie im allgemeinen aus einer örtlichen Zeitung oder durch ein Schreiben der Behörde.

Suchen Sie eine möglichst leichte, stabile und leuchtend bunte Schultasche aus, und orientieren Sie sich dabei auch an den Schultaschen, die gegenwärtig von den Kindern in Ihrem Umkreis getragen werden. Ihr Kind sollte möglichst nicht als Außenseiter auffallen (zum Beispiel mit einem «Erbstück»). Federmäppchen, Faserschreiber, Bleistift, Lineal, Radiergummi, Spitzer und Farbkasten können Sie schon vor dem Schuleintritt kaufen beziehungsweise zum sechsten Geburtstag schenken. Ihr Kind kann damit schon erste Erfahrungen sammeln und «Schule» spielen. Mit anderen Anschaffungen, Heften, Ringbüchern usw. sollten Sie jedoch warten, bis die Lehrerin oder der Lehrer den Kindern Einzelheiten dazu sagt.

Für die Wahl des geeigneten Schulwegs gilt: lieber ein weiterer, sicherer Weg als eine gefährliche Abkürzung. Sie sollten den Schulweg mehrmals mit Ihrem Kind gehen, ihn dabei einüben und die Gefahrenstellen deutlich machen.

Der erste Schultag

Alle längerfristigen Vorbereitungen sind getroffen (vgl. oben) – dennoch ist Ihr Kind gespannt auf seinen ersten Schultag, wahrscheinlich auch Sie selbst.

Dieser besondere Tag verdient zwar eine Hervorhebung, jedoch keine Dramatisierung. Versuchen Sie also ruhig zu bleiben. Drücken Sie beim ausgiebigen Frühstück Ihre Freude darüber aus, daß

- Ihr Kind nun so groß ist,
- es in die Schule geht,
- es dort viele Kinder findet, die erstmalig die Schule besuchen,
- für alle Kinder die Situation neuartig ist,
- auch die Lehrerin oder der Lehrer erst alle Kinder kennenlernen muß.

In der Schultüte sollten neben kleinen Süßigkeiten vor allem gesunde Leckerbissen sein, eine Orange, Banane, ein paar Nüsse. Mit sportlichen Turnsocken oder einer Badehose / einem Badeanzug können Sie eine Überraschung vorbereiten. Fragen Sie eventuell die Erzieherin des Kindergartens, was in Ihrer Region üblicherweise in Schultüten zu finden ist, vielleicht einige Luftballons, ein kleines Adreßbüchlein, Fotoalbum, eine Geldbörse usw.

Sie können davon ausgehen, daß auch andere Kinder etwas zum Schulanfang geschenkt bekommen – also sollte Ihr Kind nicht traurig beiseite stehen müssen. Denken Sie aber an nützliche Geschenke ohne Übertreibungen.

Geben Sie Ihrem Kind schließlich noch die folgenden Hinweise:

- Aufmerksam und konzentriert zu sein, ist in der Schule wichtig – die Lehrerin oder der Lehrer wiederholen nicht alle Aussagen (geduldig wie eine Mutter).
- Ihr Kind braucht keinerlei Befürchtungen zu haben – es hat in den ersten Lebensjahren genügend gelernt und Vorbereitung erfahren.
- Machen Sie Ihrem Kind auch deutlich, daß Sie ihm bei Hausaufgaben helfen werden, wenn es darum fragt oder wenn Sie feststellen, daß es Hilfe benötigt.
- Geben Sie ihm noch den Tip, sich möglichst neben ein ihm bekanntes Kind zu setzen oder neben eines, das sympathisch und freundlich ist.

Tagebuch

Tagebuch des sechsten Lebensjahres für…

Bitte führen Sie dieses Tagebuch regelmäßig. Wenn Ihr Kind älter geworden ist, erfährt es hier in Wort und Bild alles über sein sechstes Lebensjahr. Notieren Sie auch, was Ihnen wichtig erscheint.

Manchmal ist es richtig, bei einer Frage auch mehrere Antworten anzukreuzen. In die umrahmten Felder kleben Sie bitte je ein auf die benötigte Größe zugeschnittenes Foto ein.

1. Halbjahr

Haben meine Eltern viel Zeit für mich?	Ja, beide haben viel Zeit	❍
	Ja, die Mutter	❍
	Ja, der Vater	❍
	Nein	❍
Wie haben mich meine Eltern auf die Schule vorbereitet?	Sie haben mit mir das Lernspielprogramm gemacht	❍
	Sie haben dazu wenig Zeit gehabt	❍
	Sie haben mit mir Lesen und Schreiben geübt	❍
	Ich kann schon ein bißchen rechnen	❍
	Ich kann sehr schön malen	❍
	Ich habe im Kindergarten viel gelernt	❍
Kann ich eine mäßig befahrene Straße sicher überqueren?	Ja, wenn ich sie kenne	❍
	Ja, auch wenn ich sie nicht kenne	❍
	Nein, das kann ich noch nicht	❍
Verwende ich oft Kraftausdrücke, die meinen Eltern mißfallen?	Ja, vor allem, wenn sie es nicht hören	❍
	Ja, gelegentlich	❍
	Nein, nie	❍
Wie werde ich erzogen?	Ich habe sehr viel Freiheit	❍
	Es gibt einige Dinge, die ich nicht tun darf	❍
	Meine Eltern beaufsichtigen mich sehr	❍
Weiß ich, wie Kinder gezeugt und geboren werden?	Ja, ziemlich genau	❍
	Ja, teilweise	❍
	Nur, wie Kinder geboren werden	❍

Wie lange habe ich den Kindergarten bisher besucht?

Länger als 2 1/2 Jahre ❍
Länger als 1 1/2 Jahre ❍
Länger als 1/2 Jahr ❍
Weniger als 1/2 Jahr ❍
Gar nicht ❍

Womit mache ich meinen Eltern Sorgen? ....

....

Über was freue ich mich am meisten? ....

....

Besondere Ereignisse: ....

....

....

....

Bitte kleben Sie hier ein Foto ein!

Motivvorschläge:

Ich helfe in der Küche

Ich besuche einen Elternteil am Arbeitsplatz

Dieses Bild ist am .... aufgenommen

Bitte kleben Sie hier ein Foto ein!

Motivvorschläge:

Ich klebe eine Briefmarke auf

Ich pflücke einen bunten Blumenstrauß

Dieses Bild ist am .... aufgenommen.

Bitte kleben Sie hier ein Foto ein!

Motivvorschläge:

Meine Familie bei einem Gesellschaftsspiel

Ich laufe mit einem anderen Kind um die Wette

Dieses Bild ist am .... aufgenommen.

2. Halbjahr

Überlege ich lange, wenn mich meine Eltern etwas fragen, oder antworte ich schnell?	Meistens antworte ich sehr schnell	❍
	Ich überlege vorher genau, damit ich nichts Falsches sage	❍
Kann ich gut Geschichten erzählen?	Ja, mit viel Phantasie	❍
	Nein	❍
Kenne ich eine andere Sprache außer meiner Muttersprache?	Ja, ich kann einige / viele Wörter einer anderen Sprache	❍
	Nein	❍
Wovon träume ich meistens?	Von wilden Tieren und Geistern	❍
	Von lustigen Sachen	❍
	Ich weiß nicht	❍
Wie verhalte ich mich fremden Erwachsenen gegenüber?	Eher zurückhaltend und schüchtern	❍
	Ich kann mich schnell mit fremden Menschen anfreunden	❍
War ich dieses Jahr krank?	Ja, ich hatte eine Erkältung / Grippe	❍
	Ja, ich hatte eine (ansteckende) Krankheit (welche?)	❍
	Nein, nie	❍
Was mache ich im Sommer alles im Freien?	Radfahren/Rollschuhlaufen	❍
	Schwimmen	❍
	Ich bin viel auf einem Spielplatz	❍
	Ich spiele mit Freunden beim Haus	❍
Wie lange sehe ich im Durchschnitt täglich fern (auch mit Videorecorder)?	Mehr als zwei Stunden	❍
	Ein bis zwei Stunden	❍
	Weniger als eine Stunde	❍
	Gar nicht oder sehr selten	❍
War ich schon mehrmals in öffentlichen Veranstaltungen?	Ja, im Kindertheater	❍
	Ja, im Marionettentheater	❍
	Ja, in einem Kino	❍
Welche(n) Kinderkurs(e) habe ich besucht?	Malkurs	❍
	Musikkurs	❍
	Turn-/Gymnastikkurs	❍
	Bastelkurs	❍
	Schwimmkurs	❍
	Keinen	❍

Wie groß bin ich jetzt und wieviel wiege ich? (mit Datum) ....

....

Habe ich eine Vorstellung, was ich einmal werden möchte? ....

....

Besondere Ereignisse: ....

....

....

....

Bitte kleben Sie hier ein Foto ein!

Motivvorschläge:

Ich spiele auf einem Musikinstrument

Ich verkleide mich als

Dieses Bild ist am .... aufgenommen.

Bitte kleben Sie hier ein Foto ein!

Motivvorschläge:

Ich klettere auf einen Baum

Ich fange einen großen Ball

Dieses Bild ist am .... aufgenommen.

Bitte kleben Sie hier ein Foto ein!

Motivvorschläge:

Ich putze mir die Zähne

Ich laufe auf Stelzen

Dieses Bild ist am .... aufgenommen.

LERNSPIEL-PROGRAMM

Wie Kinder lernen

Die ersten Lebensjahre sind besonders wichtige Lernjahre eines Kindes. Als Lehrer wirken in diesem Zeitraum vor allem die Eltern, weiterhin Kinder in der Umgebung und die Erzieherinnen im Kindergarten.

Unter dem Lernen wird dabei nicht nur wie in der späteren Schulzeit die Vermehrung von Wissen und Können in einzelnen Fachbereichen verstanden. Der Begriff umfaßt auch Fortschritte und den Leistungszuwachs in Bereichen wie zum Beispiel Körperbeherrschung, Auffassungsgabe, Sprachgefühl. Auch die Entwicklung der psychischen Funktionen ist ein Lernprozeß, allerdings besteht er gegenüber dem bewußten Lernen in unbewußten, nichtbeachteten Vorgängen.

Sicher sind genetische Anlagen eine Voraussetzung dazu, daß und wie gelernt werden kann. Für den Zuwachs von Erfahrungen, Wissen und Können müssen jedoch viele Anregungen von außen gegeben werden. Bis zum Schuleintritt haben Sie in diesem Jahr (und teilweise im nächsten) noch viele Möglichkeiten, Ihr Kind bei seinen Lernprozessen zu unterstützen. Dazu dient auch das folgende Lernspielprogramm.

Zuvor soll jedoch noch einiges über die Bedingungen des Lernens gesagt werden, damit Sie die Anregungen des Lernspielprogramms sinnvoll nutzen können – die Bedeutung der Motivation wurde schon eingehend im entsprechenden Kapitel des Elternbuches 5 dargestellt.

Lernarten

Lernpsychologen haben – vor allem in den USA – Tausende von Experimenten mit Kindern, Erwachsenen und Tieren durchgeführt, um die Bedingungen des Lernens zu erforschen. Dennoch ist es bisher nicht gelungen, die verschiedenen Ergebnisse in einer einheitlichen Theorie zusammenzufassen.

In seinem Buch «Bedingungen des menschlichen Lernens» (1969) hat der Psychologe R. M. Gagné jedoch unterschiedliche Lernarten dargestellt, die bei vielen Lernvorgängen wirksam sind.

Er unterscheidet folgende acht Lernarten, die aufeinander aufbauen:

♦ Signallernen: Eine Verbindung zwischen einem Reiz und einer reflexartigen Reaktion wird hergestellt, zum Beispiel ein Kind erschrickt bei einem Gewitter durch den Donner, ohne den Blitz zu sehen. Ein anderes Mal sieht es Blitze, hört den Donner und erschrickt wieder, schließlich reagiert es schreckhaft alleine auf Blitze.

♦ Reiz-Reaktions-Lernen: Auf einen Reiz erfolgt eine Reaktion, die für den Lernenden zur Befriedigung führt. So lernt zum Beispiel das Kind, daß nach dem Einwurf einer Münze ein Kaugummi aus dem Automaten fällt.

♦ Kettenbildung: Mehrere Verbindungen vom Typ des Signal- oder des Reiz-Reaktions-Lernens aneinandergefügt ergeben eine «Kette».

♦ Bilden sprachlicher Ketten: R. M. Gagné grenzt diese Lernart von der «Kettenbildung» ab. Das mechanische Erlernen von Wortpaaren (table = Tisch) oder eines Gedichtes ist dafür ein Beispiel. (Sobald mit Einsicht gelernt wird, sind «höhere» Lernarten beteiligt).

♦ Multiple Diskrimination: Anfangs sagt ein Kind vielleicht zu allen älteren Menschen Oma oder Opa. Nach und nach lernt es, daß nur bestimmte ältere Leute Oma und Opa sind.

♦ Begriffslernen: Verschiedenartige Objekte, die einige Gemeinsamkeiten haben, werden unter einem Begriff zusammengefaßt. Mit «Tisch» können sehr unterschiedliche Objekte bezeichnet werden.

♦ Regellernen: Dabei handelt es sich um die Verknüpfung von verschiedenen Festlegungen über Abfolgen und Handlungen (zum Beispiel Spielregeln).

♦ Problemlösen: Die Bearbeitung komplexer Aufgabenstellungen verlangt einsichtiges Denken, manchmal ein Abgehen von bestimmten Regeln, ein Umstrukturieren von Problemlagen. Die einzelnen «Lernschritte» werden sinnvoll untereinander verbunden.

Lernhilfen

Diese Techniken können Ihrem Kind helfen, sich bestimmte Verhaltensweisen oder Sachverhalte einzuprägen:

♦ Verstärkung: Jede Anerkennung, jedes Lob, jeder erlebte Erfolg sind eine Form der Verstärkung. Durch sie wird das vorangegangene Verhalten (hier die Lernleistung) besonders bewußt und zu einem positiven Erlebnis gemacht. Ein Lob oder ein als Belohnung gegebenes Eis können dazu führen, daß sich das Kind das so hervorgehobene Verhalten besser merkt. Es versucht, diese Anerkennung durch die Erwachsenen auch in anderen Fällen zu erreichen, es strengt sich mehr an, es achtet auf alle wichtigen Aspekte.

Die Dosierung der Verstärkungen muß sorgfältig gehandhabt werden: je größer die Leistung, desto größer sollte im allgemeinen die Verstärkung (also die Anerkennung oder die Belohnung) sein. Wenn zum Beispiel auch eine ganz gewöhnliche Leistung außerordentlich bewundert wird, mindert das die Bedeutung der sonst gegebenen Verstärkungen. Sie muß also – auch abgestimmt mit etwaigen Verstärkungsmaßnahmen durch andere Personen – im Rahmen bleiben, damit das Kind keine falschen Erwartungen bildet und so in eine Außenseiterposition gedrängt wird.

Ein Kind, das für Leistungen besonders gelobt wird, die für Gleichaltrige im Kindergarten oder in der Schule bereits selbstverständlich sind, wird leicht abgelehnt. (Das gilt natürlich nicht, wenn es triftige Gründe für den Leistungsrückstand gibt, zum Beispiel eine längere Krankheit).

Es ist erwiesen, daß die unregelmäßige Verstärkung zu günstigeren Lernergebnissen führt als regelmäßige. Variieren Sie also Abstände und Mittel Ihrer Verstärkung je nach Art der Leistung.

♦ Verteilte Übung: Bestimmte Dinge lassen sich leichter erlernen, wenn die Gesamt-Übungszeit in einzelne Teil-Übungszeiten aufgegliedert wird. Das trifft vor allem auf Handlungen zu, die den koordinierten Ablauf von verschiedenen Bewegungen verlangen, die später ganz automatisch funktionieren sollen.

So ist es besser, zum Beispiel ein Gedicht stückweise lernen zu lassen, so wie man auch die Übungszeit mit einem Musikinstrument in einzelne kleinere Portionen aufteilt.

Bei Experimenten wurde festgestellt, daß zeitlich dicht beieinanderliegende Lernschritte sich gegenseitig hemmen können. Dagegen bewirkt eine Pause dazwischen oder eine vorübergehende Beschäftigung mit etwas anderem, daß das Gelernte besser behalten wird.

♦ Teilschritte: Bei schwierigen Lernaufgaben (zum Beispiel Schleifebinden, Kopfstand usw.) ist es günstig, die gesamte Aufgabe in Teilschritte zu zerlegen. Jeder Teilschritt wird einzeln gelernt. Später werden sie dann miteinander verbunden. Die geschickte Aufteilung in einzelne Lernschritte erleichtert es Ihrem Kind wesentlich, sein Verhaltensrepertoire zu erweitern. Falsch ist es dagegen, von ihm auf Anhieb einwandfreie Leistungen zu erwarten.

♦ Vormachen: Manche Handlungen kann Ihr Kind schon nach einmaligem Vormachen selbst vollziehen, andere müssen Sie mehrfach wiederholen. Die Beschreibung bestimmter Handlungen nur durch Worte ist oft schwieriger zu begreifen und

Denselben Gegenstand auf verschiedenste Weise zu verwenden, macht kreativ.

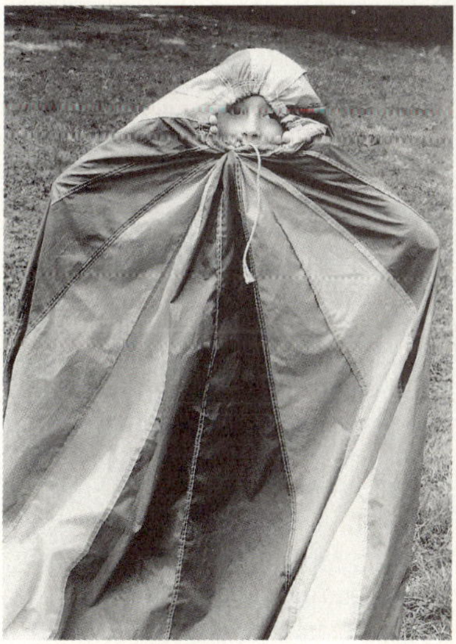

deshalb oft auch weniger wirkungsvoll.

♦ Selbst-Tun: Dinge, die man selbst tut, prägen sich besser ein. Ihr Kind wird also zum Beispiel mehr über Pflanzen lernen, wenn es selbst etwas aussäen darf und Wachstum, Blüte usw. beobachten kann, als wenn man ihm theoretische Ausführungen nahebringt. («Learning by doing»).

♦ Einsicht: Das vernünftige Anwenden von Regeln, das Lösen von Problemen ist ohne Einsicht (Überlegung) nicht möglich. Jegliches auswendig gelernte Wissen ohne Einsicht und Hintergrundüberlegung hilft bei der Lösung konkreter Fragestellungen oder Konflikte meist nicht weiter – ist also von geringem praktischen Nutzen. Beim Handeln mit Einsicht geht es um das Erkennen der wichtigen Bedingungen, der Zweckorientierung, des Ablaufs von Ereignissen, also um die Einordnung der einzelnen Handlung / des Problems / des Konflikts usw. in übergreifende Zusammenhänge.

Um beim Kind die Bereitschaft zu Einsicht und einsichtigem Verhalten zu fördern, sollten Eltern und Lehrer ihm zuhören, ihm Zeit lassen zum Nachdenken, einzelne Teillösungen des Problems anerkennen und eventuell Tips beisteuern.

♦ Anwenden, Verallgemeinern, Übertragen: Oft zeigt man einem Kind etwas, damit es nicht nur eine spezielle Aufgabe lösen kann, sondern möglichst auch alle ähnlichen Aufgaben, die in unterschiedlichen Situationen auftreten werden. Es geht dann um die Übertragung des Erlernten auf andere (aber ähnliche oder verwandte) Anforderungsstrukturen. Dabei hilft es, wenn Ihr Kind das eben Erlernte gleich in einer anderen Situation vollzieht: Schleifebinden am Schuh, Schleifebinden um einen Stock usw.

♦ Anknüpfen an bekannte Zusammenhänge: Selten wird etwas Neues gelernt, das in keinem Zusammenhang zu bisher bekannten Dingen steht. Darauf sollten Sie Ihr Kind aufmerksam machen. Mit der neuen Information knüpfen Sie gleichsam in einem Netzwerk von Wissen und Erfahrungen einen neuen Knoten. Die so verbundenen Informationen sind gegen das Vergessen wesentlich besser geschützt und können bei Bedarf auch gezielt abgerufen werden.

Entwicklungsstand eines Kindes

Bitte verstehen Sie die Hinweise auf das Alter des Kindes im Lernspielprogramm als eine Information, die sich auf den durchschnittlichen Entwicklungsstand eines gut geförderten Kindes bezieht. Jedes Kind durchläuft aber seine eigene Entwicklung – in einigen Bereichen ist es vielleicht den Gleichaltrigen voraus, in anderen etwas hintendran.

So kann der sprachliche Entwicklungsstand eines eben fünfjährigen Kindes im günstigen Fall dem eines fünfdreivierteljährigen Kindes oder auch nur dem eines viereinhalbjährigen Kindes entsprechen. Für die einzelnen Leistungsbereiche sind die möglichen Schwankungsbreiten unterschiedlich groß – im einzelnen ist das Ausmaß der Abweichung nach oben oder unten auch nicht besonders wichtig.

Jedes Kind hat Bereiche besonderer Begabungen und individueller Schwächen, die auch sehr dicht zusammenliegen können. So kann ein Kind zum Beispiel

- in seinen Körperbewegungen besonders geschickt, hinsichtlich der Körperkraft jedoch eher schwach sein,
- im Sprechen überlegen, im sozialen Verhalten wenig weit entwickelt sein.

Einen Ausgleich dabei erzielen zu wollen, ist kein vorrangiges oder besonders sinnvolles Ziel: Wenn Sie die Stärken Ihres Kindes weiter fördern, gewinnt es damit an Selbstsicherheit, es hat Freude am Lösen auch von schwierigeren Aufgaben. Zugleich geben Sie auch Anregungen für vernachlässigte Bereiche, damit die Entwicklung in den verschiedenen Bereichen nicht allzuweit auseinanderklafft.

Wichtige Tips

- Das Lernspielprogramm des Elternbuches 6 setzt die Anregungen der Bände 4 und 5 fort. Wenn Sie die Programme der früheren Bände mit Ihrem Kind nicht bearbeitet haben, sollten Sie besonders gut darauf achten, daß Sie Ihr Kind nicht überfordern.
- Wenn Ihr Kind im ersten Halbjahr die verschiedenen Anregungen leicht bewältigt, können Sie auch schon ein wenig vorgreifen auf die für das zweite Halbjahr vorgesehenen Lernspiele. Sie können aber auch zwischendurch die anspruchsvolleren Anregungen von Elternbuch 5 wiederholen.
- Die Altersangaben beziehen sich auf Lebensjahr und -monat: 5;6 bedeutet zum Beispiel fünf Jahre, sechs Monate.
- Wählen Sie für die täglichen Lernspielphasen jeweils Anregungen aus verschiedenen Kapiteln aus. Gehen Sie also nicht etwa Kapitel für Kapitel durch. Ein kleines Häkchen am Rande kann Ihnen eine Erinnerungsstütze dafür sein, ob Sie die entsprechende Anregung schon einmal durchgeführt haben. Wiederholungen kennzeichnen Sie durch ein anderes Zeichen.
- Die Zuordnung der Spiele, Aufgaben, Beschäftigungen und Übungen zu den einzelnen Kapiteln erfolgt innerhalb des

Lernspielprogramms nach ihrem Schwerpunkt. Dabei spricht jede Anregung immer mehrere psychische Funktionen oder auch Themenbereiche an. Die durch die Kapitel gegebene Einteilung dient insofern nur als Orientierung.

- In einigen Kapiteln des Lernspielprogramms finden Sie zunächst «grundlegende Anregungen». Sie geben Ihnen wichtige Informationen, die Sie das ganze Jahr über besonders berücksichtigen sollten. Soweit es sich um Anregungen zu speziellen Übungen handelt, sollten Sie dafür möglichst viele Wiederholungen mit jeweils neuen Abwandlungen vorsehen.
- Vor jeder Anregung ist in wenigen Worten das Ziel angegeben. Es dient der präziseren Information und dem Überblick. Außerdem ermöglicht es Ihnen, die Anregung selbst zu erweitern oder so an eine dafür günstige Situation anzupassen, daß das genannte Ziel sinnentsprechend erhalten bleibt.
- Lesen Sie die jeweilige Anregung durch, und legen Sie dann alles bereit, was Sie brauchen, damit das Lernspiel ohne eine Ihr Kind frustrierende Unterbrechung durchgeführt werden kann.
- Beobachten Sie Ihr Kind während der Übung gut, und geben Sie im richtigen Augenblick kleine Hilfen, wenn sie erforderlich sind.
- Warten Sie für die Spiele und Beschäftigungen einen günstigen Zeitpunkt ab: wenn Ihr Kind ausgeschlafen, gut gelaunt und unternehmungslustig ist. Unterbrechen Sie wegen der Lernspiele keine andere Beschäftigung Ihres Kindes. Versuchen Sie dennoch, jeden Tag zweimal eine Zeitspanne von etwa 25 bis 40 Minuten einzuhalten.
- Versuchen Sie nicht, Anregungen, die Ihr Kind ablehnt, mit Druck durchzusetzen. Warten Sie in diesem Fall mit der entsprechenden Anregung einige Wochen ab, und versuchen Sie es dann mit einem interessanten Einstieg noch einmal.
- Die Spiele und Aufgaben sind mit Sternen gekennzeichnet. Drei Sterne (***) bedeuten: Bitte nehmen Sie sich unbedingt Zeit für diese Beschäftigung. Zwei Sterne (**) bedeuten: Lassen Sie auch möglichst diese Anregung nicht ausfallen. Ein Stern (*) bedeutet: Wenn Sie genügend Zeit haben, sollten Sie Ihrem Kind auch diese Anregung bieten.
- Wenn Ihr Kind einen Kindergarten oder ausgewählte Kurse besucht, sollten Sie Anregungen, die auch dort intensiv durchgeführt werden, nicht mehr anbieten.

Das Wahrnehmen als Grundlage der Denkaktivität

Grundlegende Anregungen

*** Ziel: Die Wahrnehmungsleistungen aller Sinnesbereiche (Sehen, Hören, Riechen, Tasten, Schmecken) nach Umfang und Differenzierung steigern.

Mit dem Spieltyp «Ich sehe was, das Du nicht siehst, und das ist ...» können Sie Ihr Kind zu Wahrnehmungen in verschiedenen Sinnesbereichen anregen:

- Ihr Kind soll zum Beispiel eine Taschenuhr finden, die neben anderen Dingen auf dem Schreibtisch liegt. Sie beginnen das Spiel, bei dem genaues Hinsehen geübt wird, mit Angaben wie «Ich sehe etwas, das Du nicht siehst, und das ist rund» (beziehungsweise «silbern», «mit einem Kettchen versehen», «es hat Zahlen» usw.). Die Hinweise sollten so sein, daß zunächst mehrere Dinge im Raum in Frage kommen. Nach und nach nennen Sie mehr Merkmale der Taschenuhr, die nur durch Sehen festzustellen sind.
- Das Spiel läßt sich auch auf den akustischen Sinnesbereich übertragen. Dann fragen Sie etwa: «Ich höre etwas, das klingt hell!» (ein Glöckchen, eine Uhr), «Ich höre etwas, das klingt heulend!» (eine Sirene, ein Polizeifahrzeug im Einsatz), «Ich höre etwas, das klingt wie ein Lied» (Amsel) usw. Das Spiel ist natürlich nur spannend, wenn mehrere Geräusche gleichzeitig zu hören sind.
- Sie können auch die Sinnesbereiche Tasten, Riechen und Schmekken einbeziehen. Zum Beispiel: «Ich fühle etwas, und das ist glatt». In diesem Fall fassen Sie den Gegenstand jedoch nicht wirklich an, sondern stellen ihn sich nur vor. Das gilt auch für die beiden folgenden Beispiele: «Ich schmecke etwas, das schmeckt süß» (Schokolade) und «Ich rieche etwas, das riecht brenzlig» (ein Holzfeuer). Eine schwierigere Variation ist das Raten mit verbundenen Augen.

*** Ziel: Die willkürliche und unwillkürliche Aufmerksamkeit und Konzentrationsfähigkeit erhöhen (wichtige Voraussetzung für den erfolgreichen Besuch des Erstunterrichts).

Gewiß bleibt Ihr Kind nun schon länger bei einer Sache. Es malt, baut und spielt mit mehr Ausdauer als früher. Es handelt sich also vor allem um Tätigkeiten, die es wirklich interessieren. Alle Fähigkeiten und Fertigkeiten, die es dabei erwirbt, kommen ihm auch bei anderen Beschäftigungen wieder zugute (Übertragung des Lernens – Transfer). Das bedeutet im einzelnen:

- Ihr Kind sollte bei seinen Tätigkeiten nur in Ausnahmefällen gestört oder abgelenkt werden.
- Ermuntern Sie Ihr Kind zur Fortsetzung einer abgebrochenen Tätigkeit (sofern es nicht aus gänzlich mangelndem Interesse von selbst damit aufgehört hat).
- Weiterführende Anregungen oder Materialien sowie vertiefende Fragen halten sein Interesse an bestimmten Tätigkeiten wach. Zeigen Sie Ihrem Kind außerdem Ihr eigenes Interesse an seinen Beschäftigungen. Konzentration und Aufmerksamkeit muß Ihr Kind jetzt auch in zunehmendem Maß für Tätigkeiten einsetzen, die im Interesse der Familie stehen und ihm nicht unbedingt Spaß machen: Aufräumen der eigenen Spielsachen und Kleidung, kurze Beaufsichtigung des jüngeren Geschwisterteils, kleine Einkäufe usw. Dazu ist es notwendig, daß es momentane Impulse und Wünsche zurückstellen kann.
  Neben der bewußten Aufmerksamkeit (Konzentration) sollten Sie zugleich die ständige unwillkürliche Wahrnehmung fördern, damit Ihr Kind fähig wird, möglicherweise auftretende Gefahren frühzeitig zu erkennen und Gegenmaßnahmen zu treffen (Spiel neben einem wackeligen Bretterhaufen, Klettern auf zu dünnen Ästen usw.).
  Das gilt auch für Gefahren, die im Haushalt lauern. Ihr Kind muß wissen, wie es sich verhalten soll, wenn während Ihrer kurzen Abwesenheit ein Zimmerbrand ausbricht oder Wasser aus der Wasch- oder Geschirrspülmaschine herausläuft. Sprechen Sie mit ihm über diese und andere Gefahrenquellen, ohne ihm dabei Angst zu machen. Erklären Sie ihm das richtige Verhalten im Falle der Gefahr: die Gefahrenquelle – wenn möglich – abstellen, Hilfe holen, sich selbst retten usw.
  Schärfen Sie sein Wahrnehmungsvermögen für neuartige Geräusche, Gerüche usw., die eventuell eine Gefahr ankündigen (zum Beispiel der Geruch verschmorter Kunststoffe tritt bei einem Schwelbrand auf).

Ab 5;0 Jahren

*** Ziel: Sich mehrere Gegenstände nach Zugehörigkeit, Anzahl und Lage einprägen.

Im täglichen Leben ist es oft erforderlich, daß man sich eine Anzahl von Dingen und Merkmalen einprägt, um Gegenstände voneinander unterscheiden zu können, um sie wiederzufinden usw. (Wodurch unterscheidet sich mein Spielzeug von dem meines Freundes? An welcher Stelle im Regal finde ich das Liederbuch? Welches Teil fehlt in meinem Baukasten? usw.).

Im Spiel können diese verschiedenen Aufgabentypen leicht geübt werden. Legen Sie auf einem Tisch folgende Gegenstände aus: einen Löffel, eine Schere, eine Tasse, einen Teller, einen Salzstreuer und eine Serviette. Diese Spiele sind damit möglich:

- Dinge 30 Sekunden ansehen lassen, mit einem Tuch abdecken und vom Kind nennen lassen.
- Dinge 30 Sekunden ansehen lassen, das Kind schaut weg, Sie entfernen einen Gegenstand. Ihr Kind muß raten, was fehlt.
- Wie eben, doch jetzt wird ein Gegenstand hinzugelegt.
- Dinge 30 Sek. ansehen lassen, das Kind blickt weg, Sie legen einen Gegenstand zehn Zentimeter entfernt an eine andere Stelle und fragen, welche Veränderung durchgeführt wurde.

Verändern Sie diese Aufgabenstellungen, die Sie jeden Monat einmal ganz durchspielen sollten, nach der Zeit (verkürzen bis auf 15 Sekunden), der Anzahl der Gegenstände (erhöhen bis auf zehn) und ihrer Zusammensetzung sowie der Anzahl der durchgeführten Veränderungen.

** Ziel: Ein gezeichnetes oder gedrucktes Wegenetz überblicken, Wege zwischen bestimmten Ausgangs- und Zielorten auswählen und ihre Länge vergleichend abschätzen.

Beginnen Sie diese Anregung mit verschiedenen Irrgärten (gesammelt aus Zeitungen oder selbst gezeichnet). Der Irrgarten kann mehrere Ziele, mehrere Ausgänge und unterschiedlich breite Wege haben. Für selbstgezeichnete Irrgärten bieten sich folgende Themen an: eine Wasserfläche mit vielen unterschiedlich geformten Inseln, ein Dschungel mit mehreren Trampelpfaden, ein Maulwurfsbau mit verschlungenen Wegen usw. Ihr Kind folgt bei diesen Spielen mit dem Finger (vorwärts und rückwärts) den Wegen, lernt die Sackgassen zu umgehen und vergleicht die unterschiedlich langen Wege, die alle zum Ziel führen.

** Ziel: Mit den Fingern ertasten.

Von einem Spaziergang bringen Sie eine ganze Reihe von Dingen mit nach Hause, und zwar von jedem zwei: Zwei Kastanien, Eicheln, Haselnüsse, kurze Aststückchen, Steine, Blätter, Moospölsterchen, Schnecken im Haus, Rindenstückchen, Federn usw.

Diese Dinge legen Sie in einen großen Korb und decken ihn mit einem Tuch ab. Ihr Kind soll nun die Gegenstände paarweise herausholen.

Ebenfalls ein Spiel zur Differenzierung der Tastwahrnehmung: Im Korb befindet sich von jedem Ding nur ein Exemplar, das jeweils auf Anfrage ertastet und herausgegriffen werden soll.

Verbinden Sie Ihrem Kind die Augen. Geben Sie ihm nun in jede Hand einen Gegenstand: «Welcher ist schwerer?» Alle schweren Dinge werden rechts, alle leichten werden links abgelegt. Nun geht es mit den schwereren Dingen weiter: «Und welcher ist davon schwerer?» usw. Am Ende können Sie alle Gegenstände nach dem Gewicht ordnen (nach A. & M. Bartl, 1990).

** Ziel: Gegenstände, die sich in ihrer Ausdehnung unterscheiden, durch Sehen und Tasten erkennen und in eine bestimmte Reihenfolge bringen.

Für diese Aufgabe verwenden Sie fünf Kartenstücke in den Größen: (a) 15 x 3 cm, (b) 14 x 5 cm, (c) 12 x 4 cm, (d) 11 x 7 cm, (e) 10 x 2 cm. Ordnet Ihr Kind diese Streifen der Länge nach, ergibt sich die Reihenfolge a b c d e. Ordnet es sie nach ihrer Breite, ergibt sich vom breitesten zum schmalsten Streifen die Folge d, b, c, a, e. Zunächst sollte Ihr Kind für diese beiden unterschiedlichen Ordnungen nur abschätzen, erst dann direkt vergleichen, das heißt aneinander messen.

Nach vier Wochen bitten Sie es, diese Ordnungen mit verbundenen Augen herzustellen. Diese Aufgabe ist schon recht schwierig! Sie können diese Übung auch mit räumlichen Gegenständen durchführen, zum Beispiel mit vier verschieden großen Würfeln, Holzstäben, sechs verschieden geformten Büchern (da können Sie sogar noch die Frage nach der Dicke des Buches einführen) usw.

Mit vier oder fünf verschieden geformten, möglichst durchsichtigen Vasen oder Gläsern können Sie ähnliche Experimente machen:
- Welche Vase, welches Glas faßt am meisten Wasser?
- Welche Vase, welches Glas ist so groß, daß der Inhalt in keine andere Vase / kein anderes Glas paßt?
- Welches der Gefäße ist so groß, daß sein Inhalt zwar in die zwei größeren, nicht aber in die zwei kleineren Vasen / Gläser paßt?

Probieren Sie die verschiedenen Prüfschritte jeweils aus!

** Ziel: Mehrere Konzentrate von Salz und Zucker geschmacklich unterscheiden können.

Füllen Sie fünf einheitliche Gläser mit Wasser jeweils 4/5 voll. In vier Gläser geben Sie Zucker, und zwar ins erste Glas einen gestrichenen Teelöffel voll, ins zweite zwei, ins dritte drei und ins vierte vier Teelöffel. Ein Glas enthält nur Wasser. Durch Zugabe von einigen Tropfen Wasser gleichen Sie nun den Flüssigkeitsstand aus. (Mit Klebestreifen unter dem Glas kennzeichnen Sie die Gläser entsprechend ihrem Inhalt.) Bringen Sie die Gläser in eine

Der von den Kindern gestaltete «Himmel» wird als Verschönerung der Decke gesehen und macht Atmosphäre.

Auch Kartenspielen ist ein Lernspiel: Genaues Hinsehen ist erforderlich.

zufällige Reihenfolge, und lassen Sie Ihr Kind dann den Geschmack testen: Welches Zuckerwasser schmeckt am süßesten? Welches ist weniger süß? usw. Wiederholen Sie an einem anderen Tag den Versuch mit einem halben, einem, eineinhalb und zwei Teelöffeln Salz.

* Ziel: Gleiche und ähnliche Gerüche von Blumen feststellen.

Bei einem Spaziergang im Frühling oder Sommer pflücken Sie einen Blumenstrauß, der von mindestens sieben verschieden duftenden Blumenarten mindestens je zwei Exemplare enthält. Bei einer Rast verbinden Sie Ihrem Kind die Augen und lassen es «Riechproben» machen. Bieten Sie hintereinander entweder zwei verschiedene oder zwei gleiche Blumen zum Riechen an: «Duftet die zweite Blume wie die erste?»

Ab 5;6 Jahren

*** Ziel: Gegenstände erkennen, von denen nur ein Teil zu sehen ist.

Diese Aufgabe können Sie sowohl mit Gegenständen als auch mit Bildern spielen. Verdecken Sie etwa fünf Sechstel eines Gegenstandes mit einem Tuch (Decke, Karton), und fragen Sie Ihr Kind, was wohl darunter ist: Messer, Klebstofftube, Kamm usw. Bei Bildern (aus Zeitschriften) schneiden Sie ein Detail aus und fragen, was es wohl darstellen soll und zu welchem Gegenstand es gehört (Griff einer Schere usw.).

** Ziel: Ausgewählte geometrische Formen kennenlernen und bezeichnen können.

Schneiden Sie aus einem Karton folgende Formen aus: Kreis, Oval, Quadrat, Rechteck, Raute, gleichseitiges Dreieck, stumpfwinkliges Dreieck. Teilen Sie jede dieser Formen in zwei – wenn möglich gleiche – Teile, die Ihr Kind dann wieder zusammenfügen soll. Vergleichen Sie anschließend je zwei Formen, und lassen Sie Ihr Kind die Unterschiede und Gemeinsamkeiten beschreiben.

Beginnen Sie die Übung zunächst mit den sechs Teilen von drei verschiedenen Formen, nehmen Sie dann die acht Teile von vier Formen usw.

** Ziel: Eine Anzahl von Gegenständen rasch überblicken und sich merken; rasch erkennen, wie viele Gegenstände es sind.

Legen Sie auf einen Tisch drei Damesteine und halten Sie einen Karton darüber. Bitten Sie Ihr Kind, genau hinzusehen und sich die Anzahl der Damesteine einzuprägen, die Sie ganz kurz dem Blick freigeben (ca. eine bis eine halbe Sekunde – Schwierigkeitssteigerung). Erkennt Ihr Kind die Anzahl der Steine, zeigen Sie beim nächsten Mal zwei, dann vier usw. Mehr als fünf Steine sollten Sie erst nach etwa drei Monaten verwenden (bis zu sieben). Später benutzen Sie

Differenziertes, leises Sprechen und intensives Hinhören sind hier gefragt.

Das Riechspiel können Sie selbst herstellen:
In jedes Glas kommt etwas anders Duftendes.

für dieses Spiel auch Halmakegel usw.

** Ziel: Jemanden an seiner Stimme oder durch Abtasten erkennen.

Spielen Sie mit mehreren Kindern «Hänschen, piep einmal»: Einem Kind werden die Augen verbunden, die anderen Kinder wechseln die Plätze, eines sagt «piep», worauf das Kind mit den verbundenen Augen erraten soll, wer den Laut von sich gegeben hat. Wird «Hänschen» erkannt, so darf es als nächster raten. Ähnlich kann auch durch Tasten versucht werden, ein Kind zu erraten.

*** Ziel: Die großen und kleinen Buchstaben des Alphabets sowie die Zahlen von eins bis neun richtig abzeichnen und wiedererkennen.

In einer Druckerei können Sie sicher einen Musterbogen mit großen und kleinen Buchstaben sowie Ziffern in Druckschrift erhalten, die Sie noch weiter vergrößern können (auch: in einer Schilderhandlung große Buchstaben kaufen). Dann nehmen Sie einen Karton in Größe einer Postkarte und schneiden in die Mitte ein Fenster, das so groß wie der größte Buchstabe ist. Lassen Sie dann im Fenster einen Buchstaben erscheinen, den Ihr Kind abzeichnen soll. Anschließend nehmen Sie den Karton weg und bitten Ihr Kind, den abgezeichneten Buchstaben zu suchen. Es ist nicht wichtig, daß Ihr Kind den Buchstaben auch benennen kann. Sie sollten den Laut aber trotzdem dazu nennen (also «b», nicht «be» usw.)

Sprachspiele verbessern die Kommunikation

Grundlegende Anregungen

*** Ziel: Die Freude am Sprechen mit anderen Menschen steigern.

Das zwei- und dreijährige Kind spricht von sich aus viel. Es freut sich über seine Fähigkeit und spricht sowohl gern mit sich als auch mit anderen. Allmählich verebbt diese spontane Bereitschaft zu sprechen. Sie können Ihrem Kind jedoch unter bestimmten Voraussetzungen die natürliche Freude an der Sprache und Mitteilung erhalten. Einige besonders wichtige Bedingungen dazu werden im folgenden aufgeführt. Alle diese Bedingungen müssen möglichst weitgehend erfüllt werden. Es genügt nicht, daß nur die eine oder andere gegeben ist:

- Das Kind muß erleben, daß es mit seinem Sprechen etwas erreicht. Halten Sie es dazu an, seine Wünsche und Ziele deutlich zu äußern und eventuell zu begründen. Ihr Kind wünscht sich zum Beispiel ein Puzzle. Sprechen Sie dann schon zu Hause mit ihm über das bevorzugte Bildmotiv, über den Schwierigkeitsgrad (Anzahl der Teile) usw. Erst dann gehen Sie in den Laden und helfen ihm bei der Auswahl. Dabei können Sie es auf Dinge aufmerksam machen, die es allein vielleicht übersehen würde. Die von Ihrem Kind in so einem Fall geäußerten Überlegungen sollten also oft zu einem sichtbaren Ergebnis führen.
- Hören Sie Ihrem Kind immer geduldig zu, wenn es zu Ihnen sprechen will. Wenn sich eine wichtige Arbeit wirklich gerade nicht unterbrechen läßt, bitten Sie Ihr Kind, noch eine Weile mit dem Bericht zu warten. Das ist besser, als nur so zu tun, als ob Sie interessiert zuhören würden (das ist letztlich ein Täuschungsversuch, den Ihr Kind irgendwann durchschaut und als mangelndes Interesse wertet; außerdem lernt es dabei auch ein Täuschungsmanöver).
- Unterbrechen Sie es nicht, wenn es vom Thema abschweift oder zum Phantasieren übergeht, kritisieren Sie seinen Erzählstil nicht. Wenn Ihr Kind Ihnen etwas berichtet, versucht es zunächst einmal, Gedanken loszuwerden, die es ganz besonders bewegen. Und so wäre es natürlich falsch, es dabei zu

unterbrechen und zu sagen: «Das interessiert mich nicht!» Es macht auch nichts, wenn es aus Begeisterung seine Geschichte phantastisch ausmalt: Auch dabei übt es seinen sprachlichen Ausdruck und die Flüssigkeit des Erzählens.

- Lassen Sie Ihrem Kind genügend Zeit beim Sprechen. Drängen Sie es nicht. Es muß sein eigenes Sprechtempo entwickeln können. Wenn es tatsächlich längere Zeit zu langsam spricht, ist das ein Zeichen dafür, daß es mehr Sprechübung braucht. Beobachten Sie auch einmal, ob Sie selbst zu langsam oder zu schnell sprechen...
- Geben Sie Ihrem Kind immer wieder Beispiele dafür, worüber man etwas erzählen kann. Mit anderen Worten: erzählen Sie selbst häufig von Ihren Erlebnissen, zum Beispiel in Ihrer Kindheit, oder von Ihrer Arbeit.
- Lesen Sie Ihrem Kind viele Geschichten vor, oder erzählen Sie ihm Dinge, die Sie selbst vorher gelesen haben. Ein reiches Repertoire an Wörtern, Satzbauschemata usw. erlernt Ihr Kind nur über das Hören von Beispielen.

*** Ziel: Reichhaltige Erfahrungen, Erlebnisse und Informationen sammeln als Voraussetzung für das Sprechen.

Beim Sprechen werden Informationen weitergegeben. Man braucht also ein bestimmtes Repertoire von Inhalten, einen reichhaltigen Gedächtnisspeicher also. Das ist nicht nur eine wichtige Voraussetzung für das Sprechen, sondern (später) auch für das Schreiben, für Schulaufsätze usw.

Machen Sie Ihrem Kind also möglichst vielseitige Informationen, Erlebnisse und Erfahrungen zugänglich. Auch sein Sachwissen sollten Sie laufend erweitern (siehe «Wissen» im Lernspielprogramm). Viele Erfahrungen sammelt Ihr Kind in einer abwechslungsreichen Umwelt, die durch Erklärungen der Eltern erschlossen wird. Der Weg vorbei an einer Autoreparatur-Werkstätte bringt keine Erfahrungen. Wenn das Kind aber unter Aufsicht eines Erwachsenen einmal hineingehen und zuschauen kann, bereichert das sein Wissen und Denken.

Ab 5;0 Jahren

** Ziel: Anregungen zu realistischen und phantastischen Geschichten aufgreifen und weitererzählen.

Beliebt bei Kindern ist das Spiel, eine angefangene Geschichte weiterzuerzählen. Wechseln Sie dabei zwischen ganz phantastischen Geschichten und realistischen Erzählungen ab. Erklären Sie Ihrem Kind an Hand einiger Beispiele auch, worauf dieser Unterschied beruht. Es soll beide Erzähltypen gut kennen und – je nach Situation und Anforderung – zu beiden Arten der Darstellung fähig sein. Geben Sie Ihrem Kind die folgenden

Satzanfänge vor, und bitten Sie es, die Geschichte beliebig fortzusetzen. Wenn ihm dieses Spiel Spaß macht, können Sie natürlich noch beliebig viele neue Satzanfänge anfügen (pro Tag soll höchstens eine Geschichte erfunden werden):

- Wegen des aufgeregten Gegackers von Hühnern blickte ich auf den Hof und sah, wie ein Fuchs …
- Tobias nahm Anlauf und sprang von der Seite ins Schwimmbekken …
- Als mein Vater von der Arbeit nach Hause kam, trug er ein riesengroßes Paket …
- Wir waren mit dem Schlauchboot während des Urlaubs eben ein Stück auf den See hinausgepaddelt, als …
- Als ich vom Einkaufen zurückkam, entdeckte ich einen jungen Igel am Wegrand …
- Mit Decken, Brettern und Stangen hatten wir einen Riesenvogel gebaut. Damit wollten wir nun …
- In der Dunkelheit hatte ich nicht bemerkt, daß ich vom Weg abgekommen war …
- Zum erstenmal stand ich auf Skiern und sollte den steilen Abhang vor mir hinunterfahren …
- Der Käuzchenpfiff von Isabel war das vereinbarte Signal …
- Mit einer großen Schürfwunde am Knie kam ich heim. Das war so geschehen …

* Ziel: Bestandteile ausgewählter Wörter kennenlernen und das Bauprinzip erfassen.

Wörter sind Ihrem Kind mittlerweile so selbstverständlich geworden, daß das einzelne Wort kaum noch seine Aufmerksamkeit erregt. Es macht ihm jedoch vielleicht Spaß, wenn Sie mit ihm gemeinsam auf «Wortsuche» gehen. Suchen Sie zunächst nach zusammengesetzten Hauptwörtern, die gemeinsame Teile haben, zum Beispiel Haustür, Hauseingang, Hausarbeit, Vogelhaus, Vogelbauer usw. Sprechen Sie darüber, daß die einzelnen Teile der Wörter auch allein vorkommen (Haus, Tür, Eingang, Arbeit, Vogel, Bauer usw.).

Andere Wörter, die häufig in Zusammensetzungen auftreten, sind zum Beispiel Geld, Mensch, Markt, Schutz, Post, Reise, Schlaf, Bad, Futter usw. Ein lustiges Spiel dazu besteht darin, eine Wortkette zu bilden, bei der jeweils der zweite Teil des vorangehenden Wortes zum ersten des nachfolgenden wird. Haustür, Türschloß, Schloßhof, Hofball, Ballspiel, Spieltisch, Tischbein usw. Wechseln Sie dabei mit Ihrem Kind ab.

Wenn Ihr Kind größeres Interesse an diesen Wortspielen zeigt, suchen Sie gemeinsam einige Wörter, in denen jeweils derselbe Wortstamm enthalten ist. «Sprech» kommt zum Beispiel in Sprechen und Sprechzimmer vor, abgewandelt auch in Sprache, Spruch, Gespräch, Sprichwort usw. Weitere Wortstämme, bei denen sich leicht entsprechende Wörter finden lassen, sind zum Beispiel «bind» (Band, Bund, Gebinde, verbinden,

Prima Situationen für Sprechanreize.

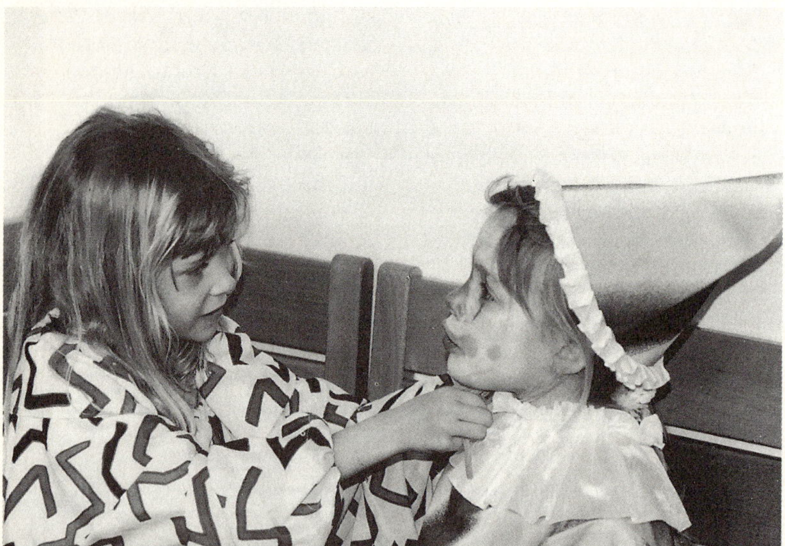

Verband, Bande), «halt» (Halt, halten, Gehalt, Zusammenhalt, haltbar, Vorbehalt) oder «Mund» (Mund, mündlich, münden, mündig, munden, Mündung, vollmundig, Mündel, Mundgeruch ...)

** Ziel: Mit Wörtern zaubern und Sätze verwandeln.

Geben Sie Ihrem Kind ein Beispiel dafür, wie man Sätze durch Verändern von einzelnen Wörtern immer mehr «verzaubern» kann. Zum Beispiel: «Alexander trägt eine Tasche auf der Straße». Und «verzaubert» kann das dann heißen: «Nina trägt eine Tasche auf der Straße», «Nina trägt einen Koffer auf der Straße», «Nina schleppt einen Koffer auf der Straße», «Nina schleppt einen Koffer auf den Boden» usw.

Bei jeder Verzauberung wird ein Wort oder ein Satzteil geändert. Sie können einen Satz so lange weiterverwandeln, bis vom ursprünglichen Wortlaut nichts mehr erhalten ist. Wechseln Sie auch hier ab: einmal sind Sie dran, dann Ihr Kind. Sie können auch einmal das Ziel setzen, den Sinn möglichst unverändert zu lassen. Dabei wird dann nur ein Wort im Satz mehrmals getauscht. Zum Beispiel im Satz: «Sabine malt ein schönes Bild» wird «schönes» ersetzt durch farbiges, anregendes, freundliches, wunderbares, zierliches, feines, geschmackvolles, harmonisches usw. Ihr Kind wird dabei feststellen, daß in die Lücke nicht jedes beliebige Wort eingefügt werden kann. Im allgemeinen müssen es Wörter derselben Wortart sein. So übt es zugleich die Unterscheidung nach Wortarten, ohne daß dabei dieser Begriff auftaucht.

** Ziel: Das Kurzzeit- und Langzeitgedächtnis für sprachliches Material verbessern.

Während seiner Schulzeit wird sich Ihr Kind viele Informationen einprägen müssen, zum Teil auch ganz wörtlich. Das folgende Spiel führt dazu, daß Ihr Kind sich Wortfolgen besser einprägen kann. Beginnen Sie selbst mit einem ganz kurzen Satz: «Die Ziege meckert.» Ihr Kind erweitert ihn: «Die Ziege meckert auf dem Berg.» Dann sind Sie wieder dran: «Die Ziege meckert auf dem Berg in der Sonne.» usw. Bei dieser (ersten) Spielweise sind Erweiterungen nur durch Anhängen von Wörtern und Wortgruppen am Satzende möglich, bei einer anderen Variante aber auch im Satzinnern. Nach zwei oder drei lustigen Ergänzungen durch jeden Mitspieler beginnt man mit einem neuen Satz.

Für das Training des Langzeit-Gedächtnisses ist diese Anregung gedacht: Lesen Sie Ihrem Kind eine kurze Geschichte (zum Beispiel eine Fabel) vor und bitten Sie es, sie möglichst genau zu wiederholen. (Zwischendurch lesen Sie auch einmal eine Geschichte vor die Sie selbst dann nacherzählen müssen! Wenn Ihr Kind sich die Geschichten schon gut merken kann, bitten Sie es, sie auch am folgenden Tag einmal zu wiederholen.

Auch beim Auswendiglernen von Liedern wird das Langzeitgedächtnis trainiert.

Ab 5;6 Jahren

** Ziel: Ideen produzieren, zu einer Geschichte verarbeiten und flüssig erzählen.

Nennen Sie Ihrem Kind drei Wörter, die in einer kurzen Geschichte vorkommen sollen, zum Beispiel: Erbse, Koffer, Segelschiff. Aus diesen Wörtern bilden Sie zunächst selbst eine Geschichte, damit Ihr Kind sieht, worauf es ankommt. Danach soll es selbst drei andere Wörter in einer Geschichte verwenden. (Sie können die Wörter zur Gedächtnisstütze auch zeichnerisch darstellen.) Später können bis zu fünf Wörter vorgegeben werden. Wählen Sie möglichst so aus, daß eine phantasievolle Geschichte daraus entstehen kann.

Zeichnen Sie eine Geschichte auch einmal mit einem Tonbandgerät auf, so daß sich Ihr Kind dann als Erzähler hören kann. (Solche Tondokumente, aber auch Filmaufnahmen und Zeichnungen Ihres Kindes sind eine wesentliche Bereicherung des Tagebuchs in diesem Band.)

*** Ziel: Den Sprechrhythmus und die Sprechmelodie ausgewählter Wörter richtig auffassen und wiederholen; die einzelnen Silben beim Sprechen differenzieren.

Diese Anregung läßt sich gut mit Vornamen ausführen. Rufen Sie (im Spiel) ausgewählte Kinder: Sabine (Sa-bi-ne), Katharina (Ka-tha-ri-na), Valerie (Va-le-rie) usw. Verwenden Sie dabei einen passenden Rhythmus und unterschiedliche Tonhöhen, sprechen Sie die einzelnen Silben deutlich getrennt aus. (In vielen Liedern werden Silben auf ähnliche Weise getrennt betont; auch deshalb sollten Sie mit Ihrem Kind viel singen.) Anschließend soll Ihr Kind die Namen genauso aussprechen. Bei eindeutig trennbaren Wörtern kann es nach einiger Übung selbst eine Rufmelodie erfinden.

Nach dem Spiel mit den Vornamen wählen Sie auch andere Wörter für diese Übung aus – zum Beispiel an Hand eines Kinderbuchs.

** Ziel: Klangähnliche Wörter durch intensives Hinhören unterscheiden.

Vor allem beim Schreiben ist es notwendig, aufgrund feiner akustischer Unterscheidung einzelne Laute und Buchstaben zu erkennen: Sie sprechen je zwei Wörter vor und bitten Ihr Kind, sie genau nachzusprechen. Dann fragen Sie es nach der Bedeutung der Wörter: Dorf – Torf, Ente – Ende, Rad – Rat, Wolke – Wolle, Katzen – Spatzen, Socke – Locke, Keller – Teller, Nest – Netz, Maske – Masse, Mandel – Mangel, Marke

– Markt, Lamm – Lama, Kind – Kino, Kork – Korn usw. Wenn Sie deutlich sprechen, kann Ihr Kind den lautlichen Unterschied selbst entdecken. Die ähnlichen Wörter finden Sie am leichtesten über ein (nicht zu umfangreiches) Wörterbuch.

Auch das folgende Ratespiel fördert die Lautdifferenzierung. Nennen Sie vier Wörter mit gleichem Anfangsbuchstaben sowie eins, das anders anfängt. Zum Beispiel: Hund, Hand, Hammer, Lappen, Haus.

Später versuchen Sie, ob Ihr Kind auch schon eins von fünf Wörtern erkennen kann, das mit einem anderen Buchstaben endet als die übrigen vier. Wenn Sie merken, daß Ihr Kind die Unterschiede kaum heraushören kann, sollten Sie eine Zeitlang besonders deutlich (hochdeutsch) sprechen. Zusätzlich sollten Sie aber auch Ihr Kind dazu veranlassen, genau zu beobachten, wie Sie selbst beim Sprechen Mund, Lippen und Zunge formen, und das ebenso zu versuchen. Dazu sprechen Sie zunächst ausgewählte (schwierige) Laute allein vor, dann kurze Wörter.

** Ziel: Mit einer Bildserie den Ablauf eines Ereignisses ins Gedächtnis rufen und erzählen.

Knipsen Sie beim nächsten Ausflug oder im Urlaub eine Bildserie. Sie wird später durcheinandergemischt, von Ihrem Kind geordnet und als Grundlage einer Erzählung oder eines kurzen Berichts verwendet.

So erwirbt Ihr Kind systematisches und kreatives Denken

Grundlegende Anregungen

*** Ziel: Unterscheiden von Tatsache und Meinung; abweichende Meinungen akzeptieren können, wenn sie sachlich begründet sind.

Häufig werden vom Kind bestimmte Meinungen als Tatsachen dargestellt und für wahr gehalten. Sie blockieren so sein weiteres Denken. Als aufmerksamer Beobachter Ihres Kindes sollten Sie es immer wieder auf derartige «falsche Tatsachen» beziehungsweise Meinungen aufmerksam machen und sie korrigieren. Damit erreichen Sie eine reflektierend-kritische Haltung bei Ihrem Kind.

Eine wichtige Voraussetzung ist es natürlich, daß Sie selbst möglichst immer stimmige Aussagen machen. Das ist manchmal nicht einfach. Wie soll man zum Beispiel einem Kind sachlich und ohne Meinung begründen, warum es eine bestimmte Fernsehsendung nicht ansehen soll (obwohl keiner sie vorher gesehen hat)?

Richtig ist darüber hinaus, daß Ihr Kind erfahren kann, daß verschiedene Menschen voneinander abweichende Meinungen über denselben Sachverhalt haben. Wenn es an Gesprächen von Erwachsenen teilnimmt, können Sie derartige abweichende Meinungen einander gegenüberstellen und von den Beteiligten begründen lassen.

*** Ziel: Ideen entwickeln und sie – mit Hilfe der Erwachsenen – erweitern und realisieren.

Kinder stecken voller neuer Ideen. Wenn sie nicht von Erwachsenen bei ihren Spielen behindert werden, wenn genügend Freiheitsraum zur Verfügung steht, kann sich ihr kreatives Verhalten weiter entfalten. Das Kind ist bei seinen schöpferischen Versuchen jedoch oft unsicher und sucht dann die Bestätigung des Erwachsenen für seine Idee, sein Werk.

Um seine Ideen realisieren zu können, sind bestimmte technische Fertigkeiten nötig; das Kind braucht eventuell die tatkräftige Unterstützung eines Erwachsenen. Mit Ihrem Lob, mit Ihrem Angebot zu helfen und mit Ihren Fragen nach den Zielen eines Projekts müssen Sie sehr vorsichtig umgehen. Das Kind darf nicht den Eindruck haben, daß es sich mit seinen Ideen etwa lächerlich macht oder daß ihm das Projekt

Experimentieren (oben) und Denken (unten): Was gehört nicht dazu?

aus der Hand genommen wird, sonst zieht es sich zurück und verbirgt seine Pläne mehr und mehr.

Kreative Einfälle drücken sich nicht etwa nur beim Malen oder Geschichtenerfinden aus. Nahezu in allen Bereichen des Verhaltens sind kreative Ideen möglich. Ermuntern Sie zum Beispiel Ihr Kind, wenn es ein Material auf neuartige Weise verwenden will oder wenn es ein Problem auf ungewohnte Art lösen möchte. Regen Sie es zu weiterem Nachdenken und Probieren an.

Zwischendurch geben Sie Hinweise und kleine Hilfen, die ihm neue Möglichkeiten eröffnen. Mit Fragen wie zum Beispiel: «Was könnte man dazu noch gebrauchen?» oder: «Das erinnert mich an etwas, das ich schon einmal gesehen habe – was war denn das?» wird Ihr Kind zu eigenem Denken angeregt.

Ab 5;0 Jahren

*** Ziel: Genau hinsehen, beobachten und Schlüsse ziehen.

Sammeln Sie mit Ihrem Kind bei einem Ausflug an einen Fluß eine größere Anzahl von mehr oder weniger flachen Steinen mit mehr oder weniger großem Durchmesser, insgesamt ca. 15–20. Ihr Kind versucht nun, mit diesen Steinen einen möglichst hohen Turm zu bauen. Das Kind muß dafür genau hinsehen, die Form der Steine beachten, nachdenken, und es braucht eine ruhige Hand beim Aufeinanderlegen der Steine (nach A. & M. Bartl, 1990).

*** Ziel: Ähnliche und unähnliche Gegenstände unterscheiden und begründen können, worin die Ähnlichkeit besteht.

Spielen Sie das Kaufladenspiel einmal so: Der Kaufmann (Ihr Kind) hat in seinem Laden zehn bis zwanzig Gegenstände des täglichen Gebrauchs gesammelt (Wäscheklammer, Kamm, Bürste, Seife, Serviette, Teller, Tasse, Schere, Apfel, Banane, Filzschreiber usw.). Sie sollen an verschiedene Puppen verkauft werden, die Sie zum Laden bringen. Jede Puppe will zwei einander ähnliche Gegenstände erwerben. Als ähnlich gelten diejenigen Dinge, die wichtige Merkmale gemeinsam haben, zum Beispiel gleiches Aussehen, gleiches Material, gleiche Funktion. Einmal wird zum Beispiel das Messer mit der Schere «verkauft», ein anderes Mal Messer und Gabel.

Wenn der Käufer (die Puppe) sehr ähnliche Gegenstände erhält, bezahlt er mehr (fünf Pfennig Spielgeld extra). Die Unterscheidung von ähnlich und unähnlich erfordert genaues Hinsehen, exaktes Vergleichen und das Unterscheiden von wichtigen gegenüber unwichtigen Teilen. Das Erkennen von Ähnlichkeit ist ein grundlegender Bestandteil für jegliches Denken. Diese Fähigkeit spielt zum Beispiel eine große

Rolle, wenn man in einer Notlage einen Gegenstand durch einen anderen ersetzen muß.

Nach den folgenden Merkmalen könnten Vergleiche angestellt werden: Funktion, Material, Form, Farbe, Gewicht, Volumen, Größe, Gebrauchswert, Komplexität, Haltbarkeit usw.

Sie können das Spiel an einem anderen Tag variieren: dann sollten aber unähnliche Dinge eingekauft werden.

** Ziel: Gegenstände durch einen Vergleich beschreiben.

Das folgende Ratespiel wird Ihrem Kind sicher Spaß machen. Zu erraten ist ein Gegenstand, den sich Ihr Kind ausgesucht hat und den es nun mit Vergleichen beschreibt. Es denkt zum Beispiel an das Radio und sagt: «Es sieht aus wie ein kleiner Koffer – es kann sprechen wie ein Mensch» usw. Nach jedem Vergleich raten Sie: «Ist es vielleicht ein …?» Wenn Sie die richtige Lösung gefunden haben, sind Sie an der Reihe, Ihr Kind muß raten. Schwieriger wird das Spiel, wenn auch Gegenstände aus der weiteren Umgebung einbezogen werden.

** Ziel: Gegenstände finden und nennen.

Fragen Sie Ihr Kind: «Was ist das Gegenteil eines großen Schuhs?» Antwort: «Ein kleiner Schuh.» «Was ist das Gegenteil eines Berges?» – «Ein Tal.» usw. Beachten Sie bitte, daß das Gegenteil nicht immer eindeutig ist. Als Gegenteil eines Schuhs kann man zum Beispiel Handschuh, aber auch Strumpf oder Hut nehmen. Gegensätze zu anderen Wortarten lassen sich genauso finden: lachen – weinen, flüstern – schreien, alt – jung, vor – hinter/nach, immer – nie usw.

** Ziel: Einige Voraussetzungen und grundlegende Anregungen für das spätere Lesenlernen erwerben.

Es war in den vergangenen Jahren heftig umstritten, ob das Lesenlernen vor der Schule für die geistige und psychische Entwicklung des Kindes günstig ist oder ihm eher schadet. Mittlerweile setzt sich die Meinung durch, daß eine breite Förderung aller Lernbereiche günstig ist. So kommt auch dem Lesenlernen im Vorschulalter keine Sonderrolle zu.

Man sollte jedoch ein Kind, das sich sehr für seine Kinderbücher, für Wörter und Buchstaben interessiert, nicht bremsen und auf später vertrösten. Seine Lernmotivation könnte dadurch erheblich gemindert werden. So ist es kein Fehler, wenn das Kind Ihnen zusieht, während Sie langsam lesen und mit dem Finger auf die einzelnen Wörter deuten. Sie können ihm auch bestimmte Wörter, für die es sich besonders interessiert (weil sie lustig sind, weil es sich um einen Namen handelt usw.), genauer zeigen oder erklären.

Vielleicht fragt Ihr Kind Sie beim

Einkaufen auch, was auf einzelnen Schildern steht usw. Lesen Sie ihm dann die Wörter vor. Seinen eigenen Namen schreiben Sie in großen Druckbuchstaben auf ein Blatt Papier. Sicher hat es Lust, ihn abzuschreiben beziehungsweise nachzumalen. Bald kann es ihn auswendig schreiben. Hat es Spaß an dieser Beschäftigung und will es noch mehr Wörter kennenlernen, schreiben Sie die verschiedenen Namen seiner Puppen, die Vornamen von Freunden und Geschwistern, der Eltern usw. auf.

Machen Sie es dabei auf gleiche Buchstaben aufmerksam, lassen Sie es selbst finden, welche Buchstaben in den verschiedenen Wörtern gleich sind. Sie benennen dann diese entsprechenden Laute (ein «b», nicht ein «be», ein «r», nicht ein «er» usw.). Wiederholen Sie das betreffende Wort noch einmal, und betonen Sie dabei den Buchstaben etwas mehr.

Diese Vorinformation, verteilt auf den gesamten Zeitraum bis zum Schuleintritt, genügt als Vorbereitung. Wenn Ihr Kind allerdings sehr darauf drängt, mehr oder richtig zu lesen (vielleicht, weil ältere Geschwister oder ein Freund bereits lesen), können Sie zusätzlich ein Leselern-Buch oder Leselern-Spiele anschaffen.

Hier folgen noch einige spezielle Anregungen für den Fall, daß sich Ihr Kind besonders für das Lesen interessiert:

- Begleiten Sie das Vorlesen eines Kinderbuches mit dem Finger unter den Zeilen und Wörtern. Dabei lernt Ihr Kind die richtige Blickbewegung, das Auffinden der nachfolgenden Zeile usw. Für den Anfang eignen sich vor allem Bücher mit großen Druckbuchstaben (1 bis 1,5 cm).
- Lassen Sie Ihr Kind bei großgeschriebenen Reklametexten in Zeitschriften bestimmte Buchstaben suchen, und nennen Sie ihm die entstandenen Laute. Nach einiger Zeit kann Ihr Kind die Buchstaben allein nennen. Nehmen Sie etwa jede Woche zwei bis drei neue Buchstaben hinzu. (Seltenere Buchstaben wie j, x, y und q können Sie lange Zeit weglassen.)
- Mit einem dicken Filzschreiber schreiben Sie ausgewählte Hauptwörter (Hund, Katze, Tisch usw.) auf einzelne Karton-Karten (Postkartenkarton DIN A 6, quer in drei Streifen geschnitten). Auf die Rückseite malen Sie das entsprechende Bild dazu. Jede Karte benötigen Sie doppelt. Dann werden die Karten mit der Schrift nach oben hingelegt, und Sie suchen gemeinsam die Kartenpaare mit gleichen Wörtern. Sie zeigen das zugehörige Bild und lesen das aufgeschriebene Wort.
- In der nächsten Lernphase versucht Ihr Kind, das Schriftbild der einen Karte und das Bild der anderen Karte einander zuzuordnen. Geben Sie anfangs nur zwei oder drei Wörter (also vier oder sechs Karten) zur Auswahl.

Anerkennen Sie es, wenn Ihr Kind die Aufgaben richtig löst.
- Nach einiger Zeit soll das Kind aus den Schriftseiten der Karten bestimmte Wörter heraussuchen. Später benennt Ihr Kind von sich aus alle Karten der Reihe nach.
- Schließlich bitten Sie Ihr Kind, zu drei von Ihnen ausgewählten Karten eine Geschichte zu erzählen, in der diese Wörter vorkommen usw. Wenn es will, kann es die Geschichte und die einzelnen Wörter auch malen beziehungsweise abzeichnen.
- Ein Stempelkasten für Druckbuchstaben kann die Freude Ihres Kindes an Buchstaben, Wörtern, am Lesen und Schreiben noch erhöhen. Auch hier wird das Vergleichen und Benennen der Buchstaben geübt.

Die Bedeutung des Lesenlernens beruht darauf, daß unter anderen folgende kognitive Prozesse und Verhaltensweisen mitgeübt werden:
- optische und akustische Differenzierung (durch die Unterscheidung von Buchstaben und Lauten),
- Gedächtnistraining (Merken von Buchstaben, Wortbildern, Verfugbarkeit von Wortern und Silben),
- Verstehen von Texten,
- Möglichkeit zum selbständigen Erwerb von Informationen,
- Bereicherung der Spiel- und Beschäftigungsmöglichkeiten.

** Ziel: Bis 20 sicher zählen und die Bedeutung der Zahlen verstehen.

Im vergangenen Jahr hat Ihr Kind beim Dominospielen, mit Hilfe von Perlen usw. gelernt, bis zehn zu zählen. Jetzt können Sie die Zahlen bis 15 hinzunehmen, gegen Ende dieses Lebensjahres dann die Zahlen bis 20.

Legen Sie 15 Plättchen, Chips oder Damesteine in einer langen Reihe auf den Tisch. Der Abstand beträgt jeweils vier Zentimeter. Beim Zählen nennen Sie zwischendurch die Zahlen aller Steine, die links liegen, die Sie also schon gezählt haben (zum Beispiel sieben). Nicht der Stein, bei dem Sie aufgehört haben, ist «sieben», sondern dieser zusammen mit den sechs vorherigen. Wiederholen Sie die Zahlen von 10 bis 15 mehrmals, und lassen Sie sie von Ihrem Kind nachsprechen (eventuell in Dreiergruppen: 10, 11, 12; 13, 14, 15).

In den nächsten Tagen wiederholen Sie das Zählen mit anderem Material. Zählen Sie auch, indem Sie von einem kleinen Haufen mit 14 Steinen jeweils einen wegnehmen und damit einen neuen bilden. Außerdem können Sie jetzt Spiele vorschlagen, bei denen viel gezählt werden muß, zum Beispiel «Mensch ärgere dich nicht», und zwar mit drei Würfeln, die gleichzeitig geworfen werden (bei einem Würfel werden die Ziffern vier, fünf und sechs zugeklebt).

** Ziel: Die Schreibweise der Zahlen bis zwölf an einer Spielzeuguhr kennenlernen.

Sie benötigen dazu eine Uhr, die sowohl Ziffern zeigt als auch zählbare Symbole: Punkte, Käfer, Blumen usw. (im Spielwarenhandel erhältlich). Stellen Sie dann eine Uhrzeit ein – anfangs nur volle Stunden –, und fragen Sie Ihr Kind, wie spät es ist. Es zählt dann die Punkte oder Tiere und kann so die richtige Zahl nennen. Nach einiger Zeit wird es auch die entsprechenden Ziffern genau kennen.

Das Ablesen der Uhr nach Stunden und Minuten sollten Sie noch einige Zeit zurückstellen. Sie können es jedoch gegen Ende dieses Lebensjahres mit der Einteilung nach Viertelstunden vertraut machen: ein Viertel nach eins, eine halbe Stunde vor zwei, eine Viertelstunde vor zwei usw.

** Ziel: Aufteilen einer bestimmten Anzahl in gleiche oder gleichwertige Mengen.

Für dieses Spiel brauchen Sie einerseits mehrere Puppen, Figuren oder Autos und andererseits einzelne Gegenstände, die ihnen zugeordnet werden können, zum Beispiel Kekse, Erbsen, Zuckerstückchen, Bonbons usw.

Anfangs sollten die Gegenstände beim Verteilen aufgehen: Vier Puppen erhalten je einen Stuhl, sechs Puppen erhalten je ein Zuckerstück, zwei Erbsen und drei Kekse usw. Wenn Ihr Kind diese Zuordnungen leicht ausführen kann, nehmen Sie beliebige Anzahlen von Gegenständen. Dann bleibt vielleicht ein Rest übrig, der nach anderen Gesichtspunkten weiterverteilt wird, zum Beispiel die drei kleinsten Puppen erhalten noch zusätzlich eine Erbse.

** Ziel: Ordnen von ähnlichen Gegenständen nach bestimmten Merkmalen.

Für das folgende Spiel können Sie einen Baukasten Ihres Kindes (Lego, Duplo, Constri, Matador, Baufix usw.) verwenden: Ein Lastwagen fährt jeweils ausgewählte Teile zu drei verschiedenen Baustellen, zum Beispiel alle langen Elemente zu Baustelle eins, alle kurzen zu Baustelle zwei, alle übrigen zu Baustelle drei. (Oder: alle roten zu Baustelle 1, die blauen zu Baustelle 2, die übrigen zu Baustelle 3.) Weitere Möglichkeiten:

- Ein Lastwagen fährt jeweils Teile zu Baustellen, die mindestens zwei gleiche Merkmale besitzen: «lange blaue» Teile zu der einen, «kurze rote» zu der zweiten und alle übrigen zur dritten Baustelle.
- Je nach Baukasten lassen sich auch noch weitere Unterteilungen finden, zum Beispiel nach drei Merkmalen (lange, blaue, breite – lange, blaue, schmale usw.). Spielen Sie nicht mehrere unterschiedliche Aufgaben hintereinander. Das ist verwirrend und außerdem langweilig für Ihr Kind.

Ab 5;6 Jahren

** Ziel: Die Fähigkeit entwickeln, bestehende Ordnungen und Verbindungen (Strukturen) aufzulösen und Neues daraus zu gestalten.

Spielen Sie mit Ihrem Kind einmal, die Wohnung neu einzurichten! Dazu sollten die Möbel entsprechend ihrer tatsächlichen Größe verkleinert auf kleine Kartonstücke gezeichnet und ausgeschnitten werden. Zeichnen Sie dann einen Plan von Ihrer Wohnung in diesem Größenverhältnis auf. Nun werden die Zimmer neu verteilt und eingerichtet.

Sie können aber auch einen neuen Wohnungsgrundriß mit Ihrem Kind entwickeln, der die vorhandenen Möbel besonders gut aufnehmen könnte.

Später können Sie auch einmal versuchen, die 20 Häuser in Ihrer unmittelbaren Umgebung zu zeichnen und auf einem gedachten Bauland neu zu verteilen, jeweils mit entsprechenden Grundstücken versehen.

* Ziel: Anleitungen genau anhören und mitvollziehen.

Gemeinsam mit Ihrem Kind legen Sie je ein kariertes Blatt Papier vor sich hin. Dazwischen wird ein kleiner Schirm so aufgestellt, daß niemand auf das Blatt des anderen schauen kann. Jeder markiert an einer vereinbarten Stelle den Ausgangspunkt zum Zeichnen. Und dann geben Sie folgende Anleitungen: «Wir zeichnen jetzt zusammen ein Bild. Zeichne zuerst einen kurzen Strich (entlang der Karo-Linie) nach oben, jetzt einen nach rechts, jetzt wieder einen nach oben … Was ist das geworden?» Antwort: eine Treppe.

Auf diese Weise können Sie auch ein Haus, einen LKW, ein Flugzeug, ja sogar einen Elefanten usw. malen. Nach jeder Zeichnung wird verglichen, ob die Figuren übereinstimmen. Natürlich gibt auch Ihr Kind zwischendurch die Anleitungen. Und so können Sie das Spiel verändern:

- Auch schräge Linien sind zugelassen («ein kurzer Strich nach links unten»).
- Während der eine nur immer einen kurzen Strich zieht, nimmt der andere jeweils die doppelte Länge (zwei Kästchen).

** Ziel: Zusammenzählen und abziehen im Zahlenraum bis zehn.

Für diese Aufgabe benötigen Sie wieder Knöpfe, Halmakegel, Damesteine usw. Legen Sie zum Beispiel zwei Halmakegel links hin, drei rechts. Fragen Sie Ihr Kind: «Wie viele liegen hier links? Und hier rechts? Wie viele sind es insgesamt?» Also: «Zwei Halmakegel und drei Halmakegel sind zusammen fünf Halmakegel!» Lösen Sie immer wieder andere Aufgaben (aber niemals mehr als fünf hintereinander).

Nach einigen Wochen kann Ihr

Kind solche kleinen Mengen wahrscheinlich schon allein addieren. Ähnlich gehen Sie beim Abziehen vor: «Hier liegen sieben Steine. Ich nehme nun fünf weg – wie viele bleiben übrig?»

Ihr Kind lernt das Zusammenzählen und das Abziehen besonders leicht in Alltagssituationen, zum Beispiel:

- beim Zählen und Verteilen von Nüssen, Murmeln, Äpfeln,
- beim Einkaufen von Obst und Gemüse. Ein Beispiel: «Gib mir bitte fünf Tomaten auf die Waage – das sind mir doch zu viele – nimm eine der fünf wieder weg – dann sind es noch vier.»

* Ziel: Die Abmessungen von Gebäuden, Wegstücken usw. vergleichen.

Zeigen Sie Ihrem Kind, wie man durch Abzählen Entfernungen messen kann: «Wie viele große Schritte sind es von Hauskante zu Hauskante, von der Haustür bis zum Gartenzaun?» usw. Wählen sie mehrere unterschiedliche Entfernungen für Vergleiche aus, die alle von Ihrem Kind abgeschritten werden können. Dann lassen Sie es folgendermaßen ordnen: «Die größte Entfernung besteht von … nach …, die zweitgrößte von … nach …» usw.

** Ziel: Die Ordnungszahlen verstehen und anwenden können.

Legen Sie die Puppen Ihres Kindes der Größe nach in eine Reihe. Die größte ist vorn, die kleinste hinten. Dabei lassen sich gut Vergleiche ziehen: Von der ersten bis zur sechsten ist jede Puppe größer als die siebte; die dritte Puppe ist also auch größer als die achte usw. Reihenfolgen können auch nach anderen Gesichtspunkten gebildet werden: Beliebtheit der Puppe, Alter der Puppe usw.

** Ziel: Ein Experiment zum Wachsen von Pflanzen planen und durchführen.

Für Experimente interessieren sich Kinder besonders. Lassen Sie Ihr Kind zum Beispiel mitverfolgen, wie aus einem Samenkorn eine Pflanze wächst. Vorher überlegen Sie sich gemeinsam, was eine Pflanze vermutlich zum Wachsen braucht (zum Beispiel Licht und Feuchtigkeit). Und dann stellen Sie folgende Blumentöpfe auf der Fensterbank auf:

- einen Blumentopf mit Kieselsteinen ohne Wasser, drei Erbsen, von einer Steinschicht (1 bis 2 cm stark) bedeckt;
- einen Blumentopf mit Kieselsteinen, drei Erbsen, mit einer Schicht Steine bedeckt, dazu Wasser, das die Erbsen knapp bedeckt;
- einen Blumentopf mit Erde, drei Erbsen, die von einer 1,5 cm starken Erdschicht bedeckt sind. Die Erde wird einmal gut angefeuchtet, danach nicht mehr;
- einen Blumentopf mit Erde, drei Erbsen unter 1,5 cm Erde. Alle zwei Tage werden zwei Eßlöffel

In manchen technischen Museen finden sich interessante Versuche.

Wasser über die Erbsen geschüttet;
- einen Blumentopf wie eben füllen, aber mit einem schwarzen Tuch so abdecken, daß kein Licht daran kommt (nur kurz beim Nachgießen).

Fragen Sie Ihr Kind, was voraussichtlich in jedem dieser Gläser geschehen wird, und schreiben Sie diese Erwartungen auf. Nach einigen Tagen werden Sie einige Überraschungen erleben (teils kein Wachstum, teils geringes Wachstum, teils intensives Wachstum)!

** Ziel: Experimente zu Schwimmeigenschaften von Gegenständen planen und durchführen (am besten eignet sich hier die Badewanne als «Labor»):
- Ein Tischtennisball taucht nur ganz wenig ein, ein Tennisball schon etwas tiefer, ein Vollgummiball schwimmt vielleicht überhaupt nicht. Was passiert, wenn man diese drei Bälle unter Wasser drückt und dann losläßt? Kann Ihr Kind den Tennisball mit der anderen Hand über Wasser fangen?
- Eine Mineralwasserflasche gefüllt mit Wasser schwimmt überhaupt nicht. Wenn sie leer und mit einem Schraubverschluß dicht verschlossen ist, schwimmt sie. Wieviel Wasser muß man einfüllen, damit sie im Wasser schwebt?

Welche Pflanze wächst besonders schnell? Warum wächst sie so schnell?

- Eine Plastikschüssel schwimmt mit dem Boden nach unten; sie geht unter, wenn sie mit der Seitenkante eingetaucht wird; sie kippt, wenn sie mit dem Boden nach oben waagrecht auf das Wasser aufgesetzt wird.
- Ein trockener Schwamm schwimmt zunächst weit aus dem Wasser ragend, er sinkt dann langsam tiefer ein, schwebt oder versinkt ganz; wenn man die noch in ihm verbliebene Luft unter Wasser ganz ausdrückt und ihn sich dann vollsaugen läßt, sinkt er weiter auf den Boden der Badewanne ab.

Lassen Sie Ihr Kind bei einigen dieser Aufgaben voraussagen, was passieren wird. Damit wird die Übung für Ihr Kind noch spannender.

** Ziel: Fehlende Teile durch andere Materialien ersetzen.

Ermuntern Sie Ihr Kind oft, fehlende Spielteile zu ersetzen: Schäfchen durch Wattebäusche, Klebstoff durch Gummis, fehlende Bausteine durch gefaltete Kartonstücke usw. So lernt Ihr Kind, sich mit anderen Materialien zu helfen.

Umfangreiches Grundwissen hilft Ihrem Kind überall

Grundlegende Anregungen

*** Ziel: Verschiedene Informationen zueinander in Beziehung setzen, grundlegende Regeln, Gesetzmäßigkeiten erkennen und ihre Wirkung bei verschiedenen Abläufen und Sachverhalten feststellen.

Gegen das «Lexikonwissen» wird vor allem der Einwand erhoben, daß die ausgewählten und gespeicherten Informationen punktuell sind: Man weiß danach zwar über ein bestimmtes Detail Bescheid, kennt aber nicht die Zusammenhänge, in die es eingebettet ist.

Wissen allein ist nicht viel wert, wenn Strukturprinzipien, Regeln, Zusammenhänge unbekannt bleiben. Gleiches wird dann unter Umständen als verschieden gelernt, weil die Gleichartigkeit nicht erfaßt wird. Jemand sieht zum Beispiel an verschiedenen Maschinen Teile, die er für immer wieder anders geformte Handgriffe hält. Tatsächlich handelt es sich jedoch um Teile, die speziell zur Verstärkung der Hebelwirkung so geformt sind.

Das Kind nimmt zunächst alle Informationen auf, ohne sie in Beziehung zu anderen Dingen zu setzen. Es erfaßt sie so, wie sie sich optisch darbieten. Erst unterschiedliche Versuche lassen es nach und nach bestimmte Gesetzmäßigkeiten erkennen. Dabei können Sie helfen.

Bieten Sie ihm zum Beispiel drei verschiedene Scheren an, wenn es Karton schneiden will. Welche eignet sich am besten für diese Aufgabe? Liegt das an den Scheren und ihrer Konstruktion oder an der Hand des Kindes?

Machen Sie es sich zur Regel, auf Fragen Ihres Kindes nicht nur mit der einfachsten, kürzesten Erklärung zu antworten. Fügen Sie statt dessen zum Beispiel einen Vergleich an (das windschnittige Auto soll beim Fahren ebenso wie der Kiel eines Bootes wenig Widerstand leisten; Informationen werden durch Briefe, Funk oder Telefon weitergeleitet).

Ihre Antwort sollte sich zunächst auf den unmittelbaren Sachverhalt beziehen, dann aber einen allgemeinen Bezug herstellen. Das Kind erhält so im Lauf der Zeit einen größeren Überblick und kann sich die einzelnen Sachverhalte außerdem besser merken.

Dabei dürfen die zusätzlichen Informationen nicht in Vorträge ausarten und das Kind überfordern. Sonst empfindet es sie als langweilig oder überflüssig. Oft wird auch Ihr Kind selbst eine Erklärung geben können oder einen Vergleich finden!

Ab 5;0 Jahren

*** Ziel: Die wichtigsten Tiere und Pflanzen der näheren Umgebung kennenlernen.

Wenn man ein Vorschulkind fragt, welche Tiere es kennt, nennt es vielleicht einige einheimische Tiere (Hund, Katze, Igel, Pferd, Kuh, Schwein), vor allem aber solche, die in Fernsehsendungen vorkommen: Affe, Löwe, Zebra, Wolf, Adler, Wal, Delphin, Seehund usw. Mit dem Wissen aus den Fernsehsendungen über ausländische Tiere kann es jedoch wenig anfangen. Damit es wenigstens die Tiere seiner Umgebung kennenlernt, sollten Sie deshalb Spaziergänge und Ausflüge für Tierbeobachtungen nutzen.

Natürlich brauchen Sie dazu viel Zeit und auch Geduld, wenn Sie Ihrem Kind nach und nach folgende Tiere zeigen wollen: Reh, Hase, Fasan, Bussard, Specht, Elster, Zaunkönig, Igel, Maulwurf, Mäuse, Eidechse, Blindschleiche, Ringelnatter, Feuersalamander, Frosch, Unke, Karpfen, Hecht, Forelle und andere Fische, Regenwurm, Assel, Marienkäfer, Borkenkäfer, Schnekken, Weberknecht, Pfauenauge, Zitronenfalter, Fliege, Biene, Wespe usw.

Es lohnt sich, dafür ein spezielles Buch zu beschaffen, das außer den Abbildungen der Tiere (zur Namenszuordnung) auch Informationen über ihre Lebensweise, Ernährung, Vermehrung, Umwelt usw. enthält.

Ähnlich interessant ist es für Ihr Kind, mehr über Blumen und Pflanzen, ihren Standort, das Aussehen ihrer Blätter usw. zu erfahren. Dazu eignet sich gut ein Pflanzenbestimmungsbuch. Nehmen Sie das Buch bei Ihren Ausflügen mit, lassen Sie das Kind zwischendurch hineinsehen und es zunächst auf der bereits aufgeschlagenen Doppelseite die bestimmte Pflanze heraussuchen.

Einige Pflanzen nehmen Sie mit nach Hause – Ihr Kind kann sie später malen. Dabei prägt es sich ihr Aussehen noch besser ein. Wenn Ihr Kind die vielen Unterschiede zwischen einzelnen Blumen oder anderen Pflanzen beachtet, wird es wichtig, sich auch die einzelnen Namen zu merken.

** Ziel: Die engere Umgebung bei Ausflügen erforschen; Landkarten lesen und mit Luftbildaufnahmen vergleichen.

Kaufen Sie von Ihrer Umgebung eine Karte im Maßstab 1:25000 oder 1:50000. Sie zeigt auch einzelne Scheunen, kleine Bäche usw., so daß Ihr Kind den Weg bei einer Wanderung selbst verfolgen kann. Wenn Sie in einer Großstadt wohnen, kaufen Sie die Karte von Ihrem bevorzugten Ausflugsziel.

Zu welcher Tierart gehört dieser Kiefer? Wo lebte der Saurier?

Sie können diese Anregung aber auch während eines Urlaubs (auf einem Bauernhof) verwirklichen, wenn Sie sonst keine Möglichkeit dazu haben.

Zusätzlich zur Karte sollten Sie möglichst noch ein Panoramabild oder eine Luftbildaufnahme besorgen – das macht das Vergleichen zwischen Vogelperspektive, Landkarte und eigenem Sehen noch interessanter. Nach einiger Zeit kennt Ihr Kind dann folgende Eintragungen auf der Karte: Wald, Feld, See, Bach, Sumpf, Berg, Ortschaft, Stadt, Straße, Weg, Eisenbahnlinie und einzelne Sonderzeichen, zum Beispiel Aussichtspunkt, Turm, Schloß usw.

Zeigen Sie ihm dazu auch Einzelheiten auf einem Globus, so daß es allmählich wesentliche Dinge über die Erde erfährt: die Größe der Wasserflächen im Vergleich zum Land, besonders ausgedehnte Gebirgszüge, riesige Waldflächen.

** Ziel: Die eigenen Körperkräfte richtig einschätzen können.

Auch Kinder müssen sich schon mit ganz unterschiedlichen Kräften auseinandersetzen: wenn sie einen Stuhl an einen anderen Platz stellen wollen, wenn sie miteinander balgen, wenn sie einen Draht abzwicken wollen, Karton mit einer Schere schneiden usw. An diese Erfahrungen können Sie anknüpfen und in verschiedenen Situationen die Wirkungen von Kräften mit Ihrem Kind beobachten:

- Dinge anheben, tragen, hochstemmen (Einkaufstasche; Spielzeugkiste); sich selbst an einem Kletterturm hochziehen; den Arm lange seitlich waagrecht halten. Beim Ausführen jeder Körperbewegung werden durch die Muskeln Kräfte wirksam.

** Ziel: Die Kräfte kennenlernen, die bei technischen Geräten erforderlich sind.

- Die Leistung von einfachen Geräten und Maschinen durch Vergleichen ermitteln: das Rühren mit einem Schneebesen in Milch und in Teigmasse; das Aufziehen eines Spielzeugs mit Feder: die gespeicherte Energie wird wieder abgegeben; das fließende Wasser treibt ein Wasserrad; der Wind treibt einen Spielzeugpropeller oder die Windmühle; der Strom treibt einen Elektromotor, dieser wiederum dreht die Küchenmaschine, den Ventilator usw.
- Auch große Maschinen brauchen Kraft, um Arbeit zu leisten (ein Bagger wird durch Benzin- oder Dieselmotor betrieben, Lokomotiven fahren mit Elektro- oder Dieselmotoren, das Flugzeug wird über Düsentriebwerke angetrieben usw.). Eine eingehende Analyse von Kraft, Kraftwirkungen und deren Gesetzmäßigkeiten ist allerdings für das Kind in diesem Alter noch nicht angemessen.

** Ziel: Das Kalenderjahr kennenlernen, den jeweiligen Tag auf dem Kalender markieren.

Befestigen Sie zu Beginn des neuen Jahres im Kinderzimmer an einer freien Wandfläche einen großen Jahreskalender. Es eignen sich dafür besonders gut Kalender, die alle Tage eines Monats untereinander angeben und rechts daneben etwas freien Raum bieten. Günstig wäre es, wenn alle Monate nebeneinander/untereinander aufgehängt werden können.

Dann tragen Sie alle besonderen Ereignisse des Jahres ein: Geburtstage der Familienmitglieder, Festtage, Beginn der Urlaubsreise usw. Jeden Tag machen Sie im Kalender zusammen ein Zeichen. So kann Ihr Kind auch sehen, wann ein bestimmtes Ereignis, zum Beispiel der eigene Geburtstag, erreicht sein wird. An solchen außergewöhnlichen Tagen werden kleine Zeichnungen in den Kalender gemalt. Wenn hier der Platz nicht ausreicht, kann das Bild auch auf ein Extrablatt gemalt werden. Durch diese Bilder beachtet einerseits Ihr Kind den Ablauf des Jahres genauer, andererseits entsteht so ein ganz persönliches Tagebuch.

** Ziel: Verschiedene Techniken (Bautechnik, Maschinentechnik) mit geeigneten Baukästen modellhaft nachvollziehen und selbstgestellte Aufgaben kreativ bewältigen.

Manche Kinder beschäftigen sich schon relativ früh mit ihren Baukästen (Lego, Duplo, Constri, Matador, Baufix usw.), andere beginnen damit erst im sechsten/siebten Lebensjahr. Das Interesse dafür hängt stark davon ab, ob die Eltern oder ältere Kinder Anregungen beim Bauen geben und selbst mitmachen. Ohne Mitspieler wird es bei belanglosen Versuchen bleiben.

Entscheiden Sie sich beim Kauf möglichst für Bausysteme, die später ergänzt werden können. So lernt Ihr Kind zunächst grundlegende Verwendungsarten für die einzelnen Teile kennen und überträgt seine Erfahrungen dann auf die Teile der Baukästen, die es später bekommt. Obwohl mit den meisten hier erwähnten Baukästen recht unterschiedliche Techniken möglich sind, hat jeder von ihnen einen Anwendungsbereich, für den er sich besonders gut eignet (mit Lego lassen sich zum Beispiel besonders gut Gebäude errichten, mit Matador kann man die Maschinenkonstruktionen gut erkennen usw. – genauere Hinweise erhalten Sie aus den Anleitungen beziehungsweise Broschüren der Hersteller). Regen Sie Ihr Kind gelegentlich zu folgenden Gestaltungsprinzipien an, wenn es Sie nach Anregungen fragt:

- Unterschiedliche Inhalte: nicht nur Einfamilienhäuschen bauen, sondern zum Beispiel auch ein Bahnhofsgebäude, eine Garage, ein Parkhaus, ein mehrstöckiges Haus mit Treppen usw.;

- Unterschiedliche Größenverhältnisse: kleines Haus – großes Haus, kleines Flugzeug – großes Flugzeug (manche Konstruktionen setzen allerdings aufgrund der Größe der Bauteile eine bestimmte Mindestgröße voraus, zum Beispiel Lenkungen);
- Unterschiedliche Zusammenhänge (Kontexte) entwickeln: Versuchen Sie, das jeweils gebaute Ding oder Gerät in einen größeren Zusammenhang zu stellen. Wenn also ein großer Kran entwickelt wurde, kann sich ein mehrere Tage dauerndes Baustellen-Spiel anschließen. So macht das Bauen mehr Spaß, als wenn der Kran nach der Konstruktion nur herumsteht und schließlich wieder demontiert wird.
- Versuch, wichtige Merkmale für die Modellkonstruktion zu übernehmen (der Kamin auf dem Hausdach zum Beispiel sollte nicht geschlossen sein; die Türen muß man wirklich öffnen können usw.).

Vergleichen Sie gelegentlich zwischen Spielmodell und Wirklichkeit. Gehen Sie dabei aber möglichst immer von dem Modell Ihres Kindes aus. Entdecken Sie die von ihm tatsächlich aufgenommenen Anregungen in der Wirklichkeit wieder (also: «Dieser Kran hier

Dieses Wildschwein hält still, wenn ein Kind drauf reiten will.

kann auf Schienen fahren – genauso wie Deiner zu Hause!»). Solche Anerkennungen veranlassen Ihr Kind vermutlich, noch genauer hinzuschauen und bei der nächsten Konstruktion weitere Details aufzugreifen und zu berücksichtigen.

Ab 5;6 Jahren

*** Ziel: Weiterführende Informationen über Tiere aufnehmen und erinnern.

Mit einem Tier-Quartett oder dem halben Satz eines Tier-Memorys können Sie dieses Spiel machen: Die Karten werden gemischt und mit der Rückseite nach oben auf dem Tisch verteilt. Abwechselnd heben Sie und Ihr Kind eine Karte auf. Dabei sagt der jeweilige Spieler, ob es sich um ein einheimisches oder ausländisches Tier handelt. Wer richtig zuordnet, kann die Karte an sich nehmen (und damit schließlich zwei Stapel bilden: einheimische und ausländische Tiere). Wer falsch zuordnet, gibt die Karte dem Mitspieler. Gewinner ist, wer am Schluß die meisten Karten gesammelt hat. Nach demselben Spielablauf kann auch zugeordnet werden nach

- der Art der Ernährung,
- Aufenthaltsort (zum Beispiel standortgebundenes oder herumstreifendes Tier),
- Säugetier oder nicht,
- großes oder kleines Tier (zum Beispiel kleiner oder größer als ein Dackel),
- lebt in Afrika oder nicht,
- lebt mit mehreren Artgenossen zusammen oder allein (in einer Herde, in einem Staat), usw.

*** Ziel: Ökologische Zusammenhänge verstehen: zum Beispiel das Zusammenleben verschiedener Tiere und Pflanzen an einem Teich.

Wenn Sie das Glück haben, in der Nähe eines Teiches zu wohnen, können Sie das hier gegebene Beispiel nutzen – andernfalls müssen Sie auf eine Gelegenheit für die folgenden Beobachtungen und Überlegungen warten:

- Welche Tiere und Pflanzen leben dort? Warum leben keine anderen Tiere oder Pflanzen dort? (Tendenz der Antwort: In einer bestimmten Umwelt können nur diejenigen Tiere und Pflanzen leben, die dort die für sie geeigneten Lebensbedingungen vorfinden.)
- Was passiert, wenn der Teich nicht mehr genug Wasser bekommt? (Tendenz der Antwort: Damit sind vielen Tieren und Pflanzen die Lebensgrundlagen entzogen – die Pflanzen am Ufer haben nicht mehr genügend Feuchtigkeit; Wassertiere müssen sich neue Lebensräume suchen usw.)
- Was geschieht, wenn der Teich durch Spülmittel oder Öl verseucht wird? (Tendenz der Antwort: Viele Wassertiere würden sterben, weil sie im

Wasser die dort lebenden Kleinstlebewesen, die ebenfalls verseucht werden, fressen; sobald die Kleinstlebewesen gestorben sind, fehlt den größeren die Lebensgrundlage.)
- Warum vermehren sich in einem Teich die Fische nicht sehr viel mehr? (Tendenz der Antwort: Es können dort nur so viele Fische leben, wie der Teich ernähren kann.)

Falls Sie dieses Beispiel nicht umsetzen können (Ausflug?), nutzen Sie eine für Ihr Kind erkennbare Mulde in einer Wiese oder auch eine Grasecke in einem Hinterhof dazu. Es ist hier jedoch schwieriger, die verschiedenen dort lebenden Tiere und die Zusammenhänge ins Blickfeld zu bringen.

Nehmen Sie sich Zeit zu den einzelnen Fragen und Antworten – lassen Sie Ihrem Kind genügend Zeit, Tiere und Pflanzen ausfindig zu machen, sie bei ihren Aktivitäten zu beobachten, Interesse an dieser Erkundung zu entwickeln. Sprechen Sie auch nach einigen Tagen nochmals die wichtigen Zusammenhänge an und vertiefen Sie die Eindrücke durch ein entsprechendes Bilder- oder Kinderbuch.

*** Ziel: Sich sicheres Verhalten im Verkehr angewöhnen.

Da Ihr Kind zunehmend selbständiger wird und seinen Bewegungsradius immer mehr erweitert, ist jetzt ein intensives Verkehrstraining notwendig. Überprüfen Sie einmal, wie sich Ihr Kind im Verkehrsgeschehen verhält. Dazu machen Sie am besten einen kleinen Test. Spielen Sie «kleines Kind», und lassen Sie sich auf einigen Strecken führen. Erinnern Sie Ihr Kind immer wieder daran, daß es sich jetzt nicht auf Sie verlassen darf, sondern selbst alles richtig machen muß.

Lassen Sie sich an der Hand führen, damit Sie mögliche Fehlreaktionen noch rechtzeitig stoppen können (wenn Ihr Kind zum Beispiel beim Überqueren der Straße ein Auto übersieht). Merken Sie sich alle Verhaltensweisen Ihres Kindes, die zu einer Gefahrenquelle werden könnten: zum Beispiel unvorsichtiges Überqueren der Straße, Übersehen nachfolgender Autos, Nichtachtung des Radweges, Anrempeln von Fußgängern, Abdrängen anderer Kinder, Gehen bei Rot, Nichtbenutzen eines nahen Fußgängerüberweges, Wahl eines kürzeren, aber gefährlicheren Weges, Gehen auf einer zu schmalen Bordsteinkante usw.

Alle diese Fehlerquellen sollten Sie in den folgenden Wochen nach und nach auszuschalten versuchen, indem Sie das richtige Verhalten im Verkehrsgeschehen üben.

Auch Rollenspiele daheim helfen bei der Verkehrserziehung. Bauen Sie mit Ihrem Kind eine kleine Spielstadt aus Bauklötzen, in der es mit seinen Spielzeugautos und kleinen Puppen das richtige Verhalten üben kann.

Neue Situationen lösen Fragen (und Antworten) aus.

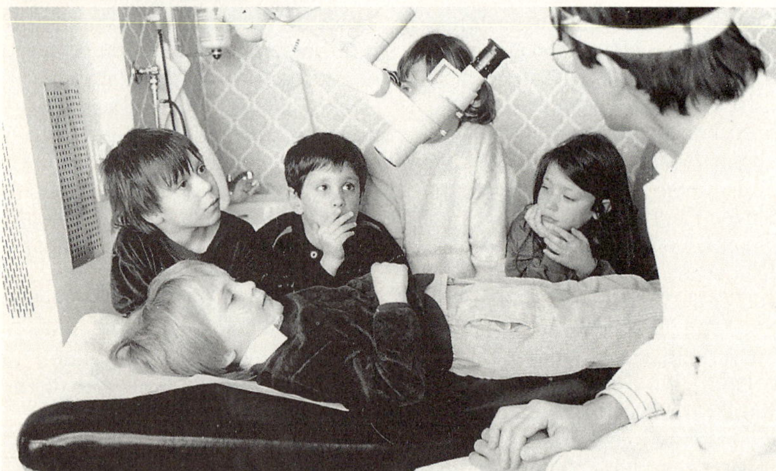

Weitere Gefahren ergeben sich, wenn Ihr Kind Fahrrad fährt. Zeigen Sie ihm einige weniger gefährliche Wege in der Nähe Ihrer Wohnung, wo es auch ohne Aufsicht radeln darf. Einige spezielle Tips: Das Fahrrad muß seiner Körpergröße entsprechen, es muß verkehrssicher sein (Licht, Bremsen). Ihr Kind muß auf- und absteigen können (oder es üben), ohne dabei zu schlenkern.

Und noch einige Tips für das allgemeine Verhalten im Verkehr:
- Beim Spielen mehrerer Kinder entstehen zusätzliche Gefahren durch gegenseitiges Schubsen, Nachlaufen usw. Machen Sie Ihr Kind mehrmals auf diese Gefahren aufmerksam.
- Ziehen Sie ihm möglichst auffällige Kleidung für das Spielen auf der Straße an, damit es von Autofahrern gut erkannt wird. Vor allem die Farbe Orange (Anorak, Pulli, Mütze, Schulranzen) hat «Signalwirkung».
- Erziehen Sie es dazu, das Verkehrsgeschehen immer aufmerksam zu beobachten. Weil auch andere Verkehrsteilnehmer Fehler machen, sollte man besonders vorsichtig sein. Im Notfall hat man dann noch eine Chance auszuweichen.
- Lassen Sie Ihr Kind grundsätzlich nur dort spielen, wo jegliche Verkehrsgefährdung ausgeschlossen ist.
- Bei bestimmten Verkehrslagen besteht erhöhte Unfallgefahr: bei Glätte, Eis, Schnee, Nebel, Regen.

** Ziel: Spiel- und Freizeitmöglichkeiten für Ihr Kind in der näheren und weiteren Umgebung kennenlernen.

Erkunden Sie mit Ihrem Kind, welche Spielmöglichkeiten es insgesamt in Ihrer Umgebung gibt. Entdecken Sie neue Spielplätze (auch Abenteuer- oder Robinsonspielplätze), (ungefährliche) Kiesgruben, Waldlichtungen, Flußufer usw. Dadurch ermöglichen Sie ihm weiterführende Erfahrungen.

Beim zweiten und dritten Besuch eines neuen Spielgeländes kann für bestimmte Spiele Material mitgebracht werden; Schnüre zum Zusammenbinden von Ästen, Brettchen zum Umlenken eines Wasserlaufes usw.

Auch die speziellen Freizeitangebote Ihrer Wohngegend sollten in das Erkundungsprogramm aufgenommen werden: Schwimmhalle, Rollschuhbahn, Eislaufplatz, Fußballplatz usw. sowie besondere Veranstaltungen (Pferderennen, Fußballspiel, Segelflugplatz).

** Ziel: Verschiedene Berufsgruppen und ihre häufigsten Aufgabenfelder kennenlernen.

In Ihrer Wohnung oder Ihrem Haus fallen sicher von Zeit zu Zeit Arbeiten für einen Handwerker an (Installateur, Elektriker, Maler usw.). Nutzen Sie diese Gelegenheit, um mit Ihrem Kind über den entsprechenden Arbeitsbereich zu reden. Lassen Sie Ihr Kind möglichst bei den Reparaturen zusehen, solange es Lust dazu hat. Erklären Sie ihm etwas über die Geräte, die installiert oder ausgebessert werden, über das Handwerkszeug usw.

** Ziel: Die verschiedenen Einrichtungen für Bürger der Kommune kennenlernen.

Rathaus, Bahnhof, Post, Kirche, Bücherei, Schule, Kindergarten, Ausstellung, Museum, Altersheim, Klinik, Feuerwehr – alle diese Einrichtungen kann Ihr Kind in diesem Jahr besuchen. Erklären Sie ihm möglichst genau, welche Aktivitäten dort erledigt werden können, welche Aufgaben diese Einrichtungen haben und was insbesondere für Kinder dort getan wird.

Diese Anregungen fördern die Musikalität Ihres Kindes

Grundlegende Anregungen

*** Ziel: Radio und Kassettenrecorder sachgemäß bedienen.

Wenn Ihr Kind zu diesen Geräten noch keinen Zugriff hat und/oder sie nicht bedienen kann, ist eine Einführung jetzt zu empfehlen: Erklären Sie Ihrem Kind genau, wie es die Geräte bedienen muß. Dann kann es von nun an selbst die Musik- oder Hörspielaufnahmen einstellen, die es hören möchte. Damit es einen Überblick über die Rundfunksendungen bekommt, können Sie täglich das Radioprogramm gemeinsam durchsehen, besonders geeignete Sendungen ankreuzen und Ihr Kind zu gegebener Zeit auf den Beginn des Beitrags aufmerksam machen.

Zur Erweiterung der Kassettensammlung können Sie eine Liste mit gewünschten Titeln anfertigen, die Sie jeweils vor Weihnachten, Geburtstagen usw. im Verwandten- und Bekanntenkreis herumgehen lassen. Wer eine Kassette schenken will, kreuzt den entsprechenden Titel an, so daß Doppelkäufe vermieden werden. So erhält Ihr Kind mit der Zeit eine ansehnliche Kassettensammlung.

Es gibt einige Gründe, die dafür sprechen, dem Kind ein eigenes Radio für sein Kinderzimmer zur Verfügung zu stellen:

- Ihr Kind hat die Möglichkeit, einen ganzen Lebensbereich, nämlich seinen Musik- und Unterhaltungsbedarf, weitgehend selbständig zu gestalten, Stimmungsimpulsen zu folgen, seinen konkreten Wünschen unvermittelt nachzugehen. Es entscheidet, ob, wann, was und wie es hört, laute Schlagermusik oder Gute-Nacht-Geschichten, intensiv oder nebenbei während anderer Beschäftigungen.
- Erinnern Sie es gelegentlich an die Geräte, wenn es sie längere Zeit nicht benutzt. Sie können zum Beispiel fragen, ob es beim Bauen oder Malen in seinem Zimmer etwas Bestimmtes anhören will, oder Sie stellen einfach eine Musiksendung ein und fragen, ob das Kind diese hören möchte. Wählen Sie dabei auch Musikstücke aus, die nicht unbedingt Ihrem ganz persönlichen Geschmack entsprechen. Ihr Kind soll ja unterschiedliche Hörerfahrungen sammeln, damit es später bewußt zwischen verschiedenen Musikrichtungen wählen kann und nicht nur auf einen Stil getrimmt ist.

- Wenn ihnen schon das Medium Fernsehen nicht unkontrolliert überlassen werden kann, so bietet sich den Kindern doch wenigstens beim Rundfunk die Gelegenheit, sich einen ersten Zugang zum Umgang mit Massenmedien und zu ihrer Angebotsvielfalt, ihren Strukturen usw. zu verschaffen.
- Radios beziehungsweise Kassettenrecorder sind natürlich auch (zunächst) eine Art Spielzeug für Kinder: Man kann allerlei Tasten und Knöpfe bedienen und damit Lautstärke, Klangfarbe und das Programm ändern. (Machen Sie Ihrem Kind begreiflich, daß es sich um ein empfindliches technisches Gebrauchsgerät handelt, das – auch wegen der Gefahr bei Netzbetrieb – mit gebührender Vorsicht zu behandeln ist.)
- Ihr Kind kann (und wird) die Kassetten immer wieder anhören. Dabei wird sein Gedächtnis für Ton- und Wortfolgen geschult. Nach einiger Zeit kann es ganze Wortpassagen, Lieder und Musikstücke auswendig sprechen oder singen (ohne daß Sie es dazu anhalten).

** Ziel: Verschiedene Lieder kennenlernen und mit allen Strophen singen können.

Die einzelnen beim Singen mitgeübten musikalischen Elemente (Tonhöhen-, Lautstärken-, Tempo-, Klang-, Rhythmusunterschiede usw.) können Sie isoliert weit weniger leicht entwickeln helfen. Deshalb trägt Singen zur musikalischen Entwicklung eines Kindes wesentlich bei. Außerdem ist die Singstimme das dem Körper unmittelbar zur Verfügung stehende Instrument, mit dem auch jederzeit die verschiedenen Stimmungen und Gefühle ausgedrückt werden können.

Hier folgen einige Vorschläge für verschiedene Sing- und Spielmöglichkeiten:

- Das Lied in verschiedenen Tonlagen singen (einige Töne höher oder tiefer als üblich); das Tempo verändern (schneller oder langsamer); die Lautstärke verändern (kräftig oder ganz leise: dabei ist sorgfältiges Hören erforderlich!).
- Sie summen einen Liedanfang, und Ihr Kind soll das Lied erraten; Sie summen einige Takte aus dem Mittelteil eines Liedes, Ihr Kind versucht, es zu erraten.
- Sie klatschen einen Liedanfang oder Teile aus der Liedmitte – Ihr Kind rät, um welches Lied es sich handelt. Sie beginnen gemeinsam ein Lied. Auf ein Zeichen hin singen Sie beide «innerlich» weiter; nach einem zweiten Zeichen geht es wieder laut weiter. Setzen Sie dabei mit derselben Stelle ein? (die Unterbrechungen sollten anfangs nur kurz sein).

Ab 5;0 Jahren

** Ziel: Unterschiedliche Lautstärken hören; Tonhöhen, Rhythmen und Artikulation verbessern.

Zu dieser Anregung brauchen Sie

ein Instrument, zum Beispiel ein Klavier, Glockenspiel oder Xylophon. Dann spielen Sie Ihrem Kind Tonfolgen vor, die es vergleichen soll:

- Sie spielen zwei aufeinanderfolgende Töne zweimal völlig gleich hintereinander in einem Abstand von etwa drei Sekunden. Ihr Kind wird antworten: «Sie waren gleich». Dann spielen Sie zwei andere Töne zuerst laut, danach dieselben Töne etwas leiser. Ihr Kind wird antworten, daß sie ungleich waren.
  Verändern Sie die beiden (später auch mehr) aufeinanderfolgenden Töne an anderen Übungstagen nach Lautstärke, Tonhöhen, nach Zeitmaß (schneller – langsamer), nach Rhythmus (zum Beispiel einmal zwei Viertelnoten, bei der Wiederholung eine punktierte Viertelnote und eine Achtelnote) und nach Ausdruck (zum Beispiel den ersten Ton eines Taktes etwas kräftiger anschlagen, den nächsten verhaltener).
- Schwierig ist es für Ihr Kind zu erklären, was ungleich war. Als Vorübung dazu sollten Sie längere Zeit selbst angeben, worin der Unterschied bestand. Zum Beispiel: «Ja, das war ungleich, der zweite Ton war beim zweiten Spielen leiser als beim erstenmal», usw.

** Ziel: Genau hinhören und die Töne beziehungsweise Geräusche nachmachen.

Bei einem Spaziergang hören Sie einem Vogel zu und lassen Ihr Kind die Töne möglichst genau nachahmen – versuchen auch Sie selbst, das Gezwitscher möglichst genau zu imitieren. Auch Autogeräusche, einzelne Geräusche auf Baustellen usw. eignen sich für dieses Spiel.

Ab 5;6 Jahren

** Ziel: Das Liedersingen mit einem Instrument begleiten.

Mit einem Glockenspiel oder Xylophon kann Ihr Kind schon ausgewählte Lieder begleiten. Lassen Sie es passende Begleittöne selbst finden und auch den Anschlag-Rhythmus selbst bestimmen. Nach einigen Versuchen mit verschiedenen einfachen Liedern wird es immer differenzierter begleiten können. Wenn seine Fortschritte allerdings ihm selbst wenig Freude machen, versuchen Sie selbst einmal eine Begleitung zu einem Lied. Sie sollten bei dieser Übung nicht zu anspruchsvoll sein.

** Ziel: Vorverständnis für die Notenschrift entwickeln.

Legen Sie beim Singen die entsprechenden Noten vor sich hin und begleiten Sie die Musik mit Ihrem Finger zu den einzelnen Noten. Machen Sie ihr Kind auf besonders auffällige Merkmale aufmerksam. Zeigen Sie ihm zum Beispiel den höchsten Ton (und unterbrechen Sie das Lied an dieser Stelle), den tiefsten, den längsten usw.

Verschiedene Techniken des Gestaltens anwenden

Grundlegende Anregungen

*** Ziel: Feine Unterschiede bei optischen Reizen wahrnehmen, zuordnen, bewerten und vergleichen.

Voraussetzung für das Gestalten ist die Wahrnehmung von Außenreizen durch die Sinne. Zunächst einmal müssen Informationen ganz verschiedener Art aufgenommen werden, bevor ein Ordnen, ein Strukturieren dieser Informationen beginnen kann.

Beim Malen wird das besonders deutlich. Ein Kind wird (abgesehen von abstrakten Bildern) kaum Dinge malen, die es nicht so oder ähnlich wahrgenommen hat – jedenfalls nicht in seinen ersten Lebensjahren. Das heißt, daß Fortschritte im Malen Fortschritte des Sehens voraussetzen. Je feinere Unterschiede zwischen ähnlichen Reizen das Kind wahrnimmt, desto treffender kann auch seine Wiedergabe der Eindrücke beim Malen und Gestalten sein.

Weiterhin kommt es darauf an, daß das Kind verschiedene Techniken beherrscht, daß es zum Beispiel Farben mischen kann, seine Hände geschickt gebraucht (feinmotorische Koordination), einen detaillierten Plan entwirft usw. Auch dazu ist das differenzierte Sehen Voraussetzung. Leiten Sie Ihr Kind deshalb zum genauen Sehen an. Regen Sie es an, feine Unterschiede zu beachten und sich verstärkt dafür zu interessieren. Dabei können die folgenden Anregungen helfen:

- Naturbeobachtungen: Wer findet an einer anderen Pflanze ein Blatt, das einem bereits gepflückten Blatt entweder im Grünton oder in der Form oder beidem ganz ähnlich sieht? Wer findet Kieselsteine, die fast die gleiche Farbe und/oder Form haben? Mit Kieselsteinen kann man übrigens hübsche «Schmetterlings-Mosaike» anfertigen. Sie brauchen dazu etwa 80 bis 100 Steine, von denen je zwei ähnliche symmetrisch abgelegt werden.
- Suchen Sie an Hand einer Farbtafel nach ähnlichen Farbwerten in der Umwelt (Farbtafeln sind in Farbenfachgeschäften zu bekommen.
- Sie können Ihr Kind anregen, nach bestimmten Formen oder Formqualitäten Ausschau zu halten (dreieckig, rund, quadratisch, eiförmig, flaschenförmig,

birnenförmig, klobig, massiv, zierlich, spezielle Formen usw.). Dabei bildet sich das Kind zunächst eine Vorstellung der gesuchten Form (die Form eines ihm bekannten Vergleichsobjekts) und entdeckt vergleichend Gegenstände, die die gesuchte Form aufweisen.

- Vielfältige Formen lassen sich im Kaleidoskop entdecken. Bei jeder Drehung entsteht ein ganz neues Gebilde.
  Mit einem Oktoskop können besonders die bekannten Gegenstände völlig verzaubert werden.
- Betrachten Sie zusammen Familienfotos und vergleichen Sie dabei den Gesichtsausdruck einer bestimmten Person zu unterschiedlichen Zeiten und Anlässen. Sprechen Sie über den jeweiligen mimischen Ausdruck, lassen Sie Ihr Kind herausfinden, warum das Lachen auf dem einen Foto fröhlicher wirkt als auf einem anderen.
  Unter dem Motto «Das sieht aus wie ...» können Sie mit Ihrem Kind Flächen, Linien und Konturen deuten, die durch Zufall entstanden sind. Das kann bei Kleckshildern geschehen, bei Mauerrissen, Wolkenbildern, Marmorplatten, geschmiedeten Gittern und Toren, bei einem langen Wollfaden, den man auf den Boden fallen läßt, oder beim Bleigießen. Der Phantasie sind dabei kaum Grenzen gesetzt. Ihr Kind sieht in den Konturen vielleicht Menschen, Tiere, Pflanzen, Märchenfiguren, technische Geräte usw. – und bei genauem Hinsehen sicher mehrere verschiedene Dinge.
- Richten Sie eine gebündelte Lichtquelle (Taschenlampe, Projektor usw.) im dunklen Zimmer auf eine Wand. Lassen Sie Ihr Kind nun davor Fingerspiele machen und zum Beispiel Tierköpfe als Schattenrisse auf die Wand zaubern. Dabei kann das differenzierte Bild durch das eigene motorische Geschick bestimmt werden.

*** Ziel: Die Ausdrucksmöglichkeiten mit grundlegenden Techniken des Gestaltens entwickeln.

Helfen Sie Ihrem Kind auch in diesem Jahr, seine Fertigkeiten in den einzelnen Darstellungs- und Ausdruckstechniken zu verbessern.

- Malen: Dazu sind möglichst große und verschiedenfarbige Papierbögen und mehrere dicke und dünne Pinsel nötig. Wenn Sie zum Beispiel für sechs verschiedene Farben je einen Pinsel kaufen, entfällt das mühsame Auswaschen der Pinsel weitgehend, und die Farben bleiben reiner. Außerdem braucht Ihr Kind Farben, die sich leicht auflösen oder flüssig sind. Es genügen ein paar Grundfarben (weiß, schwarz, gelb, rot, blau, braun), die übrigen werden gemischt.
  Sie brauchen keine Farbkästen anzuschaffen, die mehr als zwölf

In einem Kinderkurs zum Malen, Gestalten und Werken können verschiedene Techniken intensiv erprobt werden.

Farben enthalten. (Bei Filzschreibern allerdings ist Mischen kaum möglich; bei Aquarellfarben werden die Farben beim Mischen matt.) Sorgen Sie außerdem für eine unempfindliche Unterlage (zum Beispiel eine große Pappe) und für standfeste Farbtöpfe (Wassergläser).

- Zeichnen: Dazu eignen sich weiche, nicht zu dünne Blei- und Buntstifte, Filzschreiber und Wachsmalkreiden. Vielleicht freut sich Ihr Kind zum Beispiel über diese Anregung: Sie zeichnen die Umrisse von zehn Figuren mit verschiedenen Kleidungsstücken (auf ein Blatt im Format DIN A 4) und bitten Ihr Kind, diese Personen farbig oder bunt gemustert anzuziehen. Sehen Sie dazu auch einige Muster auf Kleidungsstücken, Möbelstoffen, Vorhängen usw. an. Geben Sie Ihrem Kind Tips, wie man Flächen gleichmäßig bemalt, wie man sie schraffiert und schattiert.
- Reißen, Schneiden und Kleben: Aus bunten Papieren, zum Beispiel Zeitschriftenreklamen oder Farbpapieren mit klebender Rückseite, lassen sich Figuren reißen oder schneiden und auf Papier oder Karton kleben. Ihr Kind kann auch durchsichtige Farbfolien übereinanderkleben, die dann vor einer Lichtquelle intensive Farbwirkungen erzeugen.

In dieser Kindergruppe leitet die Erzieherin zum Gestalten mit ungewohntem Material an.

- Formen: Das Formen mit Ton, Plastilin usw. ist außerordentlich wichtig für Ihr Kind. Hier übt es das dreidimensionale Gestalten. Bitte stellen Sie ihm genügend Material dafür zur Verfügung, auch wenn es ziemlich teuer ist (Salzteig als Material können Sie selbst herstellen). Kaufen Sie immer die größten Packungen, und verzichten Sie lieber auf mehrere Farbtöne. Die meisten Materialien kann man nachträglich sehr gut bemalen.

Ab 5;0 Jahren

** Ziel: Werke von Malern, Bildhauern und Kunsthandwerkern kennenlernen.

Gehen Sie gelegentlich mit Ihrem Kind ins Museum, und schauen Sie sich dort Bilder, Grafiken oder Plastiken an. Sprechen Sie mit ihm über seine Eindrücke. Machen sie es auf die ausgewählten Bildinhalte aufmerksam, auf die Farben, Formate, Perspektiven usw. Der Eindruck, den Ihr Kind dabei gewinnt, wird sich zwar nicht unmittelbar in seinen eigenen Werken zeigen, dennoch tragen Sie so zur Geschmacksbildung bei. Sein Interesse am Gestalten insgesamt wächst durch solche (kurzen) Besuche.

Versuche mit Kindergartenkindern haben gezeigt, daß das Kunstinteresse von Vorschulkindern leicht zu wecken ist. Wichtig ist dabei, Ihr Kind mit den verschiedenen Malstilen und Kunstauffassungen bekannt zu machen. Betonen Sie Ihre eigenen Vorlieben nicht allzusehr, damit Ihr Kind sich seine Auffassung selbst bilden kann.

Betrachten Sie auch gemeinsam Hausfassaden, Brunnenplastiken, Denkmäler usw., machen Sie es auf die Gestaltung von Gartenanlagen aufmerksam, auf die Inneneinrichtung daheim und bei Bekannten.

** Ziel: Größere Objekte aus Papier und Kartonagen herstellen.

Zeigen Sie Ihrem Kind, was es aus Papier und Karton herstellen kann: ein Tiergehege, ein Puppenhaus, eine Burg, ein Schulhaus, einen Sportplatz oder einen verzweigten Tunnel, durch den die Spielzeugautos fahren können, usw. Die folgenden Formen können Sie dabei zusammen entwerfen und weiterentwickeln:

- Räume, Hügel, Berge aus Schuhschachteln, Kartons und Wellpappe, die entsprechend zusammengeklebt werden.
- Wände, Zäune und Figurengruppen, die sich an den Händen halten, entstehen, wenn Papier wie eine Ziehharmonika gefaltet und ausgeschnitten wird.
- Ein vielseitiger Werkstoff ist übrigens Toilettenpapier, das mit einem dünnflüssigen Papierkleber getränkt wird. Es läßt sich dann beliebig formen (zu Hügeln, Bäumen usw.). Später können die Teile bemalt werden.

** Ziel: Drucktechniken kennenlernen und damit Flächen optisch gestalten.

Einfach und billig ist das Drukken mit Kartoffeln. Die Druckfläche wird anfangs rechteckig zugeschnitten, später kommen dreieckige, längliche oder rund geschnittene Kartoffelstempel hinzu. Sie werden mit Tusch- oder Deckfarben bestrichen und auf Papierbögen gedrückt. Ihr Kind kann damit bestimmte Muster und Ornamente, aber auch ganze Kompositionen aus Häusern, Bäumen und Figuren gestalten.

Ab 5;6 Jahren

** Ziel: Längere zeitliche Abschnitte in einem Bild-Tagebuch festhalten.

Diese Anregung eignet sich besonders gut für einen Urlaub: Ihr Kind malt jeden Abend eine besondere Szene des Tagesablaufs in ein unliniertes Heft. So hat es später eine sehr persönliche Erinnerung an die Ferientage.

Auch ein Ausflug, ein Kindergeburtstag, ein Tag im Kindergarten usw. läßt sich so in mehreren Zeichnungen festhalten.

** Ziel: Stoffe zuschneiden und damit Puppen oder Kasperfiguren bekleiden.

Zeigen Sie Ihrem Kind, wie es einfache Kleidungsstücke (Röcke, Hosen, Hemden) selbst zuschneiden und zusammennähen kann. Vorder- und Rückenteil bestehen beim Kleid oder Hemd aus zwei gleichgroßen Lappen, die seitlich mit einigen Stichen zusammengeheftet werden.

Manche Kinder versuchen, sich selbst Kleidung zu schneidern. Sicherlich finden Sie unter Ihren alten Sachen (Bettücher, abgelegte Kleider usw.) genügend geeignete Stoffe dafür.

** Ziel: Flechten als Vorstufe des späteren Webens kennenlernen.

Kaufen Sie Ihrem Kind ein «Heft» (eine Hobbypackung) zum Flechten. Es handelt sich dabei um farbige Papiere mit Längsschnitten (Grundbögen). Mit einer speziellen Nadel wird dann ein bunter Papierstreifen nach dem anderen in den Grundbogen eingezogen.

Bewegungsspiele für den ganzen Körper

Grundlegende Anregungen

*** Ziel: Verschiedene Grundbewegungsarten ausführen und die erzielten Leistungen verbessern.

Viele Kinder lehnen spezielle Übungen und Trainingsaufgaben ab. Sie finden erst Spaß an der Sache, wenn die Übung in ein Spiel verpackt ist. Schleichen allein ist zum Beispiel nicht sehr interessant. Es wird jedoch reizvoll, wenn das Kind versucht, sich im hohen Gras oder Gebüsch wie ein Indianer möglichst unbemerkt an die Eltern heranzuschleichen. Dazu weitere Beispiele:

- Laufen, Rennen: um die Wette laufen; den Hochsitz als erster erreichen; einen Mitspieler fangen usw.
- Springen: über einen Bach, eine Pfütze, eine kleine Mauer springen; über einen Freund springen, der auf dem Boden liegt oder kauert; über einen «Bock» springen.
- Hüpfen: bei einem Tanz hüpfen – auf einem Bein mit kleinen oder großen Sprüngen, mit beiden Beinen zugleich, in einer bestimmten Schrittfolge; auf Steinplatten nach einem selbstgewählten Muster hüpfen.
- Klettern: auf Bäume, Mauern und (geeignete) Gerüste klettern, dabei auch stützen und hangeln; an einem Tau oder Kletternetz, an einem kleinen Felsblock oder einem steilen Hang klettern.
- Kriechen: schleichen und robben; unter natürlichen Hindernissen hindurchkrabbeln (zum Beispiel durch einen niedrigen Fichtenwald, durch Gebüsch oder Zäune); sich im Gras wälzen, einen Abhang hinunterrollen.

Jede Bewegungsart fördert sowohl bestimmte körperliche Fähigkeiten (zum Beispiel Schnelligkeit, Beweglichkeit, Geschicklichkeit, Ausdauer, Koordination, Kraft) als auch bestimmte Muskelgruppen. Nur durch häufige Abwechslung werden alle Fähigkeiten des Kindes gleichmäßig entwickelt.

** Ziel: Verschiedene Bewegungs- und Fortbewegungsmöglichkeiten mit Geräten erproben.

Bei Bewegungsarten wie zum Beispiel beim Radfahren, Skifahren, Schlittschuh- und Rollschuhlaufen, Rudern und Kett-car-Fahren, bei denen Geräte nötig sind, werden die Steuerungsfähigkeit und Koordination beziehungs-

Eine mutige Leistung: Kathrin hüpft von der dritten Sprosse der Leiter!

Elegant springt dieser Junge über seinen geduldigen Freund.

weise die Genauigkeit von Bewegungsabläufen auf besondere Weise geübt.

Ab 5;0 Jahren

*** Ziel: Mit verschiedenen Bällen rollen, werfen, prellen und fangen. Sicher hat Ihr Kind Bälle. Aber vielleicht weiß es nicht, wie viele verschiedene Spielmöglichkeiten es damit gibt. Hier ist eine Auswahl:

- Rollen auf ein Ziel: Ein Eimer wird in einer Entfernung von zunächst zwei Metern aufgestellt. Er soll vom rollenden Ball getroffen werden. Noch schwieriger ist es, wenn der Ball über eine schräge Fläche auf ein bestimmtes Ziel zu gerollt werden soll.
- Prellen: Auf einem glatten, später auch auf einem unebenen Untergrund wird ein gut springender Ball mit einer Hand oder beiden Händen geprellt. Dabei kann mitgezählt werden, wie oft er ununterbrochen springt. Eine schwierigere Variation: beim Prellen ständig weitergehen.
- Werfen und Fangen: den Ball hochwerfen und selbst wieder fangen (mit beiden oder nur einer Hand), den Ball an eine Wand prellen und fangen, einen kleinen Ball mit verschiedenen Wurftechniken weit werfen, über eine Leine werfen, in einen hochgehängten Eimer zielen, in ein Tor treffen, das von einem anderen Mitspieler verteidigt wird.

** Ziel: Durch richtiges Einschätzen der eigenen Körperschwerkraft und mit Balancegefühl einen Parcours bewältigen.

Schneiden Sie aus Karton zehn Tafeln in der Größe 15 mal 15 cm aus. Verteilen Sie diese Tafeln so auf dem (Fuß-) Boden, daß eine lange, gewundene Schlange entsteht. Ihr Kind versucht, jeweils mit einem Schritt von einem Karton zum nächsten zu gelangen, ohne auch nur einmal danebenzutreten oder aus dem Gleichgewicht zu geraten.

Die Aufgabe kann sehr leicht in ihrer Schwierigkeit gesteigert werden: Die Tafeln werden mit größeren oder wechselnden Abständen oder in engen Kurven usw. hingelegt. Versucht Ihr Kind, den Parcours extrem langsam oder möglichst schnell zu bewältigen, ergeben sich daraus ebenfalls unterschiedlich schwierige Aufgaben.

** Ziel: Die Bewegungen eines anderen gut beobachten, einschätzen und seine eigenen Bewegungen darauf abstimmen.

Nehmen Sie einen großen Ball und halten Sie ihn, indem Sie ihn zwischen Ihre gerade gestreckten Hände klemmen.

Jetzt versuchen Sie dieses Einklemmen mit Ihrem Kind zusammen: Legen Sie den Ball

Aus immer größerer Entfernung treffe ich die Dose…

Könner mit flottem Hüftschwung.

zwischen Ihre linke Hand und die rechte Hand Ihres Kindes, die Arme müssen Sie beide etwas strecken. Den Ball können Sie jetzt nur halten, wenn Sie beide mit gleicher Kraft drücken. Nun versuchen Sie eine Strecke gemeinsam zu gehen, ohne den Ball zu verlieren; einmal bestimmt Ihr Kind den Weg, dann Sie.

Sie beide nehmen dann den Druck langsam zurück – wie weit geht das, ohne daß der Ball herunterfällt?

Mit einem großen, gefüllten Luftballon können zwei Kinder ähnlich spielen (auch als Idee für ein Wettspiel bei einer Kinderparty):

- den Luftballon gemeinsam mit den gestreckten Händen transportieren;
- den Luftballon zwischen die Bäuche drücken – also zwischen den beiden Körpern ohne Hände festhalten und dann vorwärts oder rückwärts gehen;
- den Ballon Rücken an Rücken transportieren.

** Ziel: Mit dem Hüpfball springen.

Besorgen Sie einen Hüpfball für Ihr Kind. Anfangs ist es etwas schwierig, sich damit fortzubewegen, nach einiger Übung kommt Ihr Kind jedoch mit immer größeren Sprüngen voran (allzuviel darf es damit übrigens nicht hüpfen: die Wirbelsäule wird dabei besonders stark belastet).

** Ziel: Sich geschickt bewegen und die Bewegungen anderer Kinder beachten.

Bei einer Kinderparty schneiden Sie für jeweils zwei anwesende Kinder einen Wollfaden von ca. einem Meter Länge. Dann legen Sie alle Wollfäden genau aufeinander und ergreifen Sie in der Mitte mit der Faust. Jetzt nimmt jedes Kind einen Wollfaden mit seiner linken oder rechten Hand. Wenn alle ihren Wollfaden festhalten, lassen Sie langsam los: Jetzt sind alle Kinder in «Zweierpaaren» aneinandergebunden. Nun soll der ganze Knäuel gelöst werden – aber ohne Loslassen. Dazu müssen sich alle Teilnehmer geschickt bewegen, drehen, wenden, tauchen oder darübersteigen (nach M. Pablo, 1991).

Ab 5;6 Jahren

** Ziel: Mit einem Reifen spielen können.

Auf geschnittenem Rasen kann man am besten damit spielen: den Reifen mit der Hand antreiben und ihm nachlaufen, ihn antreibend einen großen Kreis, eine «Acht» beschreiben usw. Wenn man den Reifen mit einem kurzen Stab antreibt, bekommt er noch mehr Schwung.

** Ziel: Mit dem Seil springen können, die eigenen Bewegungen genau steuern können.

Die allgemeine Beweglichkeit,

die Geschicklichkeit, die Vorausnahme der erwarteten Bewegungsabläufe und ihre Koordination – all das wird beim Seilspringen gefordert: Seilspringen ist eine ausgezeichnete Vorübung für verschiedene Übungen an Geräten.

** Ziel: Bälle geschickt balancieren.

Besorgen Sie vier verschieden große Bälle (zum Beispiel Tischtennisball, Tennisball, Fußball, Wasserball). Ihr Kind versucht, einige Meter mit jeweils einem Ball auf der flach gehaltenen Hand (bei leicht angewinkeltem, später ausgestrecktem Arm) zu gehen – mit den verschiedenen Bällen wird es ganz unterschiedliche Schwierigkeiten haben. Kann es das gut, versucht es, mit beiden Händen je einen Ball zu tragen und damit zu gehen usw.

Probieren Sie selbst dies Übung: Steigen Sie mit den Bällen auf einen Stuhl, machen Sie einen sehr großen Schritt, drehen Sie sich damit schnell im Kreis: So können Sie besser einschätzen, welch große Leistung Ihr Kind vollbringt, wenn es den Ball oder die Bälle transportiert, ohne daß sie herunterfallen.

*** Ziel: Die Bewegungen der Hände und der Finger geschickt steuern können.

Sammeln Sie bei einem Waldspaziergang eine größere Anzahl von dünnen, trockenen Ästen, ca. 30–

Beim Tauziehen können alle zugleich ihre Kraft einsetzen.

40 cm lang. Dann spielen Sie damit Mikado: Sie umfassen die Äste (dünne Stäbchen) mit der Hand und stellen Sie senkrecht so auf den Tisch auf, daß alle ihn mit ihrem einen Ende berühren. Dann lassen Sie sie alle zugleich los, sie fallen kreuz und quer durch- und übereinander. Ihr Kind versucht jetzt, einen Ast/Stock nach dem anderen so aufzuheben, daß die anderen dabei nicht bewegt werden.

Wenn Sie das Spiel als Wettspiel durchführen, geht es beim unerlaubten Wackeln weiter, indem der nächste an die Reihe kommt, bis wiederum andere Äste/Stöcke mit bewegt werden. Wer die meisten Äste aufheben konnte, hat gewonnen (nach A. & M. Bartl, 1990).

** Ziel: Auf Stelzen gehen.

Lassen Sie Ihr Kind mit Stelzen laufen. Anfangs helfen Sie ihm beim Aufsteigen und bei den ersten Schrittversuchen. Die einfachsten Stelzen können Sie selbst machen: Nehmen Sie dazu zwei Weißblechdosen (zum Beispiel von Sauerkraut) und machen Sie seitlich vom Boden zwei Löcher, durch die Sie eine kräftige Schnur ziehen und zur langen Schlaufe binden. Ihr Kind steht (läuft) dann auf dem Boden der Dose, die Öffnung zeigt nach unten. Die Schlaufen hält das Kind in den Händen, um bei jedem Schritt die Dose unter dem Fuß zu heben und so kontrolliert mitzuführen.

Gelungene Handlungen machen selbständig

Grundlegende Anregungen

*** Ziel: Einige Aufgaben übernehmen und täglich ausführen.

Sicher gibt es in Ihrem Haushalt einige Aufgaben, die Ihr Kind jetzt schon regelmäßig ausführen kann. 10 bis 15 Minuten «Mitarbeit» pro Tag genügen am Anfang (also beim Fünfjährigen). Wählen Sie möglichst auch Aufgaben aus, die etwas Mitdenken erfordern und nach der Einführungszeit auch selbständig ausgeführt werden können. Eine Mithilfe, die von ständigen Anweisungen abhängig ist («jetzt reich mir dies, jetzt hol mir das…») wird bald als lästige Pflichtübung empfunden. Geben Sie Ihrem Kind also zum Beispiel nicht einen Auftrag: «Jetzt kannst Du die Blumen gießen!», sondern erklären Sie ihm, daß die Blumen Wasser brauchen, wenn die Erde trocken oder wenn im Untersatz kein Wasser mehr ist, usw.

Überlassen Sie ihm die Kontrolle möglichst bald selbst – und damit auch die Verantwortung! Eine einzige verwelkte Topfpflanze kann größeren Eindruck auf Ihr Kind machen als ständige Ermahnungen. Als Aufgaben bieten sich an:

- Kleine Einkäufe in geeignet gelegenen Geschäften (das Kind überlegt mit, was im Haushalt fehlt).
- Eine Information weiterleiten (zum Beispiel an den Nachbarn, einen Lieferanten, einen Telefonpartner).
- Das eigene Zimmer regelmäßig (unter Mithilfe von Vater oder Mutter) aufräumen.
- Tisch decken (Geschirr und Bestecke nach der Zusammenstellung der Mahlzeit auswählen).
- Die eigenen Schuhe putzen, die Wäsche in den Wäschekorb legen.
- Geschirr abtrocknen.

** Ziel: Einige technische Geräte bedienen können.

Radio, Kassettenrecorder und Fernseher kann Ihr Kind vielleicht schon richtig bedienen. Jetzt kann es aber auch lernen, mit anderen Geräten in Ihrem Haushalt umzugehen: Mixgerät, Toaster, Entsafter, Telefon. Besonders wichtig ist, daß es auf Gefahren hingewiesen wird und lernt, wie verschiedene Geräte im Notfall ausgeschaltet werden (Bügeleisen; Waschmaschine; Geschirrspülmaschine: zum Beispiel das Zudrehen des Hahns, wenn Wasser ausläuft usw.).

Ab 5;0 Jahren

** Ziel: Zweckmäßige Kleidung für den Tag aussuchen.

Überlassen Sie jetzt möglichst Ihrem Kind die Auswahl der Kleidung, die es anziehen möchte. Weisen Sie es nur wiederholt auf einige wichtige Gesichtspunkte hin:

- Für welche Tätigkeit zieht es sich an? (Spiel im Freien? Spiel in der Wohnung? Besuch?)
- Temperatur und Jahreszeit berücksichtigen (ist ein Witterungswechsel möglich?).
- Ist gerade Chicsein angesagt, oder kann man sich praktisch anziehen?

Danach lassen Sie Ihr Kind die Tageskleidung auswählen (Tun Sie sich schwer, den vielleicht sehr eigenen Geschmack des Kindes zu respektieren?) und sprechen Sie mit ihm über die Gesichtspunkte, die es dabei beachtet hat. Nach einigen positiven und negativen Erfahrungen wird Ihr Kind die verschiedenen Aspekte von sich aus berücksichtigen und eine geeignete Auswahl treffen.

Mit dem Feuerwehrschlauch richtig zu zielen, erfordert Konzentration und Geschicklichkeit.

** Ziel: Die Funktion verschiedener öffentlicher Einrichtungen kennen.

Im allgemeinen sind Sie dabei, wenn Ihr Kind eine ihm neue Umgebung aufsucht. Vielleicht will es aber auch einmal mit einem Freund/einer Freundin selbständig die weitere Gegend erkunden. Dabei können bestimmte Gefahren auftreten, wenn es zu bis dahin fremden Plätzen/Orten gelangt: beispielsweise Müllhalden, Kies- oder Sandgrube, größere Parks, Zirkus, Jahrmärkte, Rummelplätze, Baustellen usw.

Nehmen Sie sich deshalb vor, mit Ihrem Kind möglichst viele derartige Plätze aufzusuchen, damit sie ihm etwas vertrauter werden. Denken Sie immer daran, daß es nicht nur durch Verbote vor Gefahren bewahrt wird. Wichtig ist vor allem, daß es gefährliche Situationen selbst erkennen lernt, daß es eine gewisse Übung darin bekommen muß, Gefahren zu erkennen, um sie zu vermeiden beziehungsweise notfalls das Richtige zu tun.

** Ziel: Verschiedene kleinere Schäden beheben können.

Leiten Sie Ihr Kind an, seine Mißgeschicke teilweise selbst zu korrigieren:

- Etwas Verschüttetes selbst aufwischen: Zeigen Sie ihm, wie das geht und welche Lappen dafür zu verwenden sind. Beim nächstenmal kann es die Panne dann schon allein beheben.
- Kleinere Bruchstellen durch Kleben reparieren.
- Schmutz auf dem Fußboden mit dem Staubsauger oder mit Schaufel und Besen entfernen.
- Verwendete Reinigungsgeräte säubern (Putzlappen auswaschen, Schwamm mehrfach ausdrücken usw.).
- Eine heruntergefallene Schublade wieder einsetzen und den Inhalt einordnen.

Ab 5;6 Jahren

** Ziel: Verschiedene Werkzeuge richtig benutzen.

Denken Sie bei einer Geschenkliste auch an einen Werkzeugkasten! Ihr Kind sollte jetzt lernen, mit verschiedenen Werkzeugen umzugehen.

Für den Kauf gilt: Es kommt nicht so sehr auf die Anzahl der Geräte an, die in dem Kasten enthalten sind. Wichtiger ist die Funktionstüchtigkeit der Werkzeuge sowie ihre Eignung für Kinder, das heißt, sie sollten für die Größe und Kraft der Kinderhand bemessen sein.

Nach Gebrauch sollte man sie leicht und übersichtlich wieder einordnen können. Richten Sie dazu eine kleine Ecke in einem Raum so ein, daß dort mehrere Tage hintereinander gearbeitet werden kann, ohne daß abends alle Späne beseitigt werden müssen. Dann überlegen Sie gemeinsam mit Ihrem Kind, was es anfertigen

Der richtige Gebrauch von Werkzeugen sollte von allen Kindern erlernt werden.

kann. Anfangs ist Ihre Mithilfe unbedingt erforderlich – Sie müssen die Handhabung der Werkzeuge mehrmals vormachen und erklären!

Erklären Sie Ihrem Kind gelegentlich auch die Anwendung der Werkzeuge, die im Haushalt benutzt werden: Korkenzieher, Dosenöffner, Salatschleuder, Zitronenpresse usw. Achten Sie aber immer darauf, daß es dabei nicht überfordert wird. Je mehr Erfolg es mit seinen Handlungen hat, desto eher wird es sich auch neue Aufgaben zutrauen.

** Ziel: Nach einfachen Küchenrezepten selbst etwas kochen.

Zeigen Sie Ihrem Kind, wie man Fertigsuppe kocht, wie es einen Pfannkuchen backen kann, Spiegeleier in die Pfanne schlägt, Leberkäse brät usw. Auch Plätzchen wird Ihr Kind sicher gern backen.

Lassen Sie es zunächst mithelfen, wenn Sie selbst kochen: Eier aufschlagen, einen Teig rühren usw. Das ist eine gute Vorübung zum Selberkochen.

Ihr Kind erlebt sich als eigenständige Persönlichkeit

Anregungen für das ganze Jahr

** Ziel: Durch Erfolge und Mißerfolge die Einschätzung der eigenen Fähigkeiten und Fertigkeiten verbessern.

Als Elternteil ist man versucht, sein Kind vor allen Mißerfolgen und Enttäuschungen zu bewahren. Doch damit nimmt man ihm unter Umständen eine wichtige Möglichkeit, sich selbst und seine Leistungsfähigkeit immer besser kennenzulernen.

Überlegen Sie, wie ein Kind zu einer neuen Erfahrung kommt! Es setzt sich mehr oder weniger bewußt ein Ziel, es will eine bestimmte Vorstellung verwirklichen. Und dann hält es Ausschau nach Mitteln, mit denen es sich seinen Wunsch erfüllen kann. Alle Eindrücke und Einfälle verarbeitet es zu einem Plan, der zum Ziel führen kann. Wenn ihm die Ausführung nun mißlingt, wird es noch andere Möglichkeiten ausprobieren. Hat es schließlich Erfolg, ist es stolz und zufrieden. Wenn mehrere Versuche scheitern, ist es enttäuscht und gibt nach einer Weile auf.

In beiden Fällen hat es wichtige Erfahrungen gesammelt. Bleibt der Erfolg aus, wird es nach einiger Zeit – vielleicht erst nach Monaten – einen erneuten Anlauf nehmen. Und diesmal gelingt sein Plan vermutlich, weil es inzwischen neue Erfahrungen erworben hat. Helfen Sie Ihrem Kind zu oft, dann machen Sie es unselbständig. Es wird sich nicht die Methode merken, mit der Sie das Problem gelöst haben, sondern den Typ der Hilfsaktion: Ein Erwachsener wird kommen und die Sache schon irgendwie regeln!

Sie können aber indirekt viele Anregungen zur Selbständigkeit geben, wenn das Kind Ihnen bei Ihren eigenen Tätigkeiten zusieht. Hier ist seine Aufmerksamkeit – freiwillig – ganz interessiert auf Ihre Handgriffe gerichtet. Diese Anregungen wird es sich auch deshalb gut einprägen, weil sie nicht in einer Konfliktsituation – während des eigenen Versagens – auf es einstürmen. (Das Lernen aufgrund der Spiele, Beschäftigungen und Übungen des Lernspielprogramms vollzieht sich, solange das Kind gern mitmacht, ebenfalls außerhalb einer Konfliktsituation. Damit nimmt es besonders gut auf, behält besser und schafft so die Grundlage für eine positive

Einschätzung der eigenen Leistungsfähigkeit.)

Sie können ihm auch Hilfsmittel anbieten, wenn es einen bestimmten Plan äußert: «Ich habe da noch etwas, das Du vielleicht gebrauchen kannst – soll ich es Dir einmal zeigen?»

Geben Sie ihm höchstens dann einen Tip, wenn ihm an einer Sache sichtlich viel gelegen ist und es alleine absolut nicht zurechtkommt. In Ausnahmefällen können Sie auch einmal einen Verbesserungsvorschlag anbieten oder mithelfen. Dosieren Sie jedoch Ihre Mithilfe so, daß Ihr Kind insgesamt zu einer realistischen Selbsteinschätzung kommt. Und dazu gehören Mißerfolge ebenso wie Erfolge.

Wenn einem Kind zu viele Schwierigkeiten abgenommen werden, wird es sich entweder überschätzen (weil es nicht wahrnimmt oder sich eingesteht, daß beispielsweise der Vater die tollen Maschinen zu Ende baut) oder unterschätzen, weil es seine tatsächlichen Fähigkeiten gar nicht kennenlernt.

** Ziel: Im Umgang mit Gleichaltrigen die eigene Leistungsfähigkeit kennenlernen.

Wenn Ihr Kind keine Geschwister hat, ist es zu Hause ständig mit Erwachsenen konfrontiert. An ihnen mißt es sein eigenes Können. Dabei schneidet es natürlich oft schlecht ab und wird seine Fähigkeiten und Leistungen vielleicht zu niedrig einschätzen. Achten Sie in diesem Fall darauf, daß es häufig mit Gleichaltrigen spielen kann. Diese Möglichkeit hat es zum Beispiel im Kindergarten und in Kinderkursen.

Fördern Sie aber noch zusätzliche Kontakte mit Gleichaltrigen. Laden Sie Freunde Ihres Kindes ein und lassen Sie es auch zu ihnen gehen. Im Spiel mit ihnen wird es einmal nachgeben müssen, das andere Mal seine eigenen Wünsche durchsetzen können. Dieser ständige Wechsel führt mit zu einem ausgewogenen Persönlichkeitsgefühl. Außerdem entwickelt es im Umgang mit Gleichaltrigen Initiative und Kommunikationsstrategien, es lernt, seine Leistungsfähigkeit einzuschätzen, und bekommt mehr Selbstvertrauen.

** Ziel: Werthaltungen, Bezugssysteme und Maßstäbe entwickeln.

Ein Kind braucht eine stabile Orientierung in seiner Umwelt. Dazu gehört auch eine eindeutige Position der Eltern zu weltanschaulichen Fragen, die sich für das Kind erkennbar in Handlungen zeigt. Solche Orientierungen, die Entwicklung von Wertmaßstäben und Normen können in verschiedenen Bereichen vorgelebt werden:

- Sie suchen als überzeugter Christ die Kirche auf und ordnen sich in die Gemeinschaft der Gläubigen ein;
- Sie wirken mit in einer politischen Partei und unterstützen so bestimmte Zielsetzungen;
- Sie betätigen sich (mehr oder

weniger aktiv) in einem Verein und unterstützen dessen Ziele;
- Sie besuchen Bürgerversammlungen oder beteiligen sich an Demonstrationen um wichtige gesellschaftliche Initiativen zu unterstützen.
- Sie beteiligen sich an einer Initiative, die bessere Rahmenbedingungen für Betreuung, Erziehung und Bildung vor Ort erreichen will, zusammen mit anderen Eltern, in einem Verein, als Kindergartenbeirätin oder -rat, als Elternbeiratsmitglied (wenn ältere Geschwister bereits in die Schule gehen).

Im Hinblick auf Ihr Kind und seine Erziehung ist wichtig, daß Sie sich bei diesen verschiedenen Gemeinschaften oder Organisationen nicht nur beteiligen, sondern daß Sie mit Ihrem Kind auch über die Zielvorstellungen sprechen und es über Ihre eigene Einstellung dazu informieren. Ohne diese Hintergrundinformation kann Ihr Kind sonst zu ganz falschen Deutungen und Schlüssen kommen (Sie gehen unter Umständen in die Kirche wegen der schönen Kerzen, zu einer Demonstration, weil dort alle Menschen mitgehen usw.).

** Ziel: Durch Beständigkeit im eigenen Verhalten dem Kind Sicherheit und Zuverlässigkeit geben.

Eltern setzen die Maßstäbe für Erwartungen ihres Kindes, aber auch für die Anforderungen, die es an sich selbst stellt.

Wenn die Erziehungspraktiken häufig wechseln, kann es dieses feste Bezugssystem nicht entwikkeln und wird unsicher. Bleiben Sie also möglichst kontinuierlich bei Ihrem Erziehungsverhalten. Reagieren Sie auf vergleichbare Anlässe in ähnlicher Weise.

Ihr Kind muß immer genau wissen, welches Verhalten Sie von ihm erwarten, was Sie ablehnen und in welchen Situationen Sie neutral bleiben (das heißt ihm die Entscheidung ganz überlassen). Das erfordert natürlich, daß Sie Ihr eigenes Verhalten in der Erziehung immer wieder überprüfen.

Sie müssen sich also beispielsweise fragen, ob Sie bei einem Konflikt weiterhin konsequent bei einer bestimmten Anordnung bleiben wollen oder vielleicht doch nachgeben. (Manchmal ist Nachgeben besser: wenn zum Beispiel der sonst andauernde Konflikt das Verhältnis Ihres Kindes zu Ihnen verschlechtert – damit wäre auch Ihr positiver Einfluß geschmälert.)

*** Ziel: Sich als eigenständige Persönlichkeit akzeptieren können.

Die Vorstellung, die ein Kind von sich selbst erwirbt, entsteht in der Auseinandersetzung mit seiner Umwelt und den wichtigsten Personen in seiner Umgebung, vor allem den Eltern. Oft kommt es im Zusammenleben jedoch zu Mißverständnissen. Als Elternteil nimmt man vielleicht die Äußerung eines kindlichen Bedürfnisses oder einer Idee gerade nicht so wichtig, man hat keine Zeit, weiterzufragen, und vergißt es später (oder hofft sogar, daß das Kind sich später nicht mehr daran erinnert).

In solchen Situationen fühlt sich das Kind ohnmächtig und weniger wertvoll, das Selbstbild des Kindes wird von Unsicherheit und Zweifel bestimmt. Vielleicht haben Sie den Eindruck, alle wichtigen Anregungen Ihres Kindes aufzugreifen, nehmen aber in Wirklichkeit nur diejenigen wahr, die in Ihr Konzept passen! Viele Fehler können Sie vermeiden, wenn Sie sich öfter fragen:

- Wann und wie habe ich meinem Kind in den letzten Tagen gezeigt, daß ich es als Persönlichkeit akzeptiere und seine Interessen ernst nehme?
- Welche seiner Belange sind längere Zeit unberücksichtigt geblieben? Kann ich das jetzt nachholen?
- Stehe ich meinem Kind genügend zur Verfügung, wenn es mich braucht (zum Spielen, zum Fragen, zum Unterhalten, zum Lernen)? Mache ich ihm auch von mir aus Angebote dazu (ohne mich aufzudrängen)?

Ihr Kind wird bestimmt nicht verwöhnt, wenn Sie sich ihm in dieser intensiven Form zuwenden. Es macht dabei die Erfahrung, daß es befriedigend ist, sich auf andere einzustellen. Und das ist eine wichtige Voraussetzung für sein eigenes partnerschaftliches Verhalten.

Sich im Spiegel genau zu betrachten, erweitert das Selbstbild.

Sie können Ihrem Kind helfen, seine Gefühle zu verstehen

Anregungen für das ganze Jahr

*** Ziel: Gefühle und Stimmungen auf die spezifischen Situationen abstimmen, sie situationsgerecht erleben.

Im sozialen Kontext angepaßt zu reagieren bedeutet nicht, daß man seine Gefühle verbergen soll. Damit ist vielmehr gemeint, daß man seine Gefühlsäußerungen einigermaßen steuern kann.

Die Empfindungen in einer bestimmten Situation können offen gezeigt werden, sollten sich aber andererseits nicht zu weit vom Verhalten anderer Menschen in der gleichen Situation entfernen, damit zum Beispiel Kommunikation auch über und durch Gefühlsäußerungen möglich bleibt. Wer beispielsweise bereits bei einem kleinen (belanglosen) Geschenk exaltiert reagiert, macht sich unglaubhaft. Kann er seine Gefühlsregungen bei einem großen (bedeutenden) Geschenk überhaupt noch steigern?

Die Abstimmung des Ausmaßes und der Art von Gefühlen auf bestimmte Situationen wird gewiß weitgehend gelernt. Der Lernprozeß ist jedoch weit weniger durchschaubar als das Erlernen konkreter Fakten, etwa einzelner Wörter.

Sie selbst sind dabei vor allem ein ständiges Vorbild und Modell für Ihr Kind. Vieles wird es von den Menschen in seinem unmittelbaren Umfeld (Mutter, Vater, ältere Geschwister) übernehmen, ohne daß Sie sich dessen bewußt sind. Sie können aber auch gezielten Einfluß darauf nehmen und ihm dadurch den Lernprozeß erleichtern. Zeigen Sie nicht nur Gefühle, sondern verdeutlichen Sie ihm auch die sie auslösenden Situationen.

Dafür ein Beispiel: Wenn Sie einen Brief mit einer positiven Nachricht erhalten, freuen Sie sich. Ihr Kind wird dieses Gefühl an Ihrem Benehmen merken. Doch erst wenn Sie ihm auch den Inhalt des Briefes mitteilen, wird es Ihre Reaktion richtig verstehen! Umgekehrt sollten auch Sie die Gefühlsäußerungen Ihres Kindes nachvollziehen.

Noch ein anderes Beispiel, bei dem das Kind in sein emotionales Verhalten entgegengesetzte Verhaltensweisen oder direkte Gegenreaktionen mit einbezieht: Ein älteres Kind (Bruder, Schwester, Freund) fragt die Eltern gewöhnlich nicht zu freundlich und wird mit seinem Anliegen abgelehnt, das jüngere Kind erlernt daraufhin das Schmeicheln als weiterführende Taktik: Nur genaues Beobachten und Nachdenken wird zu einer Erklärung des Verhaltens führen.

Sie können die Äußerungen der kindlichen Gefühle als eine bestimmte Sprache auffassen, mit der es etwas über die erlebte Situation und deren Wirkung mitteilen will. Wenn Sie hingegen seine Gefühle nicht ernst nehmen, wenn Sie ironisch darauf reagieren oder sie übersehen, wird es seine Gefühle immer weniger zeigen.

Weitere (positive oder negative) Erfahrungen hinsichtlich Art und Ausmaß der geäußerten Gefühle sammelt es natürlich auch im Umgang mit den Mitmenschen im weiteren Umfeld. Es lernt dadurch, seine Gefühlsreaktionen als bewußte Signale einzusetzen und bei Gefühlsausbrüchen, die es nicht unterdrücken kann oder will, mit bestimmten Reaktionen seiner Mitmenschen zu rechnen.

Im folgenden werden einige Gefühle mit ihren Ursachen, Ausdrucksweisen und den zu erwartenden Reaktionen dargestellt:

– Ärger, Zorn, Aggression: Diese Gefühle entstehen gewöhnlich, wenn dem Kind etwas verweigert wird, das es haben oder erreichen möchte. Es weint, schimpft, schlägt oder stiftet Unfrieden. Zunächst muß überlegt werden, ob es berechtigten Grund für seinen Ärger hat oder ob sein Verhalten übertrieben heftig ist. In jedem Fall ist es günstiger, die erste große Aufregung erst einmal abklingen zu lassen. Danach sollte man mit einem klärenden Gespräch beginnen. In der Erregung würde das Kind auch sachliche Argumente als Gegenaggression auffassen und sich weiter in seinen Zornausbruch hineinsteigern.
Sie sollten übrigens nicht alle Wutanfälle unterbinden und als überflüssig bezeichnen («So wirst Du bei mir überhaupt nichts erreichen!»). Sie wissen ja selbst, daß man auch unter Erwachsenen gelegentlich nur mit einem kräftigen Wort sein Ziel erreicht, wenn Ruhe und Gelassenheit nicht wirken. Auch Ihr Kind wird sich unter seinesgleichen manchmal auf diese Weise durchsetzen müssen.
– Traurigkeit, Niedergeschlagenheit, Enttäuschung: Kindern fällt es viel schwerer als Erwachsenen, auf eine bereits versprochene Sache zu verzichten, einen bestimmten Wunsch aufgeben zu müssen. Sie können ja kaum die gesamte Situation überblicken, die die Erfüllung unmöglich macht. Wenn zum Beispiel ein versprochenes Eis nicht gekauft werden kann, weil die Geschäfte schon geschlossen sind, ist die Enttäuschung vielleicht riesengroß. Mitunter kullern sogar dicke Tränen, weil das Kind sich die ganze Zeit auf dieses Eis gefreut hatte, oder es wird lustlos

und zieht sich zurück. Immerhin gelingt dem Kind die Verarbeitung dieses Erlebnisses noch leicht im Vergleich zu einem so schwerwiegenden Erlebnis, wie es beispielsweise der Tod eines geliebten Tieres ist. Hier gibt es für ein Kind zunächst überhaupt keinen Trost. Es wäre sicher falsch, die Trauer in diesem Fall schnell vertreiben zu wollen. Damit würden auch Gefühle entwertet, die das Kind vorher für dieses Tier empfunden hatte. Außerdem sagt es sich dann vielleicht: «Wenn es den Erwachsenen schon gleichgültig ist, daß ich mein Lieblingstier verloren habe, dann sind mir die Erwachsenen auch gleichgültig.» Versuchen Sie statt dessen, sich in die Lage Ihres Kindes zu versetzen, und teilen Sie seine Enttäuschung oder Trauer. Ihre Anteilnahme hilft ihm, seinen Schmerz leichter zu überwinden. Falsch wäre es, die Situation zu bagatellisieren oder zum Beispiel sofort Ersatz zu beschaffen (indem Sie umgehend ein neues Tier kaufen).

– Stolz, Eigenmachtgefühl, Triumphgefühl: Wenn ein Kind eine besondere Leistung erbracht hat, will es dafür anerkannt werden: bei einem besonders weiten Sprung, wenn es das erste Mal eine Schleife binden konnte oder wenn es seinen Namen schreiben kann. Ohne Resonanz, ohne Anerkennung durch andere wäre die Leistung

zwar dieselbe, aber man könnte sich nicht so sehr darüber freuen. Das Bedürfnis nach Anerkennung sowie der Stolz auf das Erreichte führen dazu, auch weitere Anstrengungen auf sich zu nehmen.
Erkennen Sie deshalb alle herausragenden Leistungen an, sparen Sie aber auch bei den normalen Leistungen nicht mit freundlichen Worten. Ihr Lob sagt ja nicht nur, daß Sie sein Können bewundern, sondern vor allem, daß Sie mit dem einverstanden sind, was Ihr Kind tut. Übrigens erleichtern Sie es ihm damit auch, die Leistungen anderer anzuerkennen.

*** Ziel: Gefühle durch den Einsatz verschiedener Ausdrucksweisen mitteilen.

Mit pantomimischen Spielen können Sie die Ausdrucksmöglichkeiten Ihres Kindes erweitern. Beginnen Sie mit der Darstellung ganz einfacher Handlungen als Vorübung: einen Gürtel zubinden, Nase putzen, Wasser umgießen usw. (alles ohne die entsprechenden Geräte). Dann werden Gefühle in bestimmten Situationen ausgedruckt, zum Beispiel:

- Jemand hat ein Schlüsselbund verloren und ärgert sich.
- Die Mutter eines Freundes/einer Freundin erklärt, daß das Kind nicht zum Spielen kommen darf.
- Jemand ist hingefallen und hat sich das Knie aufgeschlagen.

Der Zuschauer (abwechselnd Sie oder Ihr Kind) muß jeweils raten, was gerade dargestellt wird.

** Ziel: Zärtlichkeiten nur freiwillig austauschen.

Regeln der Etikette zwangen die Menschen früher häufig zu vorgeschriebenen Handlungen. So mußten Mädchen einen Knicks und Jungen einen Diener zur Begrüßung machen. Das gibt es heute nicht mehr. Dagegen wird oft von Kindern noch vielfach erwartet, daß sie erwachsene Verwandte zur Begrüßung oder zum Abschied küssen oder sich küssen lassen. Bestehen Sie nicht darauf, wenn Ihrem Kind dieses Zeremoniell unangenehm ist! Überlassen Sie es ihm selbst, mit wem es dieses Zeichen der Zuneigung austauschen möchte.

Zärtlichkeiten betreffen wesentlich die Verfügung über den eigenen Körper: sie soll ein unantastbarer Wert sein. Damit erwirbt ein Kind auch die notwendige Immunisierung gegen unerwünschte Annäherungen Fremder (sexuelle Gewalt gegen Kinder, Verführung von Kindern). Auch Körperstrafen sind damit ein absolutes Tabu – es gibt immer einen anderen, besseren Weg als eine Körperstrafe!

Soziales Verhalten erlernt Ihr Kind im Umgang mit Gleichaltrigen

Anregungen für das ganze Jahr

*** Ziel: Die Position innerhalb verschiedener Gruppen erkennen und sie nach eigenen Wünschen verändern.

Jeder Mensch kann in seinem Verhalten als ein «Rollenschnittpunkt» betrachtet werden. Er ist gleichzeitig Mitglied mehrerer verschiedener Gruppen, innerhalb derer er bestimmte Positionen, also Rollen innehat. Diese Positionen können von Gruppe zu Gruppe weitgehend voneinander abweichen. So hat beispielsweise das jüngste Kind in einer Familie die Rolle des Nesthäkchens, während es im Kindergarten zugleich das älteste Kind einer Gruppe sein und somit eine Führungsposition innehaben kann. Dasselbe Kind kann aber möglicherweise in der Gruppe der Kinder, die sich auf dem Spielplatz treffen, wieder eine andere Rolle ausüben – die eines Mitläufers zum Beispiel.

Diese verschiedenen Rollen, die sich sogar widersprechen können, sind für das Kind schwer zu verstehen. Sie können (und sollten) sich deshalb gelegentlich mit Ihrem Kind über seine verschiedenen und wechselnden Positionen unterhalten. Das kann Ihrem Kind helfen, einerseits mehr Flexibilität, andererseits aber auch mehr Toleranz gegenüber den Anforderungen zu entwickeln, die durch die verschiedenen Rollen gegeben sind. Es genügt schon, wenn Sie zunächst zwei Gruppen, in denen Ihr Kind mitwirkt, miteinander vergleichen. Nach einiger Zeit können Sie dann in den Vergleich eine dritte oder vierte Bezugsgruppe einbeziehen.

Folgende (Bezugs-)Gruppen können dafür in Frage kommen: Familie, Freundeskreis (Ihr Kind und seine Freunde), Nachbarskinder, Kindergartengruppe (im Kindergarten gehört Ihr Kind vermutlich gleichzeitig zu verschiedenen Gruppen, zum Beispiel: «älteste Gruppe» oder «Kinder, die bevorzugt mit Puppen spielen»), Kursgruppe (im Schwimm-, Turn- oder Malkurs) sowie vorübergehende Gruppen, zum Beispiel Kindergeburtstags-Gruppe, Kinder im Arztvorzimmer, in einem Krankenhaus oder bei einem Verwandtentreffen. Sprechen Sie dabei unter anderem über die folgenden Aspekte des unterschiedlichen Verhaltens:

- verschiedene Positionen: Führerrolle, der/die Beliebte, einfaches

Mitglied, der/die Außenseiter(in).
- wechselnde Rollen: Anführer, Initiator, Kritiker, Spielverderber, Praktiker, Vermittler, Bittsteller, Helfer usw.

Sicher spielt Ihr Kind in den verschiedenen Bezugsgruppen nicht immer die gleiche Rolle, so daß es unterschiedliche Anforderungen bewältigen muß. Das wird Ihr Kind zwar belasten, bringt aber andererseits Übung in verschiedenen Verhaltensweisen mit sich. Auf diese Weise wird das Persönlichkeitsspektrum Ihres Kindes erweitert.

Sollte Ihr Kind wenig angesehene Positionen innehaben wie beispielsweise Außenseiter oder Spielverderber, analysieren Sie gemeinsam diese Situation. Warum hat es diese Rolle inne? Und: Wie kann es aus dieser Rolle herauskommen? Wenn Sie selbst mit Versuchen in dieser Richtung wenig vorankommen, sollten Sie unbedingt einen Kinderpsychologen oder Erziehungsberater um Rat fragen. Denn eine so ungünstige Rolle, über eine längere Zeit ausgeführt, bringt Ihrem Kind erhebliche Nachteile: Sie läßt bestimmte Fähigkeiten verkümmern und beeinflußt die weitere Persönlichkeitsentwicklung ungünstig.

** Ziel: In einem Spiel für mehrere Kinder zusammenwirken und sich an die vereinbarten Spielregeln halten – dabei für sich Spaß haben und zum Spaß der anderen aktiv beitragen.

Bei einer Kinderparty im Sommer kann das folgende Spiel großen Anklang finden: Sie besorgen eine große, durchsichtige, einigermaßen reißfeste Folie und schneiden Sie zu einem Kreis mit vier Metern Durchmesser aus (oder Sechseck). Sechs Kinder fassen an der Folie an und spannen sie. Unter der Folie liegen zwei bis drei Kinder auf dem Rücken, die nach oben blicken. Nun wird die Folie langsam auf und ab geschwungen – für die Kinder darunter, aber auch für diejenigen, die die Folie schwingen, ein interessantes optisches Schaupiel! Nach einiger Zeit, wenn sich alle Spieler abgewechselt haben, legen Sie fünf bis sieben vorbereitete, aufgeblasene Luftballons in verschiedenen Farben auf die Folie. So entsteht bereits eine kleine Farborgie (nach M. Pablo, 1991).

*** Ziel: Die Unabhängigkeit von den Bezugspersonen erweitern.

Wenn Ihr Kind einen Kindergarten besucht, ist es automatisch daran gewöhnt, täglich einen halben oder sogar den ganzen Tag von den Eltern und Geschwistern unabhängig zu sein. Das fördert seine Selbständigkeit: das Aufschieben persönlicher Wünsche, die Kontrolle des eigenen Verhaltens, die Anpassung an die Anforderungen, die von anderen gestellt werden, die Einordnung in die Gruppe.

Falls Ihr Kind keinen Kindergarten besucht, sollten Sie versuchen, diese Selbständigkeit auf anderen Wegen zu erreichen. Dazu bieten sich unter anderen folgende Möglichkeiten an:

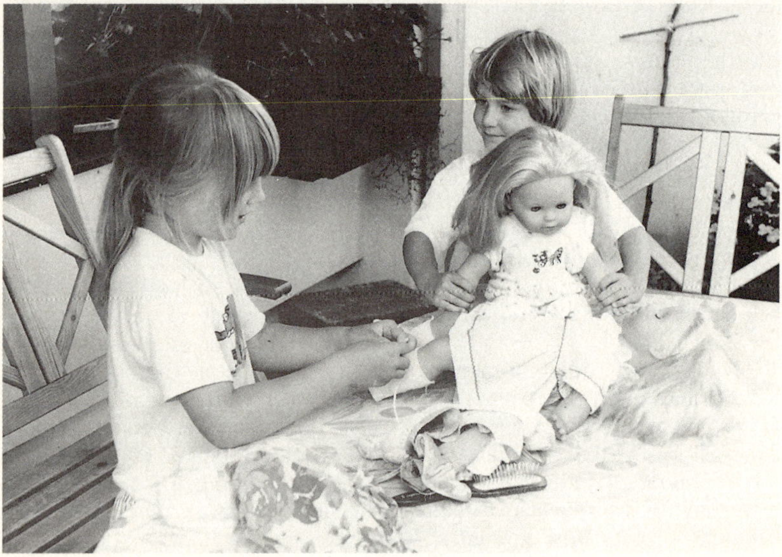

In kleinen Gruppen kann es turbulent zugehen – gemeinsames Handeln und Kräftemessen wechseln rasch.

– Sie selbst konzentrieren sich jeweils für zunächst eine halbe, später eine, dann eineinhalb Stunden auf die Tätigkeit, bei der Sie sich nicht stören lassen. Ihr Kind soll sich in dieser Zeit selbst beschäftigen. Dazu können Sie ihm einen Zwischenimbiß vorbereiten und einige Tips für eine Beschäftigung geben.
– Lassen Sie Ihr Kind öfter für einen halben Tag zu einer befreundeten Familie mit einem möglichst gleichaltrigen Kind gehen, damit es seine Wünsche und Bedürfnisse auch gegenüber anderen Erwachsenen zu artikulieren lernt.
– Lassen Sie Ihr Kind einige Tage Ferien bei Bekannten oder

Verwandten machen, ohne daß Sie dabeisind.

- Wechseln Sie sich ab bei den Beschäftigungen mit Ihrem Kind an Wochenenden. Einige Stunden spielt der Vater, dann die Mutter mit ihm. Auch dabei lernt das Kind unterschiedliche Verhaltensweisen kennen.
- Denken Sie daran, daß spezielle Kurse wie Malen, Werken, Turnen, Gymnastik, Ballett, Eislauf oder Schwimmen ebenfalls die Unabhängigkeit Ihres Kindes günstig beeinflussen.
- Lassen Sie Ihr Kind sich jetzt ruhig auch eine bis höchstens drei Stunden in der näheren Umgebung des Hauses aufhalten, ohne daß Sie ständig dabei sind. Dazu müssen Sie allerdings besondere Gefahrenquellen mehrfach angesprochen haben und sicher sein, daß Ihr Kind sich an Ihre Anweisungen hält.

*** Ziel: Andere Kinder und Erwachsene bei deren Beschäftigung nicht stören und ihre Arbeit respektieren.

Vielleicht ist Ihr Kind noch aus seiner Kleinkindzeit gewöhnt, mit seinen sich ihm spontan aufdrängenden Wünschen und Fragen sofort auf Sie loszustürmen. Sie sollten dann von nun an darauf achten, daß es seine Wünsche auch einige Zeit aufschieben kann und Sie nicht unterbricht, wenn Sie beschäftigt sind oder nicht gestört sein wollen (wenn Sie zum Beispiel mit jemand anderem sprechen).

** Ziel: Die Verwandten kennenlernen, insbesondere auch die Seniorinnen/Senioren.

- Nutzen Sie die Chance von großen Familienfesten, zum Beispiel Jubiläums-/Geburtstagsfeiern, ein Familientreffen zu Ostern, Pfingsten oder Weihnachten usw.
  Unvorbereitet wird Ihr Kind allerdings zunächst mit wenig Verständnis darauf reagieren. Bereiten Sie es über Fotos und kleine Berichte oder Erzählungen auf die verschiedenen Teilnehmer vor, über deren Alter, Verwandtschaftsverhältnis, Wohnort usw. Ihr Kind soll dabei verschiedene, besonders auch die älteren Personen kennenlernen, Tanten und Onkel, Großmütter und Großväter, Cousinen und Cousins. Zeichnen Sie anschließend einen Familienstammbaum, damit es die verwandtschaftlichen Beziehungen besser verstehen kann. Da die meisten Kinder nur wenig Kontakt zu alten Menschen haben, sollten Sie die Begegnung mit den Verwandten der anderen Generationen besonders unterstützen. (Bedenken Sie dabei auch die Altersrelationen: Ein zehnjähriges Kind ist doppelt so alt wie Ihr Kind – so wie für Sie vielleicht Ihre Eltern; eine dreißigjährige Tante ist aus kindlicher Perspektive bereits «uralt!»)

** Ziel: Selbstverständlicher Umgang mit behinderten Menschen.

Die Scheu, behinderten Menschen zu begegnen und mit ihnen zu sprechen, ist in unserer Gesellschaft noch weit verbreitet. Bekannt ist der Zusammenhang zwischen der Information über Behinderte und der Bereitschaft des einzelnen, sich auf Kontakte zu diesen einzulassen: Wer mehr Informationen hat, ist eher bereit, Kontakte zu Behinderten aufzunehmen.

Versuchen Sie von Anfang an, bei Ihrem Kind keine Scheu vor Behinderten aufkommen zu lassen: durch Information. Sprechen Sie über einige Arten von Behinderung, über den eingeschränkten Aktionsradius von Behinderten, ihre dennoch meist guten Möglichkeiten, einer Berufstätigkeit nachzugehen, ihrem Wunsch, nicht ausgesondert zu werden. Nehmen Sie bei Gelegenheit mit Ihrem Kind Kontakt zu einem behinderten Menschen auf. Wenn das nicht möglich ist, bietet Ihnen ein Bilderbuch oder Kinderbuch die Möglichkeit zu einem entsprechenden Gesprächsanlaß.

** Ziel: Ausgewählte Aufgabenbereiche einiger öffentlicher Einrichtungen kennenlernen.

Sicherlich müssen Sie ab und zu die Gemeindeverwaltung, das Finanzamt usw. aufsuchen. Dabei können Sie Ihrem Kind einige Informationen über diese Institutionen geben. Besprechen Sie mit ihm, warum Sie dorthin gehen. Nehmen Sie die Sachbereichsbenennungen an den Türen als Anlaß, etwas über das Bauamt, die Meldebehörde oder das Standesamt zu sagen. Erzählen Sie ihm auch, wie der Bürgermeister und die Gemeinderäte gewählt werden, welche Parteien es gibt und daß sie unterschiedliche Zielsetzungen haben.

Als Anknüpfungspunkt bieten sich beispielsweise prominente Vertreter der Parteien an, die in den Nachrichtensendungen des Fernsehens auch gesehen werden können. Ihre Informationen sollten jeweils kurz und klar sein, da Ihr Kind zunächst wenig Interesse an diesen Sachverhalten haben wird.

Oft können Sie aber hier auch Beziehungen zu den Interessen der eigenen Familie herstellen. So bestimmt das Ausmaß der Steuern einerseits den privaten Etat, andererseits aber auch den Umfang der von der öffentlichen Hand zu erwartenden Leistungen. Das Wohngeld (Mietzuschuß) zum Beispiel hilft, bestimmte Mindestansprüche an Wohnqualität zu realisieren. Organisationen wie Rotes Kreuz oder Feuerwehr sind dazu da, in bestimmten Notfällen zu helfen.

Recht und Versicherungen

Was Sie über «elterliche Sorge» wissen müssen

Umfang der elterlichen Sorge

Seit Juli 1979 sind Rechte und Pflichten von Eltern gegenüber ihrem minderjährigen Kind, die bis dahin unter dem Begriff «elterliche Gewalt» geführt wurden, neu geordnet, und zwar durch das Gesetz zur Neuregelung des Rechts der elterlichen Sorge. Seither haben Kinder in einigen Bereichen mehr Rechte (zum Beispiel Berufswahl), Eltern mehr Pflichten.

§ 1626 (1) des Bürgerlichen Gesetzbuches lautet: «Der Vater und die Mutter haben das Recht und die Pflicht, für das minderjährige Kind zu sorgen (elterliche Sorge). Die elterliche Sorge umfaßt die Sorge für die Person des Kindes (Personensorge) und das Vermögen des Kindes (Vermögenssorge).»

Die elterliche Personensorge beinhaltet im einzelnen Pflege, Erziehung, Aufsicht, Aufenthaltsbestimmung des Kindes, zur Vermögenssorge gehört die gesetzliche Vertretung des Kindes durch die Eltern gegenüber Dritten. Die Sorge für das Kind ist nicht nur das Recht, sondern gleichzeitig auch die Pflicht der Eltern. Sie können bestraft werden, wenn sie Ihre Sorgepflicht vernachlässigen, andererseits dürfen sie sich unberechtigte Einmischungen von außen verbitten.

Gemeinsame Entscheidungen der Eltern

Die elterliche Sorge (damals noch «elterliche Gewalt») steht seit dem Inkrafttreten des Gleichberechtigungsgesetzes (1957) beiden Elternteilen in gleichem Umfang zu, insbesondere auch nach dem Wegfall des «Stichentscheids» durch den Vater bei Uneinigkeit (Bundesverfassungsgericht 1959). Im Bürgerlichen Gesetzbuch heißt es in § 1627: «Die Eltern haben die elterliche Sorge in eigener Verantwortung und in gegenseitigem Einvernehmen zum Wohle des Kindes auszuüben. Bei Meinungsverschiedenheiten müssen sie versuchen, sich zu einigen.» Die Eltern müssen erforderliche Maßnahmen also selber treffen und allein verantworten. Dabei sollten nicht ihre eigenen Wünsche, sondern das Wohl des Kindes im Vordergrund stehen. Sie müssen alle Entscheidungen gemeinsam treffen.

Einigen sich die Eltern nicht,

dann können sie sich an das Vormundschaftsgericht wenden. Es ist jedoch nicht die Aufgabe des Gerichts, Zwistigkeiten der Eltern zu schlichten, sondern eine für das Kind nachteilige Maßnahme oder einen Mißbrauch der elterlichen Gewalt zu verhindern.

Verwaltung des Vermögens eines Kindes

Die Eltern haben das Recht und die Pflicht, für das Vermögen des Kindes (zum Beispiel eine Schenkung oder Erbschaft) zu sorgen. Sie haben Bargeld verzinslich anzulegen. «Mündelsicherheit» (die Zuverlässigkeit einer Anlage nach Kriterien der Banken) ist für elterliche Vermögensanlagen seit der Sorgerechtsreform (mit Wirkung vom 1. 1. 1980) nicht mehr erforderlich (E. M. von Münch, 1989)

Auf Wunsch des Erblassers kann auch ein anderer Vermögensverwalter als die Eltern bestellt werden. Die Eltern dürfen das Vermögen des Kindes nicht schmälern, sie können jedoch die Einkünfte daraus nach Abzug der Kosten der Vermögensverwaltung für seinen Unterhalt verwenden. Darüber hinausgehende Überschüsse können übrigens auch «zum Unterhalt der Eltern selbst und zum Unterhalt der minderjährigen unverheirateten Geschwister des Kindes verwendet werden, wenn dies unter Berücksichtigung der finanziellen Verhältnisse der Beteiligten der Billigkeit entspricht» (E. M. von Münch, a. a. O.).

Aufgaben des Vormundschaftsgerichts

Das Vormundschaftsgericht hat die Verpflichtung, die Eltern auf Antrag bei ihrer Sorge für die Person des Kindes zu unterstützen. Der Staat greift durch das Vormundschaftsgericht hauptsächlich ein, indem zum Beispiel einem der beiden Eltern aus schwerwiegenden Gründen die elterliche Sorge oder Teile davon auf Zeit oder für immer entzogen werden, bei vorläufigen Regelungen während einer Scheidung und auch, wenn Absprachen nach der Scheidung nicht eingehalten werden. Das ist insbesondere bei verschiedenen Formen von Gewalt gegen das Kind der Fall, bei zu harten Strafen, bei öffentlichem Verächtlichmachen des Kindes, bei sexuellem Mißbrauch, aber auch bei Vernachlässigung des Kindes, bei ehrlosem und unsittlichem Verhalten eines oder beider Elternteile. Gewalt gegen Kinder ist nicht selten: Nach von Münch sterben jährlich (in der BRD, alte Länder) über hundert Kinder nach Mißhandlungen durch die Eltern, und die Polizei legt jährlich rund 30000 Akten über Mißhandlungen und Vernachlässigungen von Kindern an.

Das Sorgerecht im Zusammenhang mit einer Scheidung

Besonders wichtig ist heute auch die elterliche Sorge nach Scheidung der Eltern – darüber Bescheid zu wissen ist selbst dann sinnvoll, wenn keine Scheidung zu erwarten ist (Bürgerliches Gesetzbuch, § 1671):

«(1) Wird die Ehe der Eltern geschieden, so bestimmt das Familiengericht, welchem Elternteil die Sorge für ein gemeinschaftliches Kind zustehen soll.

(2) Das Gericht trifft die Regelung, die dem Wohle des Kindes am besten entspricht; hierbei sind die Bindungen des Kindes, insbesondere an seine Eltern und Geschwister, zu berücksichtigen.

(3) Von einem übereinstimmenden Vorschlag der Eltern soll das Gericht nur abweichen, wenn dies zum Wohle des Kindes erforderlich ist. Macht ein Kind, welches das 14. Lebensjahr vollendet hat, einen abweichenden Vorschlag, so entscheidet das Gericht nach Absatz 2.»

Leben die Eltern des Kindes längerdauernd getrennt, so kann das Familiengericht die elterliche Sorge einem Elternteil wie bei einer Scheidung übertragen (vergleiche oben), bei einem Antrag auf gemeinsames Sorgerecht unter Berücksichtigung des Kindeswohls auch beiden Eltern (Entscheidung des Bundesverfassungsgerichts vom 19. 11. 1982).

Kontakte des nicht sorgeberechtigten Elternteils zum Kind

Das Recht zum persönlichen Umgang mit dem Kind und Auskunft über das Kind sind in § 1634 des Bürgerlichen Gesetzbuches geregelt:

«(1) Ein Elternteil, dem die Personensorge nicht zusteht, behält die Befugnis zum persönlichen Umgang mit dem Kinde. Der Elternteil, dem die Personensorge nicht zusteht, und der Personensorgeberechtigte haben alles zu unterlassen, was das Verhältnis des Kindes zum anderen beeinträchtigt oder die Erziehung erschwert.

(2) Das Familiengericht kann über den Umfang… entscheiden und ihre Ausübung, auch gegenüber Dritten, näher regeln…

(3) Ein Elternteil, dem die Personensorge nicht zusteht, kann bei berechtigtem Interesse vom Personensorgeberechtigten Auskunft über die persönlichen Verhältnisse des Kindes verlangen, soweit ihre Erteilung mit dem Wohle des Kindes vereinbar ist.

(4) Steht beiden Eltern die Personensorge zu und leben sie nicht nur vorübergehend getrennt, so gelten die Vorschriften entsprechend.»

Jeder Elternteil hat also das Recht, mit dem Kind persönlichen Umgang zu pflegen. Bei einer harmonisch zusammenlebenden Familie ist das selbstverständlich, doch bei Trennungen beziehungsweise Scheidungen kommt es oft zu Auseinandersetzungen gerade in diesem Punkt. Der Elternteil, dem das Sorgerecht übertragen wurde, versucht oft, das Kind (die Kinder) vom anderen Elternteil fernzuhalten. In vielen Fällen macht deshalb das Kind bewußt oder unbewußt den sorgeberechtigten Elternteil für die Familientrennung verantwortlich, wenn es zum anderen Elternteil weiterhin guten Kontakt hat. Insofern kann der fortdauernde Umgang des Kindes mit dem getrennt lebenden Elternteil eine ständige Konfliktsituation für den sorgeberechtigten Elternteil und das Kind bedeuten.

Das Familiengericht muß bestimmen, wie der Umgang zwischen dem anderen Elternteil und dem Kind/den Kindern geregelt wird. Es hört sich dabei auch die Meinung des Kindes/der Kinder an und berücksichtigt sie bei Jugendlichen ihrem Alter entsprechend.

Kind und Recht

Die Kinder haben den Eltern gegenüber nicht nur Rechte, sondern auch Pflichten.

Die Rechts- und Geschäftsfähigkeit des Kindes

Die Rechtsfähigkeit eines Menschen beginnt juristisch bereits mit der Geburt. Diese Rechtsfähigkeit beinhaltet sowohl Rechte als auch Pflichten.

Schon das Neugeborene kann – entsprechend vertreten – als Kläger auftreten, wenn sein Recht (zum Beispiel auf Unterhalt) verletzt wird. Es kann Ansprüche auf eine ihm zustehende Erbschaft erheben; es kann aber auch verklagt werden, wenn es seine Pflichten versäumt (zum Beispiel die Zahlung von Erbschaftssteuer).

Obwohl es bereits Besitzer eines Hauses sein kann, darf es keine vertraglichen Verpflichtungen eingehen oder sein Eigentum selbständig verwalten, denn es ist noch nicht geschäftsfähig.

«Geschäftsunfähig ist:
1. wer nicht das siebente Lebensjahr vollendet hat;
2. wer sich in einem die freie Willensbestimmung ausschließenden Zustand krankhafter Störung der Geistestätigkeit befindet, sofern nicht der Zustand seiner Natur nach ein vorübergehender ist.» (Bürgerliches Gesetzbuch, § 104, Fassung ab 1. 1. 1992).

Ein Kind unter sieben Jahren wird in seiner Geschäftsfähigkeit vertreten (im allgemeinen durch die Eltern beziehungsweise einen Elternteil).

Kinder, die das siebente Lebensjahr vollendet haben, sind nach § 106 des Bürgerlichen Gesetzbuchs in ihrer Geschäftsfähigkeit weiterhin beschränkt:
- Willenserklärungen, durch die nicht lediglich ein Vorteil erlangt wird, bedürfen der Einwilligung des gesetzlichen Vertreters. (Das Kind kann ein Fahrrad als Geschenk annehmen; wenn als Gegenleistung ein Metallbaukasten gefordert wird, bedarf es der Zustimmung des gesetzlichen Vertreters).
- Ein Vertragsabschluß bedarf der Einwilligung des gesetzlichen Vertreters, ansonsten bleibt er unwirksam. Bis zur Genehmigung kann dieser Vertrag widerrufen werden.

- Nach § 110 desBürgerlichen Gesetzbuchs, dem Taschengeldparagraphen, kann ein minderjähriges Kind wirksam Verträge abschließen, «wenn der Minderjährige die vertragsmäßige Leistung mit Mitteln bewirkt, die ihm zu diesem Zwecke oder zu freier Verfügung von dem Vertreter oder mit dessen Zustimmung von einem Dritten überlassen worden sind.» Der Gesetzgeber nimmt also an, daß durch die Überlassung des Taschengeldes dem Kind die freie Verfügbarkeit über dieses Geld zugestanden wird.

Allerdings ist ein Minderjähriger «für alle die Rechtsgeschäfte unbeschränkt geschäftsfähig, die im Rahmen eines von ihm mit Genehmigung seines gesetzlichen Vertreters und des Vormundschaftsgerichts selbständig betriebenen Erwerbsgeschäftes anfallen (§ 112 des Bürgerlichen Gesetzbuchs). Gleiches gilt fur ein Dienst- oder Arbeitsverhältnis (§ 113 des Bürgerlichen Gesetzbuchs)» (J. W. Friedrich, 1990).

Mit der Volljährigkeit wird auch die uneingeschränkte Geschäftsfähigkeit erworben. Sie läßt sich beschreiben als die Fähigkeit, rechtsgeschäftliche Willenserklärungen wirksam abgeben und entgegennehmen zu können.

Der Unterhaltsanspruch

Dieser Anspruch besteht für Kinder, weil sie mit ihren Eltern in gerader Linie verwandt sind. In § 1602 des Bürgerlichen Gesetzbuchs steht dazu präzisierend: «(2) Ein minderjähriges, unverheiratetes Kind kann von seinen Eltern, auch wenn es Vermögen hat, die Gewährung des Unterhalts insofern verlangen, als die Einkünfte seines Vermögens und der Ertrag seiner Arbeit zum Unterhalt nicht ausreichen.» Der Unterhaltsanspruch der Kinder ist unverzichtbar.

Der Unterhaltsanspruch besteht gegenseitig, das heißt, daß Kinder auch ihren Eltern gegenüber unterhaltsverpflichtet sind, soweit diese bedürftig sind oder werden (allerdings sind in erster Linie die Ehegatten einander unterhaltsverpflichtet).

Der zwecks Betreuung nicht berufstätige Elternteil, also meist die Mutter, tut ihrer Unterhaltspflicht Genüge, wenn sie die Kinder erzieht und pflegt. Der Unterhalt der Kinder muß den Erwerbs- und Vermögensverhältnissen der Eltern entsprechen. Unterhalt bedeutet nicht nur Sorge für die Verpflegung und Kleidung der Kinder, sondern auch ihre Ausbildung, die Urlaubsreise, die Versicherungen usw.

Unterhaltsleistungen sind zunächst Leistungen in Form einer Geldrente, Eltern können jedoch dem Kind gegenüber die Leistung im elterlichen Haushalt in natura erbringen, also durch Sachleistungen, Bereitstellen des Wohnraums, der Ernährung, der Kleidung, Finanzierung oder Sicherung ärztlicher Leistungen und des Taschengeldes.

Das Kind hat Anspruch auf Erziehung und auf Ausbildung. Haben die Eltern eine Ausbildung ihres Kindes durchgesetzt, die diesem dauerhaft nicht entspricht, weil sie gegen Neigung und Eignung gewählt wurde, müssen sie unter Umständen eine zweite Ausbildung finanzieren, auch eine Zusatzausbildung zur ersten, wenn sie zu einer höheren Berufsqualifikation führt.

Der Unterhalt ist seitens des Kindes einklagbar. Dies ist schon vielfach erforderlich geworden, wenn volljährige, in Ausbildung befindliche Kinder eine Geldrente verlangen, nachdem sie aus dem Elternhaus ausgezogen sind (zum Beispiel wegen einer von den Eltern nicht akzeptierten Freundschaft, wegen unangemessener Gängelung oder Überwachung oder wegen anderer Konflikte).

Die Dienstleistungspflicht in Haus und Geschäft

«Das Kind ist, solange es dem elterlichen Haushalt angehört und von den Eltern erzogen oder unterhalten wird, verpflichtet, in einer seinen Kräften und seiner Lebensstellung entsprechenden Weise den Eltern in ihrem Hauswesen und Geschäfte Dienste zu leisten» (Bürgerliches Gesetzbuch, § 1619). Dabei gibt es aufgrund der Lebensverhältnisse der Familien Unterschiede: Die Dienstleistungspflicht ist in einer Beamtenfamilie anders einzuschätzen als in einer Handwerker- oder Landwirtschaftsfamilie. Wenn das Kind volljährig wird (am 18. Geburtstag beziehungsweise mit der Vollendung des 18. Lebensjahres), entfällt diese Pflicht, soweit nicht weiterhin Abhängigkeit von den Eltern besteht (Unterhaltsanspruch während der Ausbildungszeiten).

Versicherungen für Ihr Kind

♦ Die Haftpflichtversicherung
Diese Versicherung übernimmt die Regelung aller Ansprüche für Schäden, die Ihr Kind anrichtet, unter anderem wenn Sie die Aufsichtspflicht (vgl. Elternbuch 5) verletzt haben. Die Haftpflichtversicherung kommt sogar für Schäden auf, die durch grobe Fahrlässigkeit herbeigeführt wurden. Vorsätzlich verursachte Schäden sind davon ausgeschlossen. Bei dieser Versicherungsart geht es um die unter Umständen hohen Schadensersatzforderungen eines geschädigten Dritten.

Es ist damit jedoch keine Haftung für Schäden innerhalb der Familie gegeben! Denn: Ausgeschlossen bleiben Ansprüche aus Schadensfällen von Angehörigen des Versicherungsnehmers, die mit ihm in häuslicher Gemeinschaft leben oder die zu den im Versicherungsvertrag mitversicherten Personen gehören (vgl. allgemeine Versicherungsbedingungen für die Haftpflichtversicherung). Durch die Haftpflichtversicherung wird auch der Schaden nicht abgedeckt, den sich Ihr Kind selbst zufügt.

Die Haftpflichtversicherung trägt auch die Anwalts- und Gerichtskosten des Versicherten in einem Rechtsstreit um den Haftpflichtanspruch. Der Schaden, den Ihr Kind einem anderen zufügt, muß der Versicherung unverzüglich, spätestens innerhalb einer Woche, schriftlich gemeldet werden.

♦ Die Unfallversicherung
Diese Versicherung schützt Sie und Ihr Kind vor den finanziellen Schäden, die durch einen Unfall entstehen, der das Kind selbst betrifft. Der Begriff «Unfall» wird in den Allgemeinen Unfallversicherungsbedingungen so definiert: «... wenn der Versicherte durch ein plötzlich von außen auf seinen Körper wirkendes Ereignis unfreiwillig eine Gesundheitsschädigung erleidet.»

Die private Unfallversicherung erfaßt alle Schadensereignisse, denen ein Kind ausgesetzt ist. Für die Gefahren in der Schule, auf dem Schulweg sowie auf Veranstaltungen im Rahmen der Schule gibt es eine spezielle Versicherung. Dort und ebenso im Kindergarten wird es durch die gesetzliche Unfallversicherung geschützt. Sowohl die Unfall- als auch die Haftpflichtversicherung sind sehr zu empfehlen, denn Kinder sind durch ihren Bewegungsdrang, ihr neugieriges Interesse, aber auch durch ihre Unbekümmertheit und Spontaneität erhöhten Gefahren ausgesetzt.

♦ Die Krankenversicherung
Sie sind Mitglied einer gesetzlichen Krankenversicherung, wenn Ihr Bruttolohn die Pflichtversicherungsgrenze nicht überschreitet. Sie können aber auch eine private Zusatzversicherung abschließen. Besserverdienende können die Versicherung frei wählen. Kinder werden bei den Eltern mitversichert.

Beim Abschluß einer Krankenversicherung müssen bestimmte Wartezeiten eingehalten werden. Sie entfallen lediglich bei akuten Infektionskrankheiten und Unfällen.

Wenn Sie einmal einen Wechsel der Versicherungsart beabsichtigen, müssen Sie vorher verschiedene Aspekte prüfen: Besondere Risikozuschläge können anfallen, oder die Rückkehr in die frühere Versicherung ist nicht mehr möglich – Gründe, einen Wechsel mehrmals zu überdenken.

♦ Die Ausbildungsversicherung
Diese Versicherung können Sie zum Beispiel kurz nach der Geburt Ihres Kindes abschließen und den Vertrag bis zu dessen 20. Lebensjahr laufen lassen. Sie erhalten die Versicherungssumme dann wie bei der Lebensversicherung mit Zinsen ausgezahlt (es handelt sich also mehr oder weniger um die Variante einer Lebensversicherung mit Ansparen). Sollte der Versicherungsnehmer vor Ablauf der Frist sterben, so brauchen keine weiteren Einzahlungen vorgenommen werden. Die vereinbarte Versicherungssumme wird jedoch trotzdem zum festgelegten Termin ausgezahlt.

♦ Aussteuerversicherung
Die Versicherung verläuft nach dem gleichen Prinzip wie die Ausbildungsversicherung (oder die Variante einer Lebensversicherung). Bei der Heirat Ihres Kindes beziehungsweise zu einem bestimmten Zeitpunkt (etwa dem 25. Lebensjahr) wird die Versicherungssumme ausgezahlt.

♦ Die Lebensversicherung
Wenn Sie eine Lebensversicherung abschließen, ist für den finanziellen Unterhalt der Familie auch beim Tod des Ernährers gesorgt.

Bei Lebensversicherungen mit Ansparen eines bestimmten Betrages wird zusätzlich der Erlebensfall berücksichtigt: Sie schließen die Versicherung zum Beispiel mit einer Laufzeit bis zu Ihrem 65. Lebensjahr ab; Gewinnanteile können die Laufzeit abkürzen oder zu einer Erhöhung der Versicherung beitragen; die Versicherung kann auch dynamisiert sein – sie bezahlen zunehmend etwas höhere Beiträge, um einen Inflationsausgleich zu erzielen, also die gleiche Kaufkraft am Ende der Versicherung zu erreichen.

Die Lebensversicherung mit Ansparen ist zugleich (ergänzende) Altersversorgung.

Übersichten

Überblick über Spiele

Die folgende Übersicht über verschiedene Spielekategorien und -gruppen erleichtert es Ihnen, eventuell geeignete Spiele für Ihr Kind auszusuchen oder auch als Geschenk für andere Kinder ausfindig zu machen. Die Zusammenstellung beruht mit Änderungen auf dem 17. Verzeichnis des «spiel gut»-ausgezeichneten Spielzeugs. Die Gruppe Spielzeug für das erste Lebensjahr ist dabei ausgeklammert.

Alle Klassifikationen von Spielzeug haben sich bisher als nur vorläufig stimmiges System erwiesen, sie sind nicht in allen Teilen logisch konsistent. Insofern werden Überschneidungen nur zum Teil vermieden.

Dennoch kann der Überblick einen wichtigen Zweck erfüllen: Ihnen über die große Palette verschiedenster Spielzeuge Anregungen zu geben. Damit fällt es Ihnen leicht, Ihrem Kind etwas wirklich Neues zu schenken, das seine Persönlichkeitsentwicklung vielseitig stimuliert.

♦ Soziales Verhalten – Zuneigung, Nachahmung und Rollenspiel

Kuscheltiere (Tiere aus Plüsch und ähnlichen Stoffen, Tiere zum Selbermachen)

Puppen (einfache Stoffpuppen mit Kleidung; Puppen mit Stoffkörper; Puppen mit Kunststoffkörper)

Puppen zum Selbermachen

Puppenhäuser, Einrichtungen, Püppchen (Häuser und Stuben; Möbel; Zubehör für Puppenstuben; Holzpüppchen; Biegepüppchen; Spielfiguren aus Kunststoff)

Puppenzubehör (Kleidung und Accessoires; Puppenwagen; Buggy; Puppenwiege und -bett; Puppenmöbel und Einrichtungs-Kleinteile; Tragetasche, Steckkissen, Puppenkoffer, ...),

Spielzeug zum Bereich Küche und Haushalt (Geschirr, Bestecke; elektrische Kochherde mit Netzanschluß; Töpfe, Pfannen, Kleingeräte; verschiedene Haushaltsgeräte)

Aufstellspielzeug aus Holz, Karton oder Kunststoff (Stadt, Dorf; Burgen; Bauernhof, Stall; Haustiere, wilde Tiere; Zäune; Bäume und andere Landschaftsgestaltungsteile; Arche Noah; Zoo; Zirkus; Mehrzwecktiere)

Berufsorientiertes Spielzeug: Kaufladen, Verkaufsstand;

Kaufladen-Zubehör; Kaufladen-Ware; Kinderpost, Zubehör; Arztkoffer; Kinderschreibmaschine; Kindertelefon; Haustelefon; Walkie-Talkie; Werkbank und Werkzeug
Puppentheater (Theater, Kulissen; Marionetten; Handspielpuppen; Fingerpuppen; Handspieltiere, auch zum Selbermachen)
Verschiedenes Zubehör zum Rollen- und Theaterspiel (Kostüme, Schminke, Requisiten)

♦ Bewegung – Geschicklichkeit
Spielen mit Wasser, Sand und Erde (Sandkasten, Planschbecken; Sandspielzeug; Sand- und Wassermühle sowie Wasserpumpe; Schwimmtiere zum Aufblasen; kleines Badespielzeug; Schiffe; Gartengeräte)
Bälle, Wurfspiele (mit Ringen, Scheiben, Bällen)
Sprungbälle, Hüpfbälle
Springseile
Kreisel, Jo-Jo (Kreisel mit oder ohne Peitsche; Brummkreisel)
Stelzen, Balanciergeräte, Rollschuhe
Steckenpferde, Reit- und Fahrtiere
Schaukeln, Turn- und Spielgeräte
Drachen, Flugzeuge (Segler) und andere Flugobjekte,
Sportspiele für Haus, Garten, Gelände … (Krocket und Boccia; Kindergolf; Straßentennis, Federball; Frisbee; …)
Rutschautos, Laufwagen, Go-Cart, Holländer, Ruderrenner, …
Dreirad, Roller, Fahrrad, Zubehör
Wagen zum Schieben und Ziehen (zum Beispiel mit Deichsel)
Schubkarren

♦ Transport und Verkehr
Fahrzeug aus Holz ohne Antrieb, mit und ohne Zubehör (Holzfahrzeuge mit Anhänger beziehungsweise Zubehör; Fahrzeug-Kombinationen; große Holz-Fahrzeuge mit Sitz)
Fahrzeuge ohne Antrieb aus Metall oder Kunststoff
Garage, Parkhaus, Tankstelle, Autowerksatt, Waschanlage, Verkehrsteppich, Schilder
Bagger, Kran, Lastwagen, Müllauto, …
Eisenbahnen ohne Schienen aus Holz (Eisenbahnen mit Bolzenverbindung; Eisenbahnen mit Schnur- oder Lederverbindung sowie mit Haken und Ösen-Verbindungen; andere Verbindungen; Zubehör)
Seilbahn; Eisenbahnen mit Antrieb; Zubehör; Verkehrsanlagen
Gespanne
Schiffe, Segelboote
Flugzeuge aus Holz oder Kunststoff

♦ Mit Material gestalten
Maltafeln; Kreide; Magnettafeln und Zubehör
Mal- und Zeichenpapier
Farben zum Malen und Zeichnen (Fingerfarben; Wachsfarben; Minen-Farbstifte; Faserstifte; Glas-Malfarben; Straßenmalkreiden; Deckfarben; Plakatfarben; Aquarellfarben; Pinsel)

Zeichenspiele
Drucktechniken (Drucken, Stempeln; Linolschnitt)
Material zum Formen (Knetmaterial dauerelastisch; aushärtendes Modelliermaterial
Bauelemente zum freien Gestalten
Steckbausteine und Konstruktionsmaterial aus Kunststoff, Holz oder Metall
Konstruktionsbaukästen
Spielmöbel, Großbauelemente
Legen (aus Holz, Kunststoff oder anderen Materialien)
Stecken (aus Holz oder Kunststoff; dreidimensional)
Nageln; Hämmern
Basteln: schneiden, kleben, falten, flechten (Anziehpuppen; Hüte, Masken, Tiere ...; Modellbau mit Karton; Papierflechten; Bastelsets; Schere, Klebstoff, Papier, Folien, Filz, Spezialmaterial; Bastelhefte und -bücher)
Handarbeiten (Nähen, Schlauchstricken, Stickbilder, Perlenfädeln; Fädeln mit Lochplatten; Strickliesel)
Weben (Webrahmen; Rundwebrahmen; Bilderwebrahmen; Perlenwebrahmen)
Spielen mit Bildern (Spiel-Bilderbücher; Bilder mixen)
Werkzeug; Werkzeugmaschinen für Kinder

♦ Probieren – Experimentieren – Forschen
Spielzeug zum Beobachten, Staunen, Nachahmen (Hampelmann, Stehaufmännchen, Purzelkerle, Kletterer, Turner)
Spiegelspiele
Klangspiele
Lernuhren
Naturwissenschaft und Technik (Technik: Bauen, Anwenden, Beobachten; Dampfmaschinen; Experimentieren mit Physik, Computertechnik, Chemie, Biologie; verschiedene naturwissenschaftliche Sachgebiete)

♦ Denkspiele – Geduldspiele
Formen-Steckspiel (Steckkasten; verschiedene Formen-Steckspiele; Holz-Puzzle; Bilderwürfel-Puzzle; Aufstell-Puzzle; Karton-Puzzle; Boden-Puzzle)
Mathematische Legespiele (Tangram; verschiedene mathematische Denkspiele)
Solitär (Einsiedlerspiel, Nonnenspiel)
Pyramidenspiel – Knobelturm – Turm von Hanoi
Geduldspiele zum Zerlegen und Zusammenfügen (aus Holz oder Metall)
Schiebespiele
Geschicklichkeitsspiele (Kugeln in ein Ziel manövrieren; Kugelfang; sonstige Geschicklichkeitsspiele)

♦ Gesellschaftsspiele
Lottospiele
Domino und verwandte Legespiele (Bilder-Domino; Original Domino)
Gedächtnisspiele (Memory und andere)
Kartenspiele (Schnipp-Schnapp; Quartette; Quizspiele; sonstige Kartenspiele)

Würfelspiele für das Vorschulalter (Farbwürfelspiele; Wettrenn-Würfelspiele, Würfelspiele ohne Gewinner; Wett-Würfeln, zum Beispiel Kinderkniffel)
Geschicklichkeitsspiele (Angel-, Fang- und Flohspiele; Mikado; Kegelspiele, Tischgolf; Fußball, Eishockey; andere Ziel- oder Geschicklichkeitsspiele; Zauberspiele)
Buchstabenspiele – Wortspiele – Zahlenspiele (als Karten-, Würfel-, Brett- oder Zahlenspiele)
Quizspiele
Brettspiele (Halma, kleine Mühle, Mühle, Dame, Schach, Go, Backgammon; Reisespiele; …)
verschiedene taktische Gesellschaftsspiele
Spielesammlungen

Literatur

Arbeitskreis für Jugendliteratur e. V. (Hg.): Deutscher Jugendliteraturpreis '91 ('90, '89). München 1991 (1990, 1989)

Arbeitskreis für Jugendliteratur e. V. (Hg.): Das Bilderbuch. Eine Auswahl von Bilderbüchern aus aller Welt. München 1988

Bartl, A. und M.: Umweltspiele noch und noch. Die tollsten Spiele für drinnen und draußen. Freiburg 1990.

Bayerisches Staatsministerium für Arbeit und Sozialordnung (Hg.): Sicherheit für Ihr Kind – (k)ein Kinderspiel. München 1989

Beck, U.: Risikogesellschaft. Auf dem Weg in eine andere Moderne. Frankfurt/M. 1986

Biermann, R. und G.: Die Angst unserer Kinder im Atomzeitalter. Frankfurt/M. 1988

Bornhaupt, B. v. und K. Hurrelmann: Kinder im Streß? Weinheim 1991

Brack, U. B. (Hg.): Frühdiagnostik und Frühtherapie. Psychologische Behandlung von entwicklungs- und verhaltensgestörten Kindern. München 1986

Bundeszentrale für gesundheitliche Aufklärung (Hg.): Kinderspiele. Anregungen zur gesunden Entwicklung von Kleinkindern. Köln 1983

Bundeszentrale für gesundheitliche Aufklärung (Hg.): Die neue Sicherheitsfibel. Ein Ratgeber für Eltern – zur Verhütung von Kinderunfällen. Köln 1988

Der Paritätische Wohlfahrtsverband Bayern (Hg.): Soziales Netz Kinderbetreuung. München 1991

Der Bundesminister für Bildung und Wissenschaft (Hg.): Grund- und Strukturdaten 1991/92. Bad Honnef 1991

Dessai, E. und R. Alt-Rosendahl: Wohnen und Spielen mit Kindern. Alternativen zur familienfeindlichen Architektur. Frankfurt/M. 1978

Deutsche Arbeitsgemeinschaft Selbsthilfegruppen e. V. (Hg.): Selbsthilfegruppen-Förderung. Gießen 1987

Deutscher Verein für öffentliche und private Fürsorge (Hg.): Tageseinrichtungen für Kinder – eine Aufgabe der Jugendhilfe. Frankfurt/M. 1990

Deutsches Jugendschriftenwerk e. V. (Hg.): von 3–8. Neue Bilderbücher, Spiele, Elternbücher. Mainz 1991

Deutsches Jugendinstitut e. V.

(Hg.): Wie geht's der Familie? München 1988

Dührssen, A.: Psychogene Erkrankungen bei Kindern und Jugendlichen. Göttingen 1971

Ebert, S. (Hg.): Zukunft für Kinder. Grundlagen einer übergreifenden Politik. München 1991

Einsiedler, W.: Zwischen Wertschätzung und Beurteilung. Probleme und Ansätze der Spielmittelbeurteilung. Spielmittel, 1991, Heft 2, 22–29

Elhardt, S.: Tiefenpsychologie. Eine Einführung. Stuttgart 1971

Elmadfa, I., W. Aign und D. Fritzsche: GU-Nährwert-Kompaß 1988/89. München 1988 (2. Auflage)

Endres, W.: Geschwister … Weinheim 1987

Engfer, A. u. a. (Hg.): Zeit für Kinder! Kinder in Familie und Gesellschaft. Weinheim 1991

Erklärung von Bern (Hg.): Dritte Welt: Empfehlenswerte Kinder- und Jugendbücher. 1987

Evangelische Bundesarbeitsgemeinschaft für Sozialpädagogik im Kindesalter (Hg.): Dokumentation. Symposion Kinder – Kirche – Zukunft. Stuttgart 1988

Friedrich, W. J.: Rechtskunde für jedermann. München 1990.

Fthenakis, W. E.: Familie heute – Angebote von gestern? Zum gegenwärtigen Dilemma außerfamilialer Erziehung und Betreuung von Kleinkindern. TPS-extra 7, 1991

Fthenakis, W. E.: Mehr Zeit für Kinder. Auch nach Trennung und Scheidung. Frankfurt/M. 1991

Gagné, R. M.: Bedingungen des menschlichen Lernens. Hannover 1969

Gesell, A.: Säugling und Kleinkind in der Kultur der Gegenwart. Bad Nauheim 1967

Gewerkschaft Öffentliche Dienste, Transport und Verkehr (Hg.): Mehr … für Kinder. Anstöße zur Reform der öffentlichen Kinderbetreuung. Stuttgart 1990

Grüneisl, G. und W. Zacharias: Die Kinderstadt. Eine Schule des Lebens. Handbuch für Spiel, Kultur, Umwelt. Reinbek 1989

Harbauer, H. u. a.: Lehrbuch der speziellen Kinder- und Jugendpsychiatrie. Berlin 1971

Hauff, V. (Hg.): Stadt und Lebensstil. Weinheim 1988

Heckhausen, H.: Leistungsmotivation. In: Thomae, H. (Hg.): Allgemeine Psychologie. Motivation. Göttingen 1965

Heidtmann, H.: Kriterien zur Beurteilung von Hörspiel- und Literaturkassetten für Kinder und Jugendliche. Materialien Jugendliteratur und Medien, Heft 19, 1988, 3–5

Herrmann, Th. u. a. (Hg.): Handbuch psychologischer Grundbegriffe. München 1977

Hurlock, E. B.: Die Entwicklung des Kindes. Weinheim 1972

Kallbach, K.: Hören – Lesen – Hören. Bad Homburg 1988 und 1990

Klöcker, M. und U. Tworuschka

(Hg.): Miteinander – was sonst? Multikulturelle Gesellschaft im Brennpunkt. Köln, Wien 1990

KOHNSTAMM, R.: Praktische Kinderpsychologie. Eine Einführung für Eltern, Erzieher und Lehrer. Bern 1985

LANGOSCH, H.: Alte Kinderspiele neu entdecken. Reinbek 1990

LÖSCHER, W.: Riech- und Schmeckspiele. München 1987

MANDERSCHEID, H.: Kirchliche und gesellschaftliche Interessen im Kindergarten. Freiburg 1989

MEINERZHAGEN, M. UND N. ECKHARDT: Der Öko-Berater für Eltern. Reinbek 1989

MILLER, A.: Am Anfang war Erziehung. Frankfurt/M. 1987

Ministerium für Umwelt, Raumordnung und Landwirtschaft des Landes Nordrhein-Westfalen (Hg.): Blumen auf Beton. Büchertips zum Thema Natur und Umwelt für Kinder und Jugendliche. Düsseldorf 1991

Ministerium für Arbeit, Gesundheit und Soziales des Landes Nordrhein-Westfalen (Hg.): Sicherheitslexikon für alle Haushalte. Düsseldorf 1988

MINSEL, B.: Beschäftigungspräferenzen von drei- bis sechsjährigen Kindern. In: Staatsinstitut für Frühpädagogik und Familienforschung (Hg.), Nachrichtendienst. München, Nr. 17, 1990

MÖCKLINGHOFF-VORMWEG, R. UND R. STRÄTZ: Natur und Kinderspiel. Köln 1991

MÖLLER, W. UND CH. NIX (Hg.): Kurzkommentar zum Kinder- und Jugendhilfegesetz. Weinheim 1991

MÖRSBERGER, H., E. MOSKAL UND E. PFLUG (Hg.): Der Kindergarten. Handbuch für die Praxis in drei Bänden. Freiburg, Basel, Wien 1978

MÜLLER-KALDENBERG, R.: Mütter mit Beruf. Reinbek 1990

MÜNCH, E. M. v.: Ehe- und Familienrecht von A-Z. München 1989

MUSSEN, P. H. u. a.: Essentials of Child Development and Personality. Cambridge u. a. 1980

MUSSEN, P. H.: Einführung in die Entwicklungspsychologie. München 1986

NAVE-HERZ, R. (Hg.): Wandel und Kontinuität der Familie in der Bundesrepublik Deutschland. Stuttgart 1988

OERTER, R. UND L. MONTADA (Hg.): Entwicklungspsychologie. München, Weinheim 1987

PABLO, M.: Der Körper als «Spielmaterial». Spielmittel, Nr. 2, 1991

PAINTER, G.: Baby-Schule. Gütersloh 1972

PALITZSCH, D. (Hg.): Pädiatrie. Stuttgart 1990

PEUKERT, K. W.: Sprachspiele für Kinder. Stuttgart 1972

POSTMAN, N.: Das Verschwinden der Kindheit. Frankfurt/M. 1990

Presse- und Informationsamt der Bundesregierung. Politik für die Familie. Bonn 1990

Presse- und Informationsamt der Bundesregierung. Politik für Frauen. Bonn 1989

RICHTER, H. E.: Eltern, Kind und Neurose. Reinbek 1971

ROLLE, J. UND KESBERG, E.: Medienwelt = Kinderwelt? Köln 1991

SAGI, A.: Verhaltensauffällige Kinder im Kindergarten. Ursachen und Wege zur Heilung. Freiburg 1982

SATIR, V.: Familienbehandlung. Kommunikation und Beziehung in Theorie, Erleben und Therapie. Freiburg 1978

SCHENK-DANZINGER, L.: Entwicklungspsychologie. Wien 1987

SCHMIDTCHEN, S.: Kinderpsychotherapie. Stuttgart 1989

SCHNEEWIND, K. A. u. a.: Eltern und Kinder. Stuttgart 1983

Sinus-Institut im Auftrag des Bundesministers für Jugend, Familie und Gesundheit. Die verunsicherte Generation. Jugend und Wertewandel. Opladen 1983

SPEICHERT, H. UND B. SCHÖN (Hg.): Das rororo Elternlexikon. Reinbek 1988

«spiel gut» Arbeitsausschuß Kinderspiel + Spielzeug e. V. (Hg.): 17. Verzeichnis des spiel gut ausgezeichneten Spielzeugs. Ulm 1988

STRÄTZ R. UND V. GLOTH: Spiel-Platz. Zur Gestaltung des Außengeländes von Kindergärten. Köln 1991

TEXTOR, M. R.: Familien: Soziologie, Psychologie. Eine Einführung für soziale Berufe. Freiburg im Breisgau 1991

ULICH M. UND P. OBERHUEMER (Hg.): Es war einmal, es war keinmal… Ein multikulturelles Lese- und Arbeitsbuch. Weinheim 1985

WEIDENMANN, B. UND A. KRAPP (Hg.): Pädagogische Psychologie. München 1986

WEISE, B.: Der geheimnisvolle Guckkasten und andere Vorschläge zum Modellieren, Löten, Konstruieren. Handbuch der kreativen Techniken 2. Reinbek 1988

WURZBACHER, G.: Leitbilder gegenwärtigen deutschen Familienlebens. Stuttgart 1969

WYSS, D.: Die tiefenpsychologischen Schulen von den Anfängen bis zur Gegenwart. Göttingen 1961

ZIMMER, J. u. a. (Hg.). Erziehung in früher Kindheit. Band 6: Enzyklopädie Erziehungswissenschaft. Stuttgart 1985

Weitere Hinweise

♦ Weiterführende Lernspiel-Anregungen sind unter anderem den letzten Jahrgängen folgender Zeitschriften zu entnehmen:

Unsere Kinder. Fachzeitschrift für Kindergarten- und Kleinkindpädagogik. Österreichische Caritaszentrale (Hg.)
Kindergarten heute. Zeitschrift für Erziehung im Vorschulalter. Verlag Herder GmbH & Co. KG (Hg.)
Spielmittel. Die Zeitschrift für Information, Beratung, Diskussion. SpielMedia Verlag GmbH (Hg.)
Spielen und Lernen. Beilage: spiel mit. Für alle Kinder, die gern spielen und lernen. Velber Verlag GmbH (Hg.)

♦ Zur Orientierung über Aktuelles und neue Entwicklungen in Pädagogik und Psychologie:

Kinderzeit. Sozialpädagogische Blätter. Pestalozzi-Fröbel-Verband und B&B GmbH
ELTERN. Gruner & Jahr (Hg.)

Bildquellen

Berger, Stella; Olching: S. 16, 83, 107, 109, 113, 177, 185, 196, 197, 201, 208
Dickmeyer, Ulrich; Kirchheim: S. 1, 12, 18, 22, 41, 49, 66, 67, 70, 73, 81, 95, 107, 118, 126, 127, 132, 133, 157, 159, 164, 169, 182, 188, 201, 203, 205, 222, 223
Fiebig, Jochen; München: S. 1, 33, 35, 45, 65, 81, 108, 149, 157, 159, 169, 178, 182, 188, 203, 210, 215, 218
Wild, Katharina; München: S. 22, 23, 52, 59

♦ Die Firma Wagner, Büro-Buch-Spiel, Olching hat uns freundlicherweise Artikel für Fotoaufnahmen leihweise zur Verfügung gestellt; die Einrichtung für Kinder «Rumfordschlößl» ermöglichte kooperativ Fotoaufnahmen von Kindern und Materialien.

Register